邵盈午 著

南社人物吟評

趙樸初題

上 册

團结出版社
UNITY PRESS

图书在版编目（ＣＩＰ）数据

南社人物吟评 / 邵盈午著 . -- 北京：团结出版社，
2022.9
ISBN 978-7-5126-9202-2

Ⅰ．①南… Ⅱ．①邵… Ⅲ．①南社－名人－生平事迹
Ⅳ．① K825.6

中国版本图书馆 CIP 数据核字 (2021) 第 204151 号

出　版：团结出版社
　　　　（北京市东城区东皇城根南街 84 号　邮编：100006）
电　话：（010）65228880　65244790（出版社）
　　　　（010）65238766　85113874　65133603（发行部）
　　　　（010）65133603（邮购）
网　址：http://www.tjpress.com
E-mail：zb65244790@vip.163.com
　　　　tjcbsfxb@163.com（发行部邮购）
经　销：全国新华书店
印　装：三河市东方印刷有限公司

开　本：170mm×230mm　　16 开
印　张：50.5
字　数：758 千字
版　次：2022 年 9 月　第 1 版
印　次：2022 年 9 月　第 1 次印刷

书　号：978-7-5126-9202-2
定　价：128.00 元（上下册）
　　　　（版权所属，盗版必究）

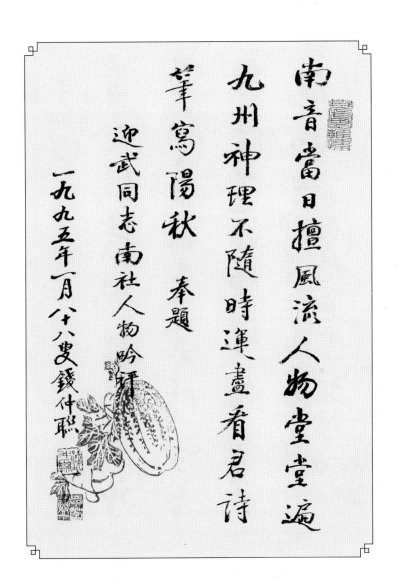

南音當日擅風流 人物堂堂遍
九州神理不隨時運盡 看君詩
筆寫陽秋 奉題
迎武同志南社人物吟評
一九九五年一月廿八叟錢仲聯

钱仲联先生题诗

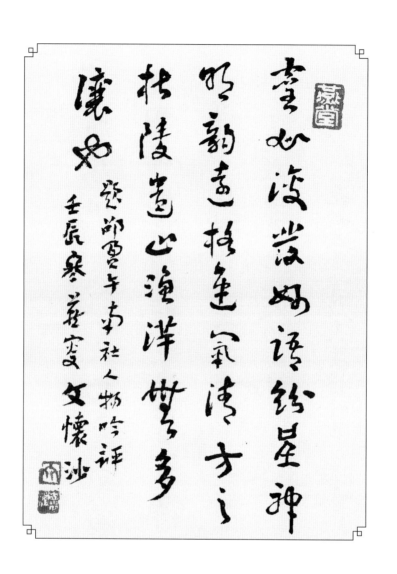

李必浚尝妍语钤星神
鸣韵遠栖隹气清方之
枝陵昼此渔洋岂多
懷沙
癸邵甲午南杜人物吟评
壬辰寒董变 文懷沙

文怀沙先生题辞

诗辞唱之，锁桑记，吟
革命发奇高振，信搜新好
歌宗主义同风，贤居费成作
浩点雄群零史才
社鲁山汉社编烦词
南京中大南残多又

题迟武同志新著《南社人物吟评》
周振甫

周振甫先生题辞

前　言

　　南社是辛亥革命前后的一个以文章相砥砺、以气节相标榜、以诗歌相酬唱的著名革命文学团体。它成立于 1909 年，无形解体于 1923 年。关于社名，最早的南社发起人高旭曾解释道："南之云者，以此社提倡于东南之谓。'率土之滨，莫非王臣'，原无分于南北，特以志其始也云尔。"[1] 高氏在此似有些闪烁其词，且不无柔媚之态；另一发起人陈去病在解释时亦以曲笔言道："彼南枝乎，殆生机其来复乎？"[2] 相比之下，宁调元对社名的阐发则要醒豁得多，他指出："钟仪操南音，不忘本也。"[3] 陈去病后来径直言道："南者，对北而言，寓不向满清之意。"[4] 柳亚子更是直截了当地阐发道："它（指南社——引者）的宗旨是抗清反满，它底名字叫南社，就是反对北庭的标识。"[5] 这表明南社与明朝的复社、几社迥不相同，带有浓厚的政治色彩和党派色彩。南社虎丘第一次雅集，"到会的十七位社友中间，有同盟会会籍的是十四人"[6]。足证南社迥非一般的文人结社，具有明显的向现代转型的过渡特点。它的存在，前后虽仅14 个年头，但长期主持社务的"南社灵魂"柳亚子却认为如同"一部二十四史，总觉得写不起来"。胡寄尘亦以"事情太难，实在办不到"为由而对《越风》杂志关于介绍南社的约稿加以推辞。即此可见，真实记述历史事实的来龙去脉，并为后人对历史的再认识提供实体性的存在，往往比对其进行削足适履式的主观臆断难得多。为给读者提供一个基本的参照背景，俾使读者从政治、哲学、历史、文化各个角度对本书所"吟评"的225位南社人物进行综合把握与立体观照，笔者拟就目前所能接触到的文献资料，力图从"史"的角度对"南社始末"作一扼要介绍，并在此基础上，对南社分化、衰落过程的发生机制、内在规律与南社的历史功绩、深远影响以及本书体例作一必要的介绍与论析。

一

　　南社诞生于我国旧民主主义革命的风雨年代，其筹备工作自1907年始。

　　这一年可谓我国近代历史上的"多事之秋"：徐锡麟在安庆谋刺恩铭，秋瑾于绍兴就义，杨卓霖遇害，潮州黄冈、惠州起义先后受挫；黄兴两番进攻钦、廉一带，并偕胡汉民袭取广西镇南关，亦相继失败，这一系列事件对南社的成立起到重要的推动作用。为纪念秋瑾，陈去病拟在上海召开追悼会，激励革命党人前仆后继，戮力反清，惜未果。为进一步联络被迫逃亡、星散四方的革命党人，陈氏遂与刘三、吴梅等筹组神交社。1907年7月29日，陈氏在《神州日报》上发表《神交社雅集小启》，该文简略回顾了明末文人的结社盛况，然后愤怒抨击清王朝"文网日张""文人结社几与烧香拜盟同悬厉禁"的文化统治政策的狡黠狠毒，并矢志广结同人，"欢然上下其议论"。同年冬，刘师培、何震夫妇自日本归国，柳亚子邀约他们及杨笃生、邓实、黄节、陈去病、高旭、沈砺、朱少屏、张家珍等人在上海酒楼小饮，决定成立南社。后因陈去病赴杭（1908年7月）邀众祭奠秋瑾，被清政府发觉，被迫逃往汕头。1908年冬，陈氏又患足病，经半年始愈，南社的成立亦因之延期。

　　1909年11月13日，"一支画舫，带着船菜，容与中流，直向虎丘而去"[7]，阅尽千劫的虎丘塔下，又一次腾跃起沉埋已久的剑气，这一天南社宣告成立。以这个非比寻常的日子为标志，中华民族不屈不挠、愈挫愈奋的抗争精神，伴随着忧愤、悲叹、屈辱和仇恨，以一种自愿结社的形式，在唏嘘扼腕的文人志士心中复活了。尽管迫于清政府的高压政策，关于南社命名的含义在一些公开文告中说得较为含蓄隐晦，甚至相互矛盾；但从南社社员对"几复风流"的追慕程度看，已不难体识南社创立的契因。立志排满攘夷，光大几复风流，是众多南社社员一致的政治取向。基于此，柳亚子大力印行夏允彝、夏完淳父子的合集，姚光著《金山卫佚史》，陈去病将《建州女直考》《扬州十日记》《嘉定屠城记》《忠文殉节记》四种书辑为"陆沉丛书"，又罄数年之力，搜讨鼎革之际"与陈子龙、徐孚远等举义，毁家财十成佐军"的吴易遗作，编成《吴长兴伯遗集》《明遗民录》《正气集》等，旨在警示世人"伤种族之沦亡，哀华夏之倾覆"，进而激发人们"旷代相感"的抗争雄气，用心可谓至善①。鲁迅对此颇为赞赏，在《隔膜》一文中指出："清朝初年的文字之狱，到清朝末年才被从新提起。最起劲的是'南社'里的有几个人，为被害者辑印选集。"

从南社的机关刊物《南社丛刻》看，南社社员这一时期创作的大都是"叫喊复仇与反抗"（鲁迅语）的作品，雄健刚劲，昂奋豪放。"登高能赋寻常事，要挽银河注酒杯"（柳亚子诗），基于一种反清革命的激情，他们崇尚积极的浪漫主义诗风，思以"慷慨苍凉、缠绵悲感之作"，使天下之士，"皆知夫人心惨怛、世变纷纭，岌岌焉不可终日"[8]。以故，宋教仁于 1911 年 8 月 5 日在《民立报》上撰文赞曰："四集计辑录社员新撰著，计文三十四篇，诗三百七十一首，词一百二十四阕。其间感慨淋漓。可诵之篇不鲜也。"李叔同评介道："所诣皆雅正

①　1906 年，陈去病还在《国粹学报》上连载《五石脂》，评述明遗民佚事及诗文。又于同年编辑清初汉族人民抗拒剃发的斗争史实为《烦恼丝》。并以"有妫血胤"的笔名撰序道："乌呼！索虏猖狂，覆我中夏，炎黄世胄，俱为髡钳。发肤之痛，几三百载，毁伤之罪，其乌可赎！伏念古者，烈士仁人，躬遭变故，挽回不及，往往宁丧厥元，誓保玄丝。挺身而出身抗令，横尸康衢，无所悔惧，气节益凛；或则皈命瞿昙，慨焉披发，托身梵刹，以遂初衷，此其志愈苦，而情益堪悲矣。……故发愤编纂，成书一卷，名曰《烦恼丝》，以示痛悼。虽搜讨无几，而褒贬略备，类族辨物之圣，容有取欤。"痛切陈词，直令闻者感发奋起。

遒上。复多折衷新理，有关社会响导之作。……谓之近时名著，夫复何疑！"[9]
由于《南社丛刻》仅限于发表文学作品，故尔许多社员同时还在其他报刊上发表鼓吹反清革命的文字，南社的影响亦不断扩大。至1911年2月，闻风慕义而入社者已增至193人。几乎与此同时，越社（南社在浙江的分支机构）、广南社（南社的广东分社）、辽社（南社支社）以及与南社桴鼓相应的以"因文学而导其保种爱类之心，以端其本"（姚光《淮南社序》）为宗旨的淮南社相继成立，更有宁调元、周实、苏曼殊、刘三、马君武、黄侃、范鸿仙、林白水、宋教仁、陈其美、田桐、叶楚伧等纷纷入社，进一步壮大了革命的有生力量。迨至武昌起义前，南社社员已发展到228人。辛亥革命后，南社的声势更加浩大，阵容也更为强壮，众多精英（如杨杏佛、李叔同、仇亮、沈钧儒、黄兴、程家柽）相继入社。截至1913年初，南社成员已增至400余人，遍布各地。仅从当时全国文化中心上海来看，主持笔政者大多为南社社员，如《民立报》为宋教仁、于右任、范鸿仙、叶楚伧、陈英士、徐血儿等；《神州日报》为黄宾虹、王无生；《大共和报》为汪东；《时报》为包天笑；《天铎报》为邹亚云、陈布雷、李叔同；《民权报》为蒋箸超、戴季陶；《民国日报》为邵力子、成舍我、闻野鹤；《太平洋报》为姚雨平、陈陶遗、柳亚子、苏曼殊、胡朴安、胡寄尘、陈蜕庵、姚鹓雏等；《民声日报》为宁太一、汪兰皋、黄侃等。可谓盛极一时！成舍我后来回忆道："当时在上海，若不是南社的成员，不大能够进报馆当编辑。"成氏此语不为无由。在柳亚子主持《太平洋报》时期，内部成员几乎清一色的全是南社社员，柳亚子因而不无自得地说："大家都是熟人，并且差不多都是南社的社友。不是的，也都拉进来了。那时候，可称为南社的全盛时期。"[10]

从南社成员的内部构成情况看，大致可分为两类，一类是擅长政治运作的从政人员，如《民立报》中骨干分子，纷纷任职于南京临时政府，《民立报》事实上也就成为政府机关报；姚雨平原为北伐总司令，后转入《太平洋报》任社长；另一类是并无固定职业的"造反秀才"，他们既以文字昌言革命，又可借撰稿谋取"润笔"之资。白话道人林獬曾自道个中"一石双鸟"之乐——

返上海，鼓吹革命益力，海上诸报，无不以刊白水之文为荣。……
（白水）每篇仅受酬金五元，然必待资尽而后为之，瓮有余粟，犹舍文
而嬉也。复好客，客至，辄请少待，临案走笔，顷刻成章，遣争足持
投报馆，收稿费，设酒食以宴客。[11]

这就颇类现代自由撰稿人的悠游洒落之态了。当然，"从政"也好，"从文"
也罢，二者之间并非形同泾渭，不可相犯，而是既有交叉，复有对流。有一时
期，汪精卫任南京行政院院长，邵元冲任代理立法院院长，居觉生任司法院院
长，戴季陶任考试院院长，于右任任监察院院长，叶楚伧任中央党部秘书长，
还有宋教仁此前任农林总长，无怪乎柳亚子喜不自禁地说："请看今日之域中，
竟是南社之天下。"[12]

武昌起义后，革命形势发生急剧逆转。精通权术的清政府内阁总理大臣袁
世凯在帝国主义列强的支持下，纵横捭阖，将朝廷权力集于一身；旋又凭仗北
洋军队的军事实力，运用军事进攻与议和的两面手法，终于胁迫南京众议院以
合法形式将其选举为临时大总统。以孙中山为首的南京政府仅存在 3 个月，中
华民国名存实亡。接下来便是善后借款、洪宪帝制、军阀割据、张勋复辟……

"无量头颅无量血，可怜购得假共和"（蔡济民诗），"惊人事业随流水，爱
我园林想落晖"（黄兴诗）。随着政治风云的骤然变幻，南社内部的营垒对立也
日趋明朗，社员们在不同的旗帜下开始分化。以柳亚子、陈去病、范鸿仙、杨
铨、仇亮、程家柽为代表的南社社员依然坚持革命立场，他们愤于窃国巨奸的
倒行逆施，或撰文声讨，或投笔从戎；更有不少南社社员拒贿辞官，标榜气节，
表现出不畏斧钺的强项风骨和英勇无畏的抗争雄气。同盟会与国民党的实际负
责人宋教仁虽主张与袁氏妥协，但峻拒袁氏的重金收买，积极从事议会斗争。
而一部分具有狭隘"排满"意识的南社社员，在民国成立后，便以为革命目的
已达，裹足不前。另有一部分利欲熏心的攀龙附凤之徒，"朝成美新之文，夕上
劝进之表"，堕落为卖身求荣的官僚政客。面对政黯民怨、令人窒息的现实，一

大批"寻路"的"倦客"既愤于腐鼠沐猴，滔滔皆是，又深感势单力薄，回天无力，遂倡立酒社、消夏社、消寒社，将一腔郁结宣泄于流霞烟斗之中。柳亚子不满于这些诗社"悠然物外""不知有汉，何论魏晋者矣"的出世倾向，自谓"胸中愤血，轮囷盈斗。嚼雪饮冰，犹嫌其热"[13]，并赋诗一绝（"袁安高卧太辛酸，党尉羊膏未尽欢。愿得健儿三百万，咸阳一炬作消寒"），以明心志。但蒿目时艰，除徒呼负负外，亦深感"无事可做"，遂亦参加酒社、消夏社之活动，盖"舍此百罂黄醅，畴能浇尽胸头块垒哉！"[14]

在思想文化领域里，这种"分化"主要表现为"尊孔"与"反孔"。1912年6月，高燮、姚光等人在江苏金山发起成立以"扶持国故，交换旧闻"为宗旨的国学商兑会，得到南社复古派的呼应。他们矢志"发明孔学之真"，"继先圣之传，复宗邦之旧"，并声称要为"救护"孔学而"狂呼哀号"[15]。而柳亚子、宁调元等人则坚决主张"反孔"，破孔孟之道的"大蔽"，高旭甚至主张"废孔用墨"[16]。

随着新文化运动的兴起，南社又进一步分化。如果说，在南社成立之初，共同的革命目标尚能将"多有异趣"的南社社员集结在"反清""反袁"的旗帜下，形成一定的政治凝聚力（在袁世凯称帝期间，"谄媚当途，揄扬权要"[17]的南社社员亦不过20余人），那么，逮至新文化运动兴起后，南社内部则形同一盘散沙。尽管南社在组织上仍在继续发展（截至1916年1月，已增至825人；迨至1923年已增至1188人），亦确有一些精英人物先后涌入南社（如于右任、邵力子、徐血儿、柏文蔚、杜国庠、邵飘萍等），但也不乏慕名而来随潮涌进的官僚政客和浮薄文人。就总体质量而言，毕竟鱼龙混杂，良莠不齐；至于思想观念，更是歧异丛生。鲁迅先生曾经指出："文学团体不是豆荚，包含在里面的，始终都是豆。大约集成时不已各个不同，后来更各有种种的变化。"[18]斯言极是。限于篇幅，此处不可能将新文化运动后南社的"种种变化"一一胪列，只拟简要地对1917年夏在南社内部发生的关于同光体诗的激烈论战以及由此导致的内讧作一简介。

同光体，是近代各种宋诗派的总称，亦即陈衍所谓"同光（同治光绪）以来诗人不墨守盛唐者"[19]。这一诗派对清末民初的诗坛影响綦巨。他们力倡复古、刻意模拟宋诗，反浅易、尚晦涩，尤其是同光体的代表诗人陈三立、郑孝胥、沈曾植等人公然"赞颂旂裘，诋謷民国"[20]；所作诗词，亦无非是抒发亡国大夫、遗老孤臣的黍离之悲，为柳亚子等人所不齿。但在1917年张勋复辟达到高潮之际，姚鹓雏、胡先骕、闻宥、朱鸳雏、成舍我等人竟相继大肆吹捧同光体，并声称以遗老孤忠自居的郑孝胥等人"对于清廷，未尝迎合干进"[21]，嗜痂成癖地对其予以美化。对此，一向崇尚唐音的柳亚子，从反清排满的政治立场出发，奋起反击；尤其是，当闻野鹤对反同光体者以"执螟蛉以嘲龟龙"相讥时，柳亚子更以章太炎痛骂吴稚晖的话予以回击："善箝而口，勿令舐痈；善补而裤，勿令后穿。"接下来，柳亚子又在《民国日报》上连续发表《质野鹤》《再质野鹤》，辞成廉锷，攻势凌厉，闻野鹤自知难以招架，只好扪舌不言。

可事态远未就此平息，就在这时，另一位南社社员朱鸳雏站了出来，公然为宋诗张目。基于"为民国骚坛树先声"的政治立场，柳亚子对朱鸳雏等人"荒谬绝伦"的谰言予以愤怒驳斥，并明示对朱鸳雏等人这种"犹袭同光之体，日为之张目""复欲再亡我中华民国"的复辟行径"必不能容"，必须"鸣鼓攻之"[22]。理屈词穷的朱鸳雏恼羞成怒后，竟在《中华新报》（1917年7月31日）上发表六首诗歌，对柳亚子大肆进行人身攻击，并继续吹捧郑孝胥在民国建立后能"敛迹自好"，而对柳亚子、吴虞则以"狗党狐群，物以类聚"[23]相詈；如此公然谩骂，本来就触望而蕴怒的柳亚子，一气之下，遂以南社主任的名义发表紧急布告，宣布将朱鸳雏"驱逐出社"。

可偏偏就在此际，又有人公然挺身助阵，他就是年仅19岁的成舍我。他身为《民国日报》副刊主编，力主公正，认为不论是赞成还是反对同光体，两派的意见都应该得到充分发表，故一开始并未表现出明显的个人倾向。但当柳亚子要将朱鸳雏"驱逐出社"的公告在《民国日报》上刊发时，便遭到了成舍我的强烈抵制，他公然发表启事两则，宣布退出《民国日报》，同时指责柳亚子"霸占南社，违背社章"，宣布"与现在之南社断绝关系"。（《中华新报》1917年

8月9日）仅时隔两天，柳亚子便以南社主任的身份，发表《南社第二次紧急布告》，斥责成舍我"猖狂妄行，一至于此，实为害群之马，用并黜其社籍，不认为南社社友，不使假借名义，滋生事端"。就在这时，朱玺又撰文反驳柳亚子，成舍我亦帮腔助阵道："以个人私怨，驱逐社友朱玺出社，仆以其迹近专横，故登报反对，征求社友意见"，并明示柳亚子"以驱逐字样加诸社友之身，是值以奴仆视社友。此风若长，诸君子忍受之乎？仆愿竭其愚诚，以从诸君子后。否则，见微知著，曲突徙薪之谋，言之已数，仆维持南社，尊重社友之苦心，亦可以告无罪于诸君子，只有洁身自去，与海内同志另行组织耳"。（《中华新报》1917年8月14日）柳亚子一怒之下，又发表《第三次紧急布告》，进一步反驳道："又诬仆罪状曰'霸占南社，违背社章，专横恣肆，甘为公敌'，尤为荒谬。仆本手创南社之人，数年来承社友公举，就主任之职，何谓霸占？主任有总揽社务之权，载于社章，所包至广。朱玺小丑，驾辞谩骂，辱仆即辱南社全体，仆代众行诛，正自尽其职权，何谓违背？至云专横恣肆，甘为公敌，斯尤含血喷人。南社社友具在，是否认仆为公敌，抑认朱、成为公敌，自有舆论，非彼败类所能污蔑也。"（《民国日报》1917年8月13日）

在这场"搅得最厉害"的南社内讧中，柳亚子始终得到陈去病、凌景坚、吴虞、杨杏佛、王德钟、叶楚伧、余十眉等南社社员的大力支持，并一再声明柳亚子此举"实代表同人公意也"。可年轻气盛的成舍我却根本不买账，继续发表《天问庐杂话》，对柳亚子"拼命拉出几个丰、沛子弟，大登广告，为其张目"的举动加以讥讽，又谓："柳弃疾苟稍有资望，此次举动苟为全体所赞成，何以登报助之者仅此二十余人，又多囿于梨里一隅？"对此，姚光、朱少屏等30人联名发表公启，要求南社成员表态，说明柳亚子此举"表同人公意"。可紧接着，成舍我又发表启事，声称如能以南社八百余人名义登报拥柳，则当从此箝口。最后又强调："否则，社友之人格正未必一一如诸君之不受尊重也。"（《中华新报》1917年8月22日）

两日后，在南社中颇负资望的姚光发表《南社通信》："朱、成无理取闹，呶呶不休，今既解除社籍，弟意可置之不理。若论诗，则弟亦终斥陈、郑为枯寂而尚唐音也。夫有以人存文者，有以文存人者，陈、郑则两无可取。彼辈宗宋诗，则奉一宋人可矣，何视卑鄙之徒为神圣不可犯哉？识者有以知其气类之相感也。"（《民国日报》1917 年 8 月 24 日）紧接着，社员余十眉等 52 人联名发表致社友公启，声称"驱逐败类，所以维持风骚；抵制亚子，实为摧毁南社"。

然而，南社的内讧并未就此结束。1917 年 8 月 25 日（也就是余十眉等 52 人发表支持柳亚子公启的那天），蔡守在《中华新报》发表《南社广东分社同人启事》，谴责柳亚子滥用职权，公然号召社友秋季选举时推举高吹万为南社主任。

时隔两日，蔡守又在《中华新报》发表致南社社友余十眉的公开信，公然谴责柳亚子"意气用事、不守社章、惟我独尊，实属狂妄已极"，并声称将联络湖南全体社员一起推举高吹万为南社主任。三天后，蔡守再次以南社广东分社的名义在《中华新报》发表启事，重申此意。

成舍我本来已打算偃旗息鼓，见到此启事，遂又在 8 月 31 日的《中华新报》再次发表启事，公开设立南社临时通讯处，登报征求意见；同时又连续发表文章，叙述柳、闻诗争和他反对柳亚子的原因、经过，进一步加深了南社内部的裂痕[①]。

与此同时，湖南社员傅熊湘等 21 人联名在《民国日报》发表启事，充分肯定柳亚子领导南社工作以来"苦心孤诣、有功至多"，并明示"断不容一二出而破坏"。南社淮安社员周伟等 8 人亦发表启事，斥责成舍我私设南社临时通讯处，极力拥护柳亚子。逮至 9 月 26 日，陈去病以南社元老的身份，与姚石子、叶楚伧等 204 人联名发表公启，愤然指责成舍我私设南社临时通讯处，并建议在选举时仍选柳亚子连任。显然，陈去病此举是想利用其南社元老、主要发起人的崇高声望，整合起巨大的人脉资源，迅速平息眼前这一足可导致南社分裂

---

① 对此，柳亚子后来也觉察到自己处理的不妥，曾于 1936 年写过一篇文章，讲述这桩公案，并向当事人表示歉意。1949 年，柳亚子离开香港赴北京前，曾与成舍我会面，谈起当年的论争，不禁相与一笑。20 世纪 80 年代，成舍我也对此写过一篇回忆文章，也觉得自己当时年少气盛，不够冷静。

的内讧，使南社的工作步入正轨。

但蔡守等人并不甘就此罢手，于次日竟仍以南社临时通讯处的名义向全体社员散发选票，极力推荐高吹万、邓尔雅、傅熊湘三人，大有"另立中央"，与南社分庭抗礼之势。

如此一场突如其来的、沸反盈天的内讧，对一向心高气傲的柳亚子的精神戮刺无疑是巨大的。此后，柳亚子一直心绪萧索、情怀抑郁。尽管广东南社分社冒名顶替事件因内部社员的揭发而败露后，蔡守以广东分社同人的名义所进行的分裂活动未能奏效；尽管在 1917 年 10 月 10 日的选举中柳亚子仍以高票（385 票，选票总共 432 张）蝉联南社主任，但柳亚子已无复当年的豪情胜概，不少卷入这场内讧中的南社社员也都为此感到心灰意冷，南社自此元气大伤，社事基本上陷于瘫痪，整个下半年竟未举行一次雅集。迨至 1918 年秋季改选前，柳亚子在分寄选票时，另附"决不担任南社主任"的书面声明，并推荐姚石子为主任，以免社事中断。

柳亚子此时之所以推荐姚石子，从积极方面看，是着眼于姚氏的人望，"气谊很厚，人有急难，恤助没有吝色"（见郑逸梅《南社社友事略》，《南社丛谈》第 219 页）；但从消极方面看，则是因为其抱残守缺的陈旧的文学主张，在相当程度上顺应了当时不少社友的文化主张与价值取向，诚如姚氏本人在《复李菊生书》中所言："于此新文化弥漫之际，国学反有整理之望，国学有一线之延，即国脉有一线之延。欧洲之强盛在于文艺复兴，我国之前途其亦由复古而得开明乎？""南社创于清季，同社多有异趣，原有改组之必要，惟必欲随波逐流于所谓新文化中，窃期期以为不可也。"（《国学丛选》第十五集、第十六集）在新文化运动方兴未艾之际，姚石子独发此论，绝非空穴来风，而是代表了当时一大批旧南社社员的共同心声。接下来的种种迹象表明，在蓬勃发展的五四新文化运动时期，南社已逐渐成为一个由主张"抱残守缺，空山独居"的复古派领导的保守、落后的组织。由于此时社中经费无着，加上人心涣散，南社的活动已基本停顿，仅于 1919 年在上海徐园举行过一次雅集；同年底，由姚石子自费印行《南社丛刻》第二十一集。

1923 年 10 月，直系军阀曹锟贿选总理，以每票五千元的价格收买议员。南社社员高旭、景耀月、马小进、景定成等 19 人均接受曹锟贿赂，堕落为令人唾弃的"猪仔议员"。同年 10 月 29 日，陈去病、柳亚子、叶楚伧、邵力子、姚光等 13 人发表《旧南社社友启事》，斥责高旭、景耀月等 19 人"贿选祸国，辱及南社"，并公开声言"不再承认其社友资格"[24]，"以酬清议，振作士林"[25]，同时冀望社友们"发表同一之态度，为中华民国稍留正气"[26]。

然而，就"贿选门"事件本身来看，它远比时下流行的所谓"历史叙述""历史话题"要复杂得多。"历史话题"往往在当事人所置身其中的那个具体的历史语境中展开，史学家们给历史所作出的那种"唯一性"解释，未必就一定合乎当时的"实情"。从最新显示的史料看，参加投票的 590 名议员中，竟有 110 人未投曹锟的票，选票上写的是孙中山、唐继尧等 27 人的名字，还有 12 张为废票。基于这一事实，将这些未投票与曹锟的人一概视为"贿选议员"，显然并不符合历史事实。至于高旭等人是否在这 110 人之中，则又是一个待解之谜。不过，最近发现的高氏写给金山教育公会的一封亲笔信，似乎又提供了重新观照此桩公案的另一视角。高氏原信云："政变陡兴，是非淆乱。曹锟欲用金钱贿买总统，罪大恶极，令人发指。所幸投票之权实操诸我，旭之铁腕尚在也。所以迟迟未即南行者，特以次之倡国会南迁论者，乃竟合全国所唾弃之安福、政学两系为一气，深恐故态复作，故郑重考量耳！非绝对不南旋也。至人格之保存与丧失，以留京赴沪定之，要非探本之论矣。"可惜的是，此信在《申报》发表时，已是 1924 年 3 月 24 日，而在此前，柳亚子已发表声明，宣布与高旭"从此割席"[27]，不再承认其社友资格。高氏百口莫辩矣。

"贿选门"事件一出，意味着开山巨擘率众叛节，自坏长城；这一"奇耻大辱"，对以"提倡气节"为宗旨的南社来说，实在是致命性的打击！"荃蕙化茅，不乏旧侣，最所心痛"（柳亚子《南社纪略·序》），"虽倾西江之水，不足以洗之"[28]，愤慨中寓有痛惜，柳亚子毕竟是深深爱着南社的呵！但历史的进展是从不眷恋个人的主观意愿的，它在这里开了一个残酷的玩笑：一向以"气节"相标榜的南社，却不得不以"以酬清议，振作士林"而收场。身为后期盟主的姚石子也深感南社难于重振，故于是年底，在给社友李沧萍的信中明示道："南社……其旧者将再出二十一集，此后在弟无能为役矣。"（《国学丛选》第十五集、第十六集）是年底，由陈去病、余十眉二人编辑的《南社》第二十二集分上下二册出版，仍由姚石子出资。从内容上看，这一期无非是一些诗文唱酬之作，已无复昔日的革命气象，亦与新文化运动的澎湃浪潮格格不入。柳亚子在《南社纪略》中尝谓："新文化潮流正在奔腾澎湃的潮流冲，抱残守缺的南社就渐渐不为社会所注目，连社友也觉得无意味起来了。"事实上，自《南社丛刻》二十二集出版后，南社已无形解体（柳亚子后将手中余稿编为《南社丛刻》第二十三集、第二十四集，但未刊行）[29]。

　　1923 年 5 月，柳亚子接受了叶楚伧"南社的基础可以利用，放弃很为可惜"的建议，与邵力子、胡朴安、叶楚伧、余十眉（均为旧南社社员）、陈望道、曹聚仁、陈德徵等八人发起组织新南社，最初发表的《宣言》和《组织大纲》由叶楚伧起草，充分表明"在世界潮流引纳的时代，断不愿为时代落伍者"的态度，对于国学本身，仍主张加以整理，而非全部抛弃，并强调了五点：一、整理国学；二、引纳新潮；三、提倡人类的气节；四、发挥民族的精神；五、提示人生高远的途径，以此作为新南社的宗旨。同年 10 月 14 日，新南社正式成立，与会者共 38 人，汪精卫、张溥泉、潘公展、邵次公等人也都出席，大多为旧南社社友；后来陆续发展到 217 人，旧社友还是占到半数。成立当天，除将《组织大纲》改称《条例》外，还宣布由柳亚子任社长，邵力子、陈望道、胡朴安任编辑主任。柳亚子在亲自草拟《新南社成立布告》（以下简称《布告》）中，声称"新南社的精神，是鼓吹三民主义，提倡民众文学，而归结到社会主义的实行。对于妇女问题、劳动问题，更情愿加以忠实的研究"。足见新南社的宗旨与旧南社已有很大不同，它实际上是一个以国民党左派为骨干的统一战线性质的新文学团体。《布告》还特别强调，旧南社的旧朋友，除了少数先我觉悟的外，其余抱着18世纪遗老式的头脑、反对新文化的，竟居大多数，那么，我们就不能不和他们分家，另行组织。从次年5月出版的《新南社丛刊》看，主要有沈玄庐的《最近的新俄罗斯》《留别俄罗斯的同志们的一封信》、邵元冲的《美国的新村运动》、刘伯伦的《中国的乱源》、陈德徵的《诗人拜伦底百年祭》、黄忏华的《哲学概说》等，还有刘大白的白话诗《秋燕》《斜阳》等。译作有吕天民的《社会不平鸣》、苏曼殊撰柳无忌译的英文《潮音跋》等，且一律用白话文、新式标点，与古色古香、日趋守旧的《南社丛刻》相比，的确令人耳目一新。

但新南社成立后，除了出版"丛刊"、举行过三次聚餐会外，再无其他活动。仅短短的一年半时间，新南社便难以为续了。若细究个中原因，可大致归结为两点：

一是发起人观念上的差异，柳亚子本来就对叶楚伧等人所拟的《新南社发起宣言》心存异议，后又得知叶楚伧居然连"归结到社会主义的实行"都不愿接受，这更使柳亚子不满。主要发起人之间在价值理想与目标设定上既然存在着如此严重的分歧，这一事实本身就意味着刚刚成立的新南社难以持久。

二是主要发起人责任意识的淡化。新南社成立后，尽管表面上风风火火，声威赫赫，不少国民党的党政要员如汪精卫、张溥泉、于右任等都参与其中，但这丝毫不能改易新南社的民间性质，既无官方背景，也无资金，能否正常运转全赖主要创办人的热心投入与无私奉献。而此时叶楚伧、邵力子皆忙于办报与党务活动，柳亚子也无复主盟旧南社时的强烈责任意识和工作热情，只一心想着"替方新的中国国民党努力"，如此一来，新南社的停顿也就是势所必然的了。

新南社成立不久，南社湘集亦宣告成立。这个团体于1924年初由傅熊湘在长沙发起，同年4月正式成立，社长傅熊湘在《南社湘集导言》中声明这个团体以"保存南社旧观，发扬国学，演进文化"为宗旨。该社《简章》规定，社刊的诗文"均以文言为准"，"社友入社，不限省"。是故，南社的许多守旧派如蔡守、高吹万、黄宾虹、江亢虎等先后加入，南社湘集遂成为一个由守旧派组成的反对新文化运动的组织，该社的后期活动还带有"反共"色彩。1930年7

月，傅熊湘病殁于安庆，该社活动暂时停顿。1934 年，经刘鹏年发起，社务活动恢复。次年 6 月，蔡守发起的南社湘集两粤支部成立，许多反对新文化运动的旧南社社员纷纷加入，人数激增至近 300 人。但北伐战争开始后，湖南农民运动蓬勃开展，这个团体的活动渐渐寂默无闻。与此同时，新南社在时代潮流的冲击下也呈现出新的分化，尤其是孙中山逝世后，有些南社社员经不起历史的严峻考验，相继落伍、变节，甚至堕落为替地主买办阶级效劳的复古分子和反动政客；只有以柳亚子为代表的少数对革命事业始终不渝的南社社员，能够继续坚持进步立场，紧跟时代潮流。

二

南社这个一度英气勃勃、声华颇盛的革命团体，为何会无可逆转地风流云散？认识和描述这一过程的发生机制并深刻揭示个中规律，实乃南社研究中的题中应有之义。但迄今为止，这方面的研究文章尚不多见。有鉴于此，笔者拟对此略陈管见，以俟公论。

"分波终仗灵犀力，填海犹存精卫心"（宁调元诗），翻览南社社员的诗作，这种"愤世情结"在在可见，激发着每一位南社社员的济世热情。从他们笔下那些凌厉飙发的诗作看，大多数南社社员都有一种精英主义的孤独感与愤世感，这既是对中国历代士人所奉行的"修齐治平"的儒家精神的一种纵向继承，也是南社社员能够纷纷加盟并形成强大的政治凝聚力的内在原因之一。尤其是在民族生死存亡之际，"天将降大任于斯人"的责任感和"金瓯已碎"的忧患意识，无时不在驱策着广大的南社社员奋袂而起，履险犯难，以期建功立业。从政治心态上看，南社社员在辛亥革命前，主要表现为一种强烈的用世精神。但必须指出，大多数南社社员所倾心的革命相对狭隘，只是在反清这一点上与近代资产阶级革命派相吻合，带有相当浓重的复仇色彩。他们以为"只要将满洲人赶出去，便一切都恢复了'汉官威仪'，人们都穿着大袖的衣服，峨冠博带，大步地在街上走"[30]。这就在一定程度上削弱了以暴力推翻封建专制制度的意义，使得一场反帝反封建的革命运动演化为狭隘的"反满复汉"。当辛亥革命志士以鲜红的热血融化了千年帝制的冰山，不少南社社员便欲"痛饮十日，然后向千山万山之外，听风望月"[31]，从而忽略了文化启蒙的艰巨使命和重大意义。事实上，政治体制的变革和文化观念的更新，是贯穿中国的两个相互交错的主题旋律，而后者往往更为艰难，因为传统文化并非一个简单的戳记。一个通过文言文的记载所构成的有形的符号世界，它那种经过千百年层层积淀而凝结在一个民族的个体逻辑思维水平面下边的巨大"潜意识冰川"，制约着整个民族的生存——文化空间，甚至也制约着那些卓越拔俗之士对传统文化以及自身的批判和省察。迨至五四运动后，新文化的健将们才以"补课"的形式，弥补了南社社员这种单一的政治价值取向的重大缺陷。

同时，我们还应看到，南社社员大都似乎是一些亟欲"毕其功于一役"的急性子。外夷凭陵，国事阽危，南社社员无不痛感由此产生的屈辱和压力，在这种情况下，大多数南社社员似乎不约而同地以言论为武器，昌言革命。他们早已超逾了"清流"那种批评朝政或进谏忠言的士大夫参政方式①。自觉地借助报刊这一媒体，充分发挥其应有的战斗作用。诚如柳亚子1904年所云："波尔克谓报馆为第四种族。拿破仑曰：'有一反对之报章，胜于十万毛瑟枪。'此皆言论家所授以自豪语也。"[32]陈去病亦看到了南社中"尤以报界为最多"这一巨大优势，充满自豪地说："吾社社员果得借报纸之鼓吹，达到共和目的。"[33]南社社员不约而同地对朝廷口诛笔伐，痛詈光绪为"载湉小丑"，指西太后为"牝鸡司晨"。

不过，应当指出的是，由南社社员创办或掌持的众多报刊，尽管风风火火、

---

① 所谓清流，其基本涵义是，士人以某种传统上被尊奉为正统的基本原则为基础，对当朝权势者进行抨击。体现在他们的言论上的一个重要特点是，对政治问题具有一种泛道德主义的价值尺度。

煊赫一时，但并未充分利用报刊这一特殊媒体的传播功能；也就是说，它没有创造一种可以自由讨论与公开进言的宽松氛围，从而在政权与民众之间搭建调适与沟通的桥梁，进而实现"大则救国，次足移风"[34]的宗旨。由此足见"一党报"单一的政治取向及党同伐异的狭隘积习为害非浅。即以柳亚子主持《天铎报》笔政时期的时评为例，当时的《民主报》已然是"南京政府的机关报"，同为社友的邵力子与徐血儿赞同南京临时政府的"议和"主张，认为当务之急是"提倡人道主义，力求和平解决"。而柳亚子则坚决反对议和，认为保皇党与宗社党都不甘失败，清朝贵族不会懂得"共和大义"，笔战由是激烈展开。这场笔战，始终带有很浓重的情绪色彩，而且双方都是将报刊作为政治斗争的工具、个人观念的传声筒，并未在拓宽言路、启迪民智方面发挥报刊的特殊作用。结果，争来辩去，各说各话，最后只好不了了之。

南社社员不仅是"坐而谈"，更多的是"起而行"。以黄兴、宋教仁、陈其美为代表的南社骨干成员，同时也是当时著名的政治活动家，基于高度的爱国热情与民族大义，他们抱定了"头颅掷处作雷鸣"的革命信念，以为"块然躯壳"，不足为惜，遂毅然赴死，以警国魂，自足千秋。尽管敌强我弱、实力悬殊，他们仍不惜"以弱力撄强锋"，甘冒白刃以行之。正因如此，笔者才深深感到，随着黄兴、宋教仁、陈其美等一大批南社社员的相继夭折，在相当程度上弱化了南社早期的那团活气和光华，这不禁使人扼腕而叹——每当国事阽危之际，总是龙凤夭折而蛇鼠暴兴。回顾近代的民主进程，之所以劫难重重，苍黄翻覆，窃以为不是因为流血太少，而是失血太多！

探究南社的衰落，其宗旨的不明及组织内部管理的松散恐怕也是重要原因。

南社创立之初，为延揽贤士、壮大声威，以发挥同气相求、同声相应之效应，几乎并无明确的宗旨，所谓"品行文学两优"，显然是一种大而泛的提法，根本不宜作为衡士的标准。1914年3月，南社举行第十次雅集，社员们将宗旨由"品行文学两优"修改为"研究文学，提倡气节"[35]，但新的宗旨绝非完善：南社择士原本就只限于士林，"文学"乃其本然必具之资，无须特加标举；至于"气节"，乃历代士人为人的要则，并不适合作为社员入社必具的条件（所谓"气节"是在"时穷"的情势下才能"乃现"的，在正常情况下，殊难评断），因此，将此八字奉为"宗旨"，实不足作为甄别士人优劣的标准，同时也不具备现实的可操作性，这就难免出现后来柳亚子所痛慨的那种"鱼龙混杂"的局面。南社后来之所以内讧频起，以至最后解体，莫不可由此寻其端倪。

再看南社内部的组织管理情况，据《南社条例》规定：

赞成本社之宗旨，得社友介绍者，即可入社。[36]

据包天笑回忆："原来社员的入会，再简便也没有，有朋友介绍，说某君愿入南社，说出他的姓名履历来，大家都赞成。也有某君，某君，我们要邀他入社，只要某君答应了，便算是社员了。社员虽多，并不须要列席，即使算是开会了，聚餐一回，餐后即散，无所事事。到了后来，有了编辑社友诗文集这一件工作，算是一点成绩。"[37] 如此广开门户，大有三教九流皆可随意进出之势，显然远逊于"贤大夫必审择而定衿契，然后进之于社"的复社。曾自比复社中的孙孟朴的柳亚子，后来也慨叹南社"鱼龙混杂"[38]，若究其因，不能不说与身为南社盟主的他本人取友未慎大有干系。柳亚子后来对此似乎也有所察觉，为把"满盘散沙般的多数文人组织起来"，曾尝试"进一步改革"，"把编辑员制改为主任制"[39]，不料风波又起①。"主任制"几经波折后来终于以全体社员投票的形式确立下来，这对改变南社以往那种散兵游勇、各自为政的散漫状

---

① 据朱剑芒回忆："一九一二年夏秋间，亚子因父亲在乡间去世，辞去《太平洋报》职务，回到故乡。十月下旬，仍旧到上海，主持第七次雅集，曾提议修改条例。改编辑员三人制为一人制，以免推定后总是虚挂名义，不料高天梅突然反对，并在会上讽刺柳亚子想大权独揽，一再争执。天梅在辛亥革命初，担任过金山司法长，滔滔善辩，患口吃的亚子当然辩不过，到会的人也都认为天梅理由充足，不必修改条例。亚子受不起打击，竟然登报声明，脱离南社，虽经许多熟友一再劝解，还是无效。直到一九一四年春间，举行第十次雅集，将条例修正，改为主任制，总揽社务，并主持选政，并一致要求亚子复社，才使亚子消释前嫌，不再坚持脱离。……天梅也感觉到挂名不做事的编辑人，尽管推定，实在没有意思，因之也改变了不修改条件的主张，请石子来向亚子说明，并表示后悔。"（《我所知道的南社》，见周文晓、沈承庆、朱柽编：《朱剑芒先生纪念文集》）

态确实起到了一定的作用，惜乎作为"南社灵魂"的柳亚子本人就是一介书生，行事任性使气，名士派头十足，根本不擅斡旋与协调复杂的人际关系。仍以发生于1917年的那场"内讧"为例，当柳亚子看到朱鸳雏发表在《中华新报》上的那六首对他极尽讥讽辱骂之能事的诗后，勃然大怒，当即拟出一份将"妄肆雌黄，腥闻昭著"的朱鸳雏驱逐出社的广告启事，要求叶楚伧刊登，并声称若不登，则"唯有蹈东海而死耳"，并向叶楚伧发问道："忍失此老友乎？"叶楚伧随后将此广告交给成舍我，并正色相告，依柳亚子的性格，他真可能会跳海。成舍我无奈，只好持此请广告组刊登。然后他本人也拟一则请南社同人主持公道、将柳亚子驱逐出社的广告。……①

柳亚子的"书生气"与"名士气"，于此可窥一斑。不怀疑柳亚子具有"大济苍生"的政治激情，不怀疑他本人热心南社公务、朝乾夕惕的奉献精神，甚至不怀疑他本人对南社的特殊感情及亟欲振兴南社的那份深切期许。但作为"南社灵魂"的柳亚子，他同时还应当具有作为"灵魂"人物所应具的政治智慧、行政能力与领导艺术，而这恰恰是柳亚子所缺乏的；尤其是他身上的那种恃才傲物、动与人忤的"霸气"，自然难孚众口。即以他与高吹万因为《三子游草》的版权纠纷为例。一次，柳亚子在松江的地方报上看到了《三子游草》的寄售广告，便写信质问高吹万，要他取消广告，停止出售，理由是此书的印费是他们共同出的，版权也应共同享有，不应擅自出售。而高吹万则认为他所分得的那一部分书，他本人有自由处置的主权。为此区区小事，二人竟互不相让，大动肝火，愈闹愈僵，后来索性在报上登载广告，相互破口大骂起来。最终由柳亚子刊登广告，宣布与高吹万绝交，此事才算告一段落。后来柳亚子在《南

---

① 这一材料出自成舍我本人1989年11月13日在台北接受时任《中央日报》副刊"长河"版主编张堂锜先生的专题采访，题为《南社因我而起的内讧》。是时成舍我已91岁。作为当年那场内讧的主要当事人的历史性回忆，此一文献，弥足珍视。在此次访谈中，成舍我最后说道："1949年之后，我在香港，柳亚子有一次途经香港，来探问我，他表示对自己过去的一些事情很后悔。……总之，他其实是一个不错的人，就是脾气坏。南社的活动，几乎都是他拿钱出来办的，聚会、发帖子也都是他一人在管。"

社纪略》中坦诚地言道："这场高、柳的斗争，幸亏没有牵涉到南社方面来，然而，在无意中间，已替一九一七年（民国六年）反叛的蔡哲夫制造成功一尊可以利用的偶像了。"这本身足以表明，作为"南社盟主"，柳亚子的一举一动皆关乎社事，牵动全局。但一向目高于顶、自负任性的柳亚子对此却一直缺乏必要的省察。

1917年8月16日，南社社员丁湘田在《中华新报》上撰文，公然反对柳亚子的"独裁"做法："亚子竟滥用主任之权，将鸳雏驱逐出社。读其布告，竟有'布告天下，咸使闻之'之句，语气酷似袁皇帝之命令。不料于诗坛文社之间，忽有帝制自为之人出现。……即在政党党魁，尚无此权力。何物亚子，其视南社为私产耶？其视一己为党魁耶？西人云：中国人一有所凭藉，无不逞其强权者。不关乎风骚之结社，亦复见之，窃叹吾国人道德之沦丧也。"

措辞如此严厉，几至戟指怒张了。显然，丁氏绝非代表他个人向柳亚子"发难"。从南社的存在方式与活动形式看，无非就是两种：办刊与雅集。前者对柳亚子来说，可谓得心应手，罄力事之，真正尽到了作为主编的责任。至于后者，对于柳亚子来说，可说是借以联络同志、加深情谊的难得时机。据相关资料显示，在作为南社的常规活动的历次雅集中，柳亚子应当说是参加次数最多的，这当然与他的身份与声望有关。但从雅集的规模来看，最多的一次也不过56人，最少的一次只有12人[40]，若将这种雅集活动置放在清末民初豪杰并起、风云际会的大背景下，未免显得太不相称了。而更令人感到惊诧的是，柳亚子参加雅集时那种林下名士的心态：

宿酒未醒，加以新醉，文人雅集，如是而已。[41]

盟主尚且如此，遑论其他社友。这不禁使笔者想起当初创建南社的柳亚子在答苏曼殊于1910年5月在爪哇给他的信时所透示的一段自白："弃疾蛰居乡曲，每以无聊为苦。去岁天梅、佩忍怂恿，乃有南社之创，辄望吾师助吾曹张目。耿耿之怀，谅不见拒！昔人云：'不为无益之事，何以遣有涯之生？'明知文字无灵，而饶舌不能自已，惟师哀而怜之，勿嗤其庸妄也。"[42] 对于一向率性见真的柳亚子来说，此语恐怕并非全出于矫情与虚饰；果真如此，那岂不是连素有"南社灵魂"之称的人物都将入社视作风流自赏、排遣"无聊"的辅助方式了吗①？由这一认知出发，我们不能不进一步思考这样一个问题，即柳亚子作为"这一个"，为什么会在南社中具有如此高的地位与声望②？或者将问题作进一步归纳，即，南社为什么选择了柳亚子？

依笔者之见，这一问题其实并不难理解。之所以如此，一方面与南社社友那种萧疏散淡的生命状态有关，诚如胡朴安在《南社诗话》中所言："其不隶属于同盟会之社友，素乏政治之趣味；其加入南社者，不过文酒唱和而已。"另一方面也取决于在孰为盟主的问题上社友们无意竞争这一事实。历史的具体情貌与我们的主观预想往往存在着巨大的差异。在此，我还想拈举一个重要的事实，即，当时的诸多南社社友对他们的南社身份似乎并不引为自豪，尤其是当时名躁一时的硕彦，往往很少提及自己的南社社友身份；甚至同是南社社友，在为传主作传时，对其"籍隶南社"这一事实也往往鲜有道及。这一点颇耐人寻味，也使惯用某种先验的原则作为评价方法的我们陷入窘境。历史现象毕竟是一个复杂的动态过程，而不是像一个恭顺的婢女那样任人打扮。要把握一个时代的心理定势其实是非常困难的，倒是老报人包天笑的一段回忆性总结对我们颇具启发："第一，因为这班人，都是研究旧文学的，不能与后起的新文学沆瀣

---

① 当然，旧式文人作书，往往多情至兴到之语，亦有一时之戏语，这本为文人的一种习惯，不必过于"当真"，宜慎重下断；但作为"性情中人"的柳亚子，其书信往往会透露出某种"心理真实"。

② 据朱剑芒先生回忆："在第三次雅集时，改推宁太一（名调元）、景秋陆、王元生担任（编辑）。但他三人在辛亥革命前都在报馆工作，没有时间，就由亚子一人包办。第五次雅集时又改推宋教仁任文选编辑，景秋陆、王西仲分任诗词编辑。不久武昌起义，宋、景二人专在政治方面活动，王西仲又往西洋，办理银行招股事宜，所有《南社》的编辑工作，仍集中在亚子身上。"（《我所知道的南社》，见《朱剑芒先生纪念文集》，周文晓、沈承庆、朱柽编）又据柳亚子《南社纪略》所言："巢南和天梅都是书生习气，做事情马马虎虎，而我是主张实干硬干的，对他们便深觉不满起来。"

一气。有些人是无论如何不肯写白话文的，而且也不赞成那种欧化的新文学与新诗词的，在五四时代，已成为过去人物了。第二，南社里有许多人已入政界，他们做官去了，也有的是别种职业，谁也没有闲情逸致，来南社做文人词客了。剩下几个人来，也渐渐取消极态度。第三，南社是一点没有基础的，既无社址，也没有职务，当初只不过每次开会，大家凑出钱来，聚餐一回。虽然辛亥革命以前，他们也很鼓吹革命。辛亥以后，便是军阀时代，一直到北伐成功，政府也不曾支持它，而它觉得这个政府实在不能满意呢。"[43]

包氏的这番"过来人语"，倒是道出了历史的某种实情；而这种实情也正反映出南社的某种命定的局限。事实上，随着五四新文化浪潮的涌起，新文化运动的健将们正以一种空前开放的襟怀向世界先进文化轩敞，而像南社这样混杂着传统文学与求新变异因子的文学社团，早已被倾心新文化运动的健将们视为落伍；况且因受当时意识形态领域的强大影响，新与旧、革命与保守、进步与落后，皆成为人们评断一切事物的"政治"标准。置身在这样一种"历史语境"中，除抱残守缺者外，难免会使不少旧式文人因加入南社而感到"落伍"；一些风头正健的南社社员则唯恐遭人物议，也会有意或无意地淡化甚至隐瞒其南社身份①。——缘于以上诸因，隐伏在南社内部人员中的政治意识与文学观念的严重混乱与巨大分歧，已渐呈衰落之势；它最终之所以"不出于外侮，而出于内

---

① 即以余湘先生致笔者的信函为例，余先生云："柳无忌系亚老的哲嗣，是我的总角交，又是同岁（他今年也已 86 岁），同时参加南社，入社时仅十四五岁，故有'小南社'之称。时当'五四'以后，新文化运动蓬勃兴起，旧的诗词全被打倒，我们这些'小南社'既不愿做时代的落伍者，就又参加了新南社，因此，对旧词章就一窍不通了。"

又如田汉（寿昌），原为新南社社友，柳亚子在其《五十七岁自传》中明确记载道：1923 年，"偕叶楚伧、胡朴安、余十眉、邵力子、陈望道、曹聚仁、陈德徵等，始创新南社。一时俊彦云集，如廖仲恺、何香凝、朱季恂、侯墨樵、周水平、叶天底、杨杏佛、沈玄庐、刘大白、邵元冲、田寿昌、徐蔚南、毛啸岑等皆为中坚分子。"（《见柳亚子选集》）下册，第 1072 页）柳亚子在致田汉及其女儿（玛丽）的诗中亦多次提及田汉新南社社友的身份；但遍查田汉本人的著述，却无一字提及于此，在田汉的传记、年表中，亦无此记载。此类现象非止田汉一人，就连沈雁冰、陈望道、沈尹默、欧阳予倩、闻野鹤这些曾积极投身"五四"新文化运动的新老南社社员，亦从未在其所正式发表的文字中谈及其"隶籍南社"这一基本事实。

讧"，之所以初以"气节"相标榜，而最终竟以"以酬清议，振作士林""为中华民国稍留正气"而终结，也就成为一种可悲的必然。

三

南社社员的文化心态也绝非完善。首先，从南社社员的文化心态的外在基础——即广义的知识构成体系来看，南社社员大多为饱学之士，旧学颇有根柢，不少人堪称"国学大师"。这种"根文化"对南社社员的人生态度、价值观念、精神旨趣、思维方式的形成以及美感经验指向的生成所起到的规范诱发作用是不可忽略的。易言之，作为吸吮着传统文化的"奶汁"成长起来的南社社员，他们对旧学的那种偏嗜与修养，不仅滋润了气质、性情，而且渗透血肉，浸入灵魂；传统文化的染色体已遍布南社社员每篇作品的通体蕴味之中。尤其是，当他们厕身于白云苍狗变幻无穷的近代中国，并一次次陷入"寻路"的迷惘时，这些与"传统"有一种"剪不断，理还乱"的深层联系的南社社员遂产生一种强烈的文化失范感，由此衍生的文化疲惫、文化焦虑，终究导致他们不约而同地转向老庄哲学，以实现文化自救。于是，"无用"乃"大用"的老庄哲学便在"用"这一现实生存的层次上获致生命。他们尽力化焦灼为宁静，穷通不惊，淡泊恬适，啸傲林泉，韬晦自守，以内在的心灵超越外在的现实，以绝对圆满的静超越相对狭隘的动；揽读《南社丛刻》，这类诗句几乎在在皆是——

帝图霸业苍凉尽，只有经声慰寂寥。

——潘兰史《甘露寺》

上方一夜耽禅悦，已觉尘劳转眼空。

——谢无量《宿玉皇顶》

笑他走马长安客，不解荒山着一鞭。

——徐枕亚《雪中访友》

独标孤愫，棣通太音；这种"静"的境界的获得，无疑是以淡化社会角色为前提的。只要能够在这种诗境中体味大"道"，一切也就被消融在静寂虚空的内敛祈向之中。

应当指出，在南社社员中，不少人曾先后出洋留学，接受过欧风美雨的洗礼，对传统文化也确曾进行过程度不同的批判。但必须看到，南社社员所批判的所谓"传统"（包括秦汉以来逐渐积累和形成起来的那一套政教、风俗、伦理、道德），虽历代略有因革，但从性质来讲，并未发生根本变化。迨至近代，这种"传统"仍对庞大的中国传统社会的经济与文化生活承担着整合功效。陈独秀在1917年5月初，曾尖锐地指出，民国成立后，"中国多数国民口里虽然是不反对共和，脑子里实在装满了帝制时代的旧思想，欧美社会国家的文明制度连影儿也没有。"[44]是年7月，胡适从美国留学回国后，慨然言道："七年没见面的中国，还是七年前的老相识！"[45]这足以表明，传统的旧势力仍在人们的观念中占着支配的地位。由此可见，南社社员对"传统"的批判，并不意味着默化于他们身心的厚重传统积淀已然消解，而是作为一种"心理定势"内化在意识的深层结构之中，影响和"规定"着个体的发展和对异质文化的吸收、改造和排斥。明乎此，我们就不难理解南社社员为什么一方面对西方的物态文明（亦即物质实体化了的对象化劳动，这是文化的表层结构）积极汲取，一方面又对西方文明的深层结构（包括价值取向、思维方式、道德倾向、审美趣味、宗教意识等）产生本能的拒斥；同时也就不难理解南社社员为什么一方面西装革履，醉心西学，一方面又恰恰表现出最浓厚的中国传统的"才子气"与"名士风"。在此，我们不妨拈举南社社员"捧角"一事略加论析。

隶籍南社的新剧演员冯春航在沪登台献艺，此时，正为《民声日报》主持文苑的柳亚子，特辟一专栏"上天下地"作为"捧冯的地盘"。与此同时，北伶贾璧云在沪亦声名颇著，对其大肆吹捧的《小说时报》特出《璧云集》，形成对峙之势。柳亚子身为南社盟主，对冯氏似乎青眼有加，凡"短春航之语"，即"怫然怒"；遇"扬春航者"，则"欣然喜"[46]，并推出《春航集》以示抗衡。一时间，林一厂（ān）、叶楚伧、陈布雷、俞剑华、马小进、姚石子等社友均纷纷加入，广为声援。一个"振风骚于绝响，追几复之芳踪"的革命社团，居然如此狂热地追捧一个戏子，难怪会为人诟病，"醉心西学"的胡适当年就曾批评此举为"淫滥"，连南社社友陈子范都以"玩物丧志"而"抗言相责"[47]。当然，陈氏此语亦有过激之处。以柳亚子为代表的南社社员在当时确有将戏剧改革作为救世启民、鼓吹革命的初衷在，表面上是"冯党"与"贾党"的攻讦，其意义早已超越了封建社会的所谓"捧旦"；也就是说，在我国早期的粉丝现象中，蕴含着极为复杂的政治内涵（在冯春航与贾璧云身边，围绕着具有不同政治取向的"粉丝团"）。就柳亚子而言，在他身上，一方面仍有旧文人捧伶狎优的遗风，一方面通过"捧伶"蕴含着政治革命与艺术革新的双重诉求，无怪乎柳亚子听罢陈子范的责言，会勃然大怒，以为此举绝非"色艺相持"，乃"南北斗争"[48]，但此种辩说，恐难广乎众口。其实，将"捧伶"作为一种斗争手段，除暴露出南社社员的"名士气"外，其本身的局限性也是不言自明的；因作为社会群体（"粉丝团"），对所追捧的偶像本来就具有排他性，在"捧伶"事件中，"冯党"与"贾党"各据不同的报纸，连篇累牍地大开笔战，结果仍是自说自话，各执已见。其实，就连南社内部，也曾为"捧角"脉张声嘶，互不相让，"林一厂、柳亚子、俞剑华、陈布雷之于冯春航，不啻视为上天下地之第一人物，而姚鹓雏、雷铁崖毁之又穷形尽致，旗鼓对峙，锋针相向，大有如中俄交涉，更无退让余地之概。"（叶楚伧《横七竖八之戏话》）

在南社社员中，吴虞似乎是"走得较远"的一个，故对其进行"个案分析"，也就更能说明问题。

"成都言新学最先者"的吴虞，早在辛亥革命时期就率先擎起反孔非儒的叛帜，慨然赋诗痛斥"圣贤误人深"，"孔尼空好礼"（《中夜不寐偶成八首》）。

1907年自日本留学归国后，愤于儒学对国人的精神桎梏，遂濡笔撰文痛斥孔孟之道的"专制"。后因其父逼死生母且又"纳妾"，乃实行"家庭革命"，公然将家丑揭橥报端，被其父与封建卫道士们怒詈为"士林败类""非圣无法""名教罪人"，地方政府亦"移文各省逮捕"。尽管如此，吴虞的反叛精神并未衰减，继续为《新青年》《星期日》撰稿：《家庭制度为专制主义之根据论》《儒家主张阶级制度之害》《吃人与礼教》《说孝》《消极革命的老庄》《读〈荀子〉书后》……这一系列檄文的连续发表，宛若在一泓死水中耆然掷进巨石，真个振聋发聩。

但就是这样一个"中国思想界"的"清道夫"（胡适语），后来竟多次纳妾，沉溺女色，屡屡作艳体诗，由一个"叱起蛟龙惊大梦"的叛逆之士沦为封建伦理道德的维护者。

其实，反叛—复归的两极摆动，正是吴虞文化心态矛盾的最高体现。身处"文化断层"的时代，历史要求近代知识者必须在两种文化的冲突中作出明智的选择，并且将文化重建的任务加在他们的双肩。但从行为实践的角度看，则又谈何容易！西学本身已令人眼花缭乱：理性主义、非理性主义、无政府主义、德先生、赛先生、卢梭、孟德斯鸠……，而对传统的反思也只能首先确认传统的多元：儒家、道家、墨家……选择本身已令一代人举步维艰，而对吴虞来说，一个先决的限制是他的根基在中国传统文化，这种"根文化"的影响使吴虞形成了相应的条件反射、思维定势、认知模式、价值系统；缘此，他不可能形成"反传统"的整体观，而只能以传统反传统。不错，吴虞亦屡屡在文章中提及卢梭、耶稣、华盛顿、孟德斯鸠、斯宾塞尔等西方启蒙思想家，但他们在吴氏笔下只是作为儒家思想的对立物出现的，并不意味着吴氏对传统文化的彻底叛离。迦达默尔曾深刻地指出："一个人需学会超出迫在咫尺的东西去视看——不是为了离开它去视看，而是为了在一个更大的整体中按照更真实的比例更清楚地看它……在希望与恐惧中，我们总是被最接近我们的东西所影响，从而也就在它的影响下，去看待自己过去的证言。因此，始终必须力戒轻率地把过去看成是我们自己对意义的期待。只有这样，我们才能以这样的方式来倾听过去，使过去的意义成为我们所能听见的。"[49]斯言确为恺切之论。就吴虞而言，与他"最接近的东西"，恰恰是他大施挞伐的中国传统文化。因此，当他读卢梭的《民约论》，自然想到墨子的"通约"；看到列宁的"劳农主义"，遂将其比附为"上下同等，君臣并耕，不劳者不得食"（墨子）；而老子的"六亲不和"竟被他译作西方的"民主""自由""平等"——这种将西方文化与传统文化的深层结构——对位的"同化"，从根本上说，"并非将自己变得合乎新事物，乃是将事物变得合乎自己"[50]。

当然，我们也应看到，吴虞的文化选择行为本身也曲透出他在中西文化冲突中，试图通过调整传统文化的内部结构来创造一种新的传统的真诚努力（具言之，即通过老、庄、法、墨来取代儒家学说）。从文化接受的角度看，这本无可厚非；因汲纳异质文化与重新选择传统是一个过程的两个侧面。但问题在于，以旧学先入为主的知识结构，实际上已经成为一种无法突破的文化范型，构成了一种主体认知图式（正是这种"图式"规范着对客体信息的筛选和整合）；由于吴虞所持有的这种"图式"结构僵化，功能固结，从而导致他的认知活动范围始终囿于主体认知图式的框架之内——他无法站在更高的视点上去审视中西方文化并找到新的立足点，更不可能在"反传统"的过程中洞悉自身的历史性，即将"传统的产物"——自我——纳入到否定的对象中，从而解决"反传统"与主体自身的历史性（来自传统）之间的悖论关系，最终只能无可避免地重陷"反叛—怀疑—复归"的历史性轮回之中。——由于这种"复归"并非是在一个更高的层次上完成重铸自我的历史使命的必然环节，倒是对南社早期那种革命精神的严重背离，故尔必须带有浓重的悲剧色彩。对于"走得较远"的吴虞来说，尚且如此，更遑论那些与"新意境、新理想、新感情"（高旭语）根本格格不入的其他南社社员。要之，以旧学为基础所构成的知识体系，它本身的沿袭性、板块性和超稳性，使得一大批南社社员对各种异质文化有着足够的抵御力；五四新文化运动兴起后，他们纷纷不约而同地在"继先圣之传、复宗邦之旧"

的旗号下鼓荡起滔滔的复古浪潮，完全符合他们自身的主体认知图式。

四

探究南社的衰落原因，还必须深入南社社员文化心态形成的认知思维模式之中。

作为主体的人，其文化心态的形成，往往是以主体对客体的意识关系中的特定思维方式为深层结构的。中国传统的思维模式与西方那种讲求概念的精确、注重理论分析的思维模式不同，具有模糊性、意会性、融浑性诸特征，具体表现为它把握世界的方式并不依赖纯思辨的分析和科学的实证，而是追求一种非分析、非综合、非片段、非系统的感性直观和神秘的心灵体验。迨至近代，这种积淀在一个民族的深层文化心理结构中的思维模式仍然有力地影响和支配着南社社员的文化选择行为。例言之，在南社内部，"反孔"者有之，"尊孔"者亦不乏其人；但无论是"反孔"还是"尊孔"，其运思的焦点都不是将孔子作为一个被春秋晚期鲁卫诸国实际生活进程所规定的真实的"人"而予以科学的评判，而是依据主体不同的价值取向"各取所需"地对其进行主观阐释。

需要进一步指出的是，这种以模糊性、意会性、融浑性为特征的思维模式，决定了南社社员在中西文化的剧烈冲击中很容易处在一种消解的稳态。也就是说，在新旧嬗替、中西竞胜的近代中国，要完成文化选择与自我更新的历史使命，必须首先从思维模式入手；但南社社员不是主动地打破那种已然定型化了的传统思维模式进而建立以分析还原为特征的精确思维模式，以实现对西方文化的客观认知，而是匪夷所思地以一种意会（附会）的方式，通过扩大、延伸概念范畴的指谓范围来认知西方文化。更有为数相当的南社社员，他们处在以儒家文化体系为经纬编织而成的意识网络中，根本无心将西方文化作为人类文明进程的智慧成果去积极地予以全面认识，而是陶醉于"称伯五洲"的传统文化的优越感中，以此逃避异质文化的刺激。如南社社员冯平在《梦罗浮馆诗词集序》中说："彼白伦、莎士比、福禄特儿辈固不逮我少陵、太白、稼轩、白石诸先辈远甚也。"并希望"年来爱国好古之士……共谋保存国粹，商量旧学"。黄节居然在《黄史·礼俗书》中，不惮烦劳地考证出夏商周三代，古老华夏曾普遍实行着世界上最早的民主制度，而"西方平等之治"，难与匹敌；他甚至还"发掘"出古代的所谓"通天屋"，绝胜欧美的摩天楼。由此可见，千百年来的思维习惯与历史记忆的印痕已牢固地聚结为一条高度程式化的思维线路，使得南社诸子遂以一种潜逻辑的形式将各种文化信息刺激归类到旧的范畴构架中去，以此认知具有新质的客体对象。这种以自我为中心的态度来解释与判断来自外部世界的新信息和文化心态，必然导致文化的"脆化"。这正是不少南社社员在无可逃遁的中西文化冲突中能够始终保持一种以尊临卑、虚矫自大的文化优越感的深层原因。

从客观上看，欧洲于1914年爆发的那场吞噬了千百万生灵的第一次世界大战，也进一步助长了南社社员维护"圣教"的卫道感。那场戡天役物的血战，丧失了人类应具的道德和人性，所谓"科学""民主"成为令人感到无限凄惶失望的幻影；许多大有末日来临之感的西方著名人士在悲叹西方文化破产之余，转而乞灵于东方传统文化的复兴，这在客观上使得一大批"醉心欧风"、曾高喊"打倒孔家店"的南社社员对西方文化产生极度的失望，同时也大大刺激了南社社员的文化排他和复古倾向，"唯我独尊"的文化心态遂又以一种潜逻辑的形式反映出它固有的劣根性：既然中国文化历经四千年而不衰，且为洋人所称道，那么，垂宪万世的大经大法自有超越时空、取代西学的价值，足以抵御和同化外来文化。于是，复古逆流开始回旋：1919年，黄节、黄侃与刘师培创办《国故》杂志，1921年，胡先骕、梅光迪在南京创办《学衡》杂志，高燮、姚光主编《国学丛选》；之后，胡朴安、姚光又在上海创办《国学周刊》，公然与《新青年》《新潮》相对立。李洞庭、吴恭亨亦声嘶力竭地宣称要"抱残守缺"，维护"圣道"。

显然，这种"复归"现象完全符合南社社员的心理逻辑。在近代中国，政治革命与文化革命的同构震荡，原已蕴含着南社社员意识中的二律背反：在政治革命中，他们必须高扬民族自信，以竟御侮雪耻之志；而在文化革命中，他们又不得不放下"同化外夷""唯我独尊"的架子，保持适度的自卑（对一大批南社社员来说，激进的反传统恰恰折射出其渴望民族自信的炽热情感，而强烈的民族主义情绪背后所隐含的却正是不堪屈辱的自卑意识）——这种无可言说的理智与感情的矛盾在辛亥革命前确曾使南社社员焦灼不安、痛苦万状。及至第一次世界大战结束后，本来就对"圣学"拥有根深蒂固的信念的南社社员遂目击道存地将对"西方文明已经破产"这一事实的"确认"作为摆脱文化困境和生存困境的唯一出路。他们纷纷扯起祭孔的招魂幡，召唤古人的亡灵，以此实现对外部环境挑战的重新适应。

　　也许我们不应为此苛责前人，设若我们诞生在那个时代，未必会比他们高明多少。一种厚重的传统，毋庸置疑是比任何现实的个人更加强固有力，它往往"像梦魇一样纠缠着活人的头脑"——它哺育着那个时代的人们，给他们以知识和智慧，同时又成为支配他们命运的东西。

　　通过以上论析，问题已很明显，南社作为一个由传统文人演化而来的具有浓厚的政治色彩的革命团体，在列强环伺、风雨如磐的近代中国，无疑堪称一支高擎民族复兴火炬的劲旅。但从他们的思维模式、知识结构、文化心态、价值取向、精神气质来看，又始终未脱传统文化桎梏的痕迹。在革命浪潮高涨时，这一切尚能为政治热情所弥合；但一旦革命退潮后，存在于他们自身的种种局限便开始显露出来。尽管大多数南社社员感激风潮，亦曾饥不择食地引进西学作为匡世济时工具，但这种基于实用心态的政治取向，绝不意味着真正的"文化自觉"。从历史的必然要求看，每一个处在20世纪初中西文化大碰撞大交汇的近代知识者，都必须努力使自己变得"复杂"起来，蜕旧变新——但这无疑是一个痛苦的心理转型过程。由于南社社员普遍缺乏一种文化更新和重塑自我的自觉，故尔既不能从整体上把握现代世界的意识形态精华，也不能对民族文化作出科学的继承与扬弃，进而使中西之学在双向的认同中达到结构上的整合。也正缘于此，他们在新文化运动中不仅无法作出有力的回应，反而不约而同地皈依传统，以此作为一种相对稳定的价值支撑——由此可见，南社后期的分化、衰落，"致为'五四'以后的《新青年》所唾弃"（柳亚子语），实在是势所必至，理有固然的。

五

尽管南社后期在无可逆转的蜕变中渐渐归于沉寂，尽管在处于历史转型期的南社人物身上充分反映出历史赋予的种种局限，但如果我们将南社置放于历史的纵向坐标上进行立体观照，那么，南社的历史功绩与深远影响，还是应当大书深刻的。兹分别论析如次：

1. 反清反袁，功不可没

一般认为，南社系清季由文人自愿结合的革命文学团体，但社中绾兵符者颇不乏人，如黄兴、方声涛、冷御秋、陈英士、李根源、姚雨平等，他们既隶属南社，又大都是同盟会会员，这一事实本身足以说明南社并非一个纯粹的文学团体，它的实际活动范围早已溢出"东林、复社之志业"，政治、军事、新闻、外交、文化、宣传，无所不包，绝非只是"诗文唱酬"。在这个意义上，我们也未尝不可将南社视为一个文武兼擅的革命政治团体。且不说令出如山、咤叱风云的黄兴，大睨雄谈、慧辩无碍的宋教仁，胸罗兵革、剑气拏云的陈英士、程家柽、柏文蔚……就连一生不脱书生本色的黄侃，亦奔走于武昌、蕲春之间鼓吹革命，并在乡里发动孝义会，组织革命军，谋"蹑北军之后"，被豪杰之士称为"黄十公子"。"只缘不伴沙场死，虚向人间走一遭"（宁调元句），南社中一大批民族精英在推翻帝制、建立共和的浴血战斗中，不避锋镝，擎枪杀逆，演出了一幕幕可歌可泣的壮剧。如被誉为"谭嗣同第二"的宁调元，为革命两度系狱，被囚禁三年，却作诗 600 首，慷慨悲壮，荡气回肠，在历史上洵属罕觏。在南社社员中仅因革命而获罪被捕者，便可开列出一串长长的名单，而周实、阮式则在反清革命的斗争中英勇就义。

"南社反清成功以后，还有反袁的一幕。"[51]

袁世凯上台后，逐一破坏了以孙中山为首的南京政府制定的各项民主制度，施行"擅操屠刀，杀人如草"（曼殊语）的残暴手段以维护其独裁统治，对南社诸子亦多有诛戮，首先遇难的便是南社老社友、热心议会斗争并积极组阁的宋教仁。"功堪及全国，怨不到私人"[52]，"宋教仁案"无疑是袁世凯反动面目的大暴露，激起了南社同人的强烈公愤。他们矢志"共伸"先烈的"奇仇"，以椽笔扶持将倾的共和大厦。华兴会创始人之一、南社社员仇亮，峻拒袁氏的重金收买，冒白刃以行之，赶赴北京（袁世凯的统治中心）创办《民生报》，并亲自撰文愤怒声讨袁氏的血腥罪行。"托身世外"的苏曼殊亦对"不恤兵连祸结，涂炭生灵"的袁贼发出"起而褫尔之魂"的怒吼。老同盟会会员程家柽，愤然拒绝在袁氏政府出任农林部次长之职，无所畏葸地在《国风日报》上发表战斗檄文《袁世凯的皇帝梦》，将袁氏谋图帝制的罪行揭露于光天化日之下。当袁氏授意组织筹安会时，劝进的衮衮诸公趋之若鹜，而南社社员大都视之蔑如，显示出政治上的铮铮风骨。一向孤高恬淡、温文儒雅的黄节，亦愤于旧友、筹安会骨干刘师培的劝进丑行，发出"往史不可诬，国众不可欺"，"义不能以利取，事不能以言饰"的堂堂正正的怒斥。

1915 年，亟欲"黄袍加身"的袁世凯为取得日本帝国主义的支持，部分接受了日本提出的旨在灭亡中国的"二十一条"，这更激起南社社员的革命义愤。"欲把河山换冕旒，安心送尽莽神州。君王欢喜生民哭，都在今朝一点头。"[53]南社社员在这一时期的诗文创作大都语径而直，气豪而壮，义正辞严，飙发凌厉。再如："来许加官去送金，奸雄操纵未深沉。袁公路有当涂谶，石敬瑭真卖国人！篡位岂能逃史笔，虚文偏欲骗民心。寻常一个筹安会，产出新朝怪至尊。"[54]"男儿忧国不忧贫，尝胆卧薪志未伸。岂信苍天终覆汉，还期楚士或亡秦。当为效死沙场鬼，忍作偷生歧路人？悄向宝刀兼自问，杀身何日始成仁？"[55]南社社员不仅以诗文声讨，而且亲自参加孙中山领导的武装反袁斗争。"誓教四海起沉疴"的上海讨袁总司令陈英士，蒿目时艰，尝愤慨道："二次（革命）以后，有声望者不能牺牲身命，以致民风孱弱如此！"为了殄灭国贼，陈英士跃马挥戈，多所擘划，不幸于1916年5月在上海计划发动海陆军起事时被袁氏杀害。在反袁斗争中，先后遭袁氏逮捕杀害及暗刺的南社精英，竟有十人以上：宁调元、陈英士、范鸿仙、仇亮、姚勇忱、杨性恂、吴虎头、程家柽、周仲穆……大有聚南社英杰而尽歼之势。青磷碧血，蔚为国光。他们以青春的火焰，光芒万丈地划破了如漆的黑夜！

2. 以诗文为武器，呼唤时代风雷

南社虽正式成立于1909年岁杪，但它的主要成员早在同盟会成立前后便已挥笔上阵。如柳亚子主编《复报》，于右任主编《民立报》，以期激发民气，"振大汉之天声"。迨至南社成立后，这种"复明扶汉"的民族复仇情绪益发炽盛。"金瓯忽破碎，五内益生热"（高旭《侠士行》），南社社员基于"华夷之辨"的民族意识和救亡图存的历史使命感，在文网森严的清季奔走呼号。他们痛恨异族专制——"誓与黄人共复仇，主权坠落几时收？"[56]；伤叹壮志难酬——"故国萧萧无限意，不堪回首望神州"[57]；砥砺民族气节——"沧海横流原此际，疾风劲草已无多"[58]；太息"睡狮沉醉"——"生计已难犹耻俭，入心欲死未闻哀"[59]。对于明代复社那种登高一呼"山谷鸣应"的呼唤风雷之概则无限神往。尽管"河山黯淡，爱国泪多"[60]，时代的愁云惨雾为南社社员的诗歌创作笼上一层悲壮苍凉的色彩，但"剧醉每教冠发指，披襟慷慨弄吴钩"[61]，一种横历无前的抗争雄气分明构成这一时期诗歌创作的主旋律。"痛饮黄龙终有愿，会教沧海变桑田"[62]，"小雅式微真此日，中原恢复仗吾徒"[63]，这是倚天长剑的自许和郁勃、慷慨、豪壮、刚健、乐观。在南社社员的诗文创作中，痛饮黄龙、潮怒钱塘、勒石燕然、风萧易水、精禽填海、马革裹尸等等典象频频出现；作为一种移情载体，这无疑与创作主体那种呼唤风雷的英雄气概互为表里。

在革新文学内容方面，南社的历史功绩也是不容抹杀的，他们极力反对"以注疏为文章，以考据为实学"，以文媚世，以文遁世，认为这种"无用之文"，其危害无异于"助虐的武将的刀锋"。基于这一认识，他们力倡以文学"考国势之强弱，察民气之盛衰，述学派之流别，论政治之得失"。在政治上，南社社员坚决反对封建专制政体，主张用"民权"思想去取代君权观念，用自由、平等观念去替代宗法等级思想。林白水在《皇帝传》中声情激越地说道："世上本不应该有什么皇帝。不要说无道的皇帝要杀，就是有道的圣天子也要杀；不要说别种的强盗来做皇帝要杀，就是我们汉种来做皇帝的也要杀。总归不许有个皇帝罢了！"高旭亦云："国不自由萎，人不自由恧。人权本天赋，失之堪深喟。"[64]孔、孟之道和封建伦理纲常，亦均在扫荡之列——

> 古之所谓至圣，今之所谓民贼也……孔子者，盖驯谨成性者也……
> 致胎中国二千年专制之毒，民族衰弱之祸。[65]

> 更有孔子、耶稣两妖人，口撰学说蛊芥民。
> 宗之则誉背则毁，聚蚊成市灰成尘。[66]

> 我言为子者，慎勿肖其父，
> 我言为孙者，慎勿肖其祖。[67]

南社社员对孔孟之道的批判虽然只是在历史价值范畴内展开，而没有从文化心理的更深层次上进行全面的扬弃、批判；或者说，在南社社员的批判视野里，孔孟之道只是作为一种阻碍社会发展的历史文化象征符号出现的，当务之急是要破孔孟的"大蔽"（周仲穆《答顾秋岚书》）；至于如何对其予以客观的评价则无暇顾及，但南社社员对孔孟之道的大力批判毕竟体现了历史的必然要求，是一种合乎历史走向的明智选择。

在妇女问题上，南社社员大多主张妇女应奋起自立，争取"天赋人权"，实现男女平等，柳亚子于1904年发表的《哀女界》一文便是这方面的代表性言论。作者大声疾呼："公等（指妇女）之束缚驰骤二千年于兹矣，奴隶于礼法，奴隶于学说，奴隶于风俗，奴隶于社会，奴隶于宗教，奴隶于家庭，如饮狂泉，如入黑狱。公等之抱异质、怀大志而不堪诽谤，不堪箝束，郁郁以去，不知几千万人哉。……今日何日？此公等沉九渊，飞九天，千钧一发之界线也。公等而不甘以三重奴隶终乎？则请自发奋，请自鼓励，请自提倡，请自团结。实力既充，自足以推倒魔障。"[68] 显然，柳亚子已经将妇女解放问题与变革社会经济制度、变革整个现行社会的思想联系起来；这种基于现实基础之上的广阔的社会历史视野，使得南社关于妇女解放的理论主张因其具有巨大的实践意义而获得"史"的价值；如果我们以此观照五四时期以反映妇女解放为主题的文学作品，便不难窥察二者的交合会通与顺向承接关系。

从文学方面看，南社的功绩主要表现为与封建文学的对垒与冲击；具言之，即坚决与同光体诗人"争霸"[69]。柳亚子一再申明他们的结社方向是"思振唐音以斥伧楚，而尤重布衣之诗，以为不事王侯，高尚其志，非肉食者所敢望"[70]。这里的"伧楚"，即指同光体诗派。在《斥鸱雏》一文中，柳亚子更径直言道："今之鼓吹同光体者，乃欲强共和国民以学亡国士大夫之性情，宁非荒谬绝伦耶！"[71]这就进一步伸张了南社诗人的民族正气。对于托庇于清政府的辇毂之下，在日暮途穷中垂死挣扎的封建士大夫的阴暗心理以及同光体诗风形成的社会根源，柳亚子也在《胡寄尘诗序》里予以深刻揭露："论者亦知倡宋诗以为名高，果作俑者谁氏乎？盖自一二罢官废吏，身见放逐，利碌之怀，耿耿勿忘。既不得逞，则涂饰章句，附庸风雅，造为艰深以文浅陋。彼其声气权势，犹足奔走一世之士，士之夸毗无识者，辄从而知之，众响漂山，群盲诧日。"洞幽烛隐，痛快淋漓！为反对"今魂托古胎"的同光体诗派，高旭提出效法西方资产阶级革命时期诗人们以诗歌鼓吹革命精神，在内容上要以"鼓吹人权，排斥专制，唤醒人民独立思想，增进人民种族观念"[72]为依归，周仲穆亦云："吾辈生当近世，作为文词，若是模山范水，吟弄风月之恒态，则亦乌睹所谓文学更新者哉！虫吟草间，于国事既无补，于吾道究何益。"[73]为挽救"今日诗道之弊"，柳亚子公然标举"唐音"，周实亦强调诗作应具"鸣征伐鼓，激烈铿锵，有惊四座、辟万夫之概"[74]。而马君武则以"唐宋元明都不管，自成规范铸诗材"的开创精神，"旧锦翻新样"[75]。

南社诗人的上述进步文学主张与创作实践，无疑是对乌烟瘴气的封建文化正统思想的有力挑战；他们以"活泼淋漓，有少壮朝气"的"富有革命性的少壮文艺"，"在暗示中华民族的更生"[76]。

为了"启民智""振民心"，南社诗人非常注重戏剧"运动社会、鼓吹风潮"的艺术感化力量。对金粉之场的"檀板金樽""酣歌恒舞"则极度鄙夷，早在1904年10月，柳亚子、陈去病等就创办了以"改革恶俗，开通民智，提倡民族主义，唤起国家思想"为宗旨的中国最早的戏剧杂志《二十世纪大舞台》。1906年，李叔同等人在日本东京成立我国早期话剧第一个演出团体——春柳社，公开申明"无论演新戏、旧戏，皆宗旨正大，以开通智识，鼓舞精神为主"[77]。几乎与此同时，南社另一社员张恭倾其资财，招致一班擅演宋明亡国故事、以寓反清复仇之旨的戏团，在远近农村演出，借以宣扬民族大义，举凡这些，无不可视为是对历代相沿的将戏剧作为声色之娱的陈腐观念的有力反驳，反映了具有先进思想的南社诗人那种与时代精神相契合的审美意识，在他们看来，"拔山倒海之事业，掀天揭地之风潮，非一人独立所能经营"[78]，故大力赞誉古人"移风易俗，莫善于乐"之说，认为戏剧应通过对"扬州十日之屠，嘉定万家之惨，以及虏酋丑类之愒淫，烈士遗民之忠荩"的艺术再现，激发种族之爱，驱策万众齐心蹈厉，共同"建独立之国，撞自由之钟，以演光复旧物"，进而对此演出"推倒虏朝之壮剧快剧"[79]。南社社员王无生亦强调道："吾以为今日欲救吾国，当以输入国家思想为第一义……人人能有国家思想、而受其感化力者，舍戏剧末由。盖戏剧者，学校之补助品也。"[80]南社作家对戏曲的社会功能的高度重视，充分反映了资产阶级革命派强烈的革命要求，而他们对戏曲理论的探讨（这方面以吴梅、欧阳予倩的成就最为突出）则为中国戏曲的进一步改革和发展开辟了先河。

"十年前是一重囚，也逐欧风唱自由。愿播热潮高万丈，雨飞不住泣神州"（宁调元诗）。资产阶级革命思潮的激荡下，南社社员竞相"鼓吹欧潮"（高旭语）；他们慨叹"欧亚交通，几五十年，而国人犹茫昧于外情"，积极向国人介绍西方资产阶级的自由、民主、平等、博爱思想，号召同胞奋袂而起，共同走美国独立战争、法国大革命和俄国民主革命的道路，为建立一个自由独立的民主共和国而战斗。基于这种变革现实的政治激情，南社社员大力揄扬法国民主主义启蒙思想家卢梭，领导北美独立战争的领袖华盛顿，意大利资产阶级民主主义革命家玛志尼，无政府主义者蒲鲁东、苏菲亚，"恶魔诗人"拜伦……，深冀以此"唤醒国人之精神"。南社社员的这些启蒙宣传无疑给戊戌后万马齐喑的中国思想界带来了蓬勃生气，也向人们展现出一个崭新的世界。由是我又想到我国学术界长期流行的这样一种观点，即辛亥革命之所以流产殆殇，其根本原因在于"中国资产阶级革命缺乏思想启蒙环节"，这样，五四新文化运动便成为真正的思想"补课"。这种说法，洵非尽然。如果我们将戊戌维新、辛亥革命和五四运动置放在一个连续的历史序列中进行综合考察，便不难看出其中的顺向继承关系。辛亥志士在思想文化战线发动的那场"冲决罗网"的斗争中，大力清算封建旧文化，宣扬资产阶级新文化，大力提倡自由、民权、科学，在广度和深度上都已超越戊戌维新。特别是他们公然反孔，提出"陶铸国魂"，这实际上已经触及到改造国民性的问题。基于此，我们完全有理由充分肯定辛亥革命是一场介于维新运动和五四新文化运动之间的文化启蒙；戊戌维新的"超前"，与新文化运动的"补课"，是以辛亥革命为分水岭而形成的中国近代文化启蒙运动的两个阶段。而在辛亥革命这场颇具规模的思想文化启蒙运动中，南社的口舌之功洵不可没。设若没有众多的南社精英在全国各大报刊主持笔政并积极参与撰述，那么，这场以"使民主共和观念深入人心"为重大成果的文化启蒙运动，无论是在声势上，还是在规模上都未免要大大逊色了。

3. 倡导科学，邃密学术

1915 年 10 月 25 日，中国成立了第一个自然科学组织中国科学社，这是我国近代第一个综合性的民间科学团体，旨在"提倡科学，鼓吹实业，审定名词，传播知识"，他们还仿照美国科学促进会及其办杂志的模式，创办了第一种专门的科学刊物《科学》，而这一组织和刊物的发起创办人便是任鸿隽、杨杏佛等南社社员，而任鸿隽被推举为中国科学社的董事长兼社长。

1915 年 1 月，《科学》月刊第一卷第 1 期在上海出版，扉页上标明："本杂志为西洋留学界唯一之学术杂志，由专门学家担任撰述，根据学理切应实用"，在发刊词中，将"科学"与"民权"并列，"以传播世界最新科学知识为职志"，并特别强调："研究科学者不可不读，讲求实业者不可不读，热心教育者不可不读，青年学生界不可不读。"[81]

作为我国最早的综合性科学杂志，《科学》的确划出了科学传播的一个新时代。发明大王爱迪生曾因该杂志的问世而发出了"伟大中华民族在觉醒"的感慨。《科学》还曾走进一度决心"设法补足基础科学知识"的青年毛泽东的视野。1918 年，任氏获硕士学位后返国，着手中国科学社的基本建设工作以扩大其在国内的影响和作用。为此，他组织社员发起"5 万元基金募集活动"，自己以身作则，先后到上海、杭州、广州、成都、重庆等地进行演说，宣传科学，募集资金，并获得孙中山、徐世昌、伍廷芳、马相伯、梁启超、张謇、蔡元培等各界人士的支持。1925 年 9 月，中华教育文化基金董事会（简称中基会）干事长范源濂邀其赴北京任该会专门秘书。中基会是以美国第二次退还的庚子赔款余额建立的科学基金组织，任务是管理和支配基金，以发展中国的科学、教育和文化事业。任氏甚愿借此推动中国科学事业的发展，因而工作尽心竭力，成效显著，对中基会的工作方针和事业发展影响甚巨。在任氏的积极努力下，中基会运用自己的财力，兴办科学事业，资助科学机构，如设立编译委员会、社会调查所、静生生物调查所等，兴建北平图书馆，资助中央研究院、中国科学社、黄海化学工业研究社、地质调查所、青岛观象台、广东植物研究所和若干大专院校等。除此之外，中基会还派遣了大批有志于科学事业的青年出国深造，对学有所成的科学家设置研究教席，对科学研究有成绩者进行奖励等，培养了大批科学人才，为中国现代科学和教育事业的发展作出极大贡献。在抗日战争中，任氏一方面奋力支撑着中国科学社，另一方面密切关注着世界科学的发展趋势。抗战胜利后，大力强调"要把发展科学当作此后立国的生命线"，并具体提出：第一，要把发展科学确定为"国策"；第二，要为发展科学制定一个具体而完整的计划；第三，国家要为发展科学作出专门的预算；第四，管理科学事业的人员要由专家担任。1949 年 4 月，他在中国共产党外围主持召开的座谈会上，再谈"要把科学当作国策"，同年 10 月发表《敬告中国科学社社友》的讲话时，强调"科学研究已成了新政府的国策"，更显示出对科学传播的急切期待。

中华人民共和国成立后，感奋于党和政府重视科学事业，任鸿隽主动向政府有关部门提议，将中国科学社的全部事业——生物研究所、明复图书馆、中国科学图书仪器公司等机构，以及《科学》月刊、《科学画报》《科学季刊》《科学丛刊》《科学译丛》《科学史丛书》等书刊陆续奉献给国家，后经政府批准，将中国科学社所属各项事业及其房屋、财产等逐步移交给中国科学院、科学出版社、上海科普协会、上海图书馆等单位或部门，1960 年 5 月 4 日全部移交完毕。至此，历时 45 载的中国科学社完成了它的历史使命。任氏为中国科学的体制化，为中国现代科学事业的发展，可谓殚精竭力，厥功至伟！

此外，南社中还有不少在科技方面起过开拓与奠基作用的人物，如许肇南、郑桐荪、胡先骕、马君武等。至于人文科学方面，则更是不胜枚举，如柳亚子之于南明史、胡寄尘之于国学、胡朴安之于易学、李叔同之于佛学、黄宾虹之于画学、侯鸿鉴之于教育学、洪炳文之于戏剧、俞庆恩之于医学、黄侃之于音韵学，沈钧儒之于法学、陈匪石之于词学、吴梅之于曲学、周子美之于文献学、谭戒甫之于形名学、寿石工之于印学，皆独擅胜场，自足千秋。从这个意义上说，南社作为一个文学社团，并非只是流连文酒、吟诗作赋，而是具有广泛的学科建设与文化创造的意义。

4. 流风遗韵，影响深远

尽管"南社已成为历史上的名词"，但对它的纪念活动却一直未断；而且每次纪念活动，都会得到各界精英人士的积极参与与热烈响应。据有关资料显示，有关纪念南社的活动大致如下：

第一次是在 1928 年 11 月 7 日，由陈去病、朱梁任、柳亚子、朱少屏等人发起纪念南社成立二十周年，到会者 40 余人，地点选在当年举行首次雅集的苏州虎丘。

第二次是在 1935 年 12 月 29 日，柳亚子等人发起成立南社纪念会，到会者21 人。逮至 1936 年 2 月初，纪念会已有当然会员 182 人，志愿会员 215 人。2月 7 日，南社纪念会在上海福州路同兴楼举行第二次聚餐会，到会者竟达 157人，可谓声势浩大，盛况空前。是晚，宴开 14 桌，与餐者 151 人，柳亚子发表了悲壮感人的祝酒辞："南社的发起人是高天梅、陈巢南、柳亚子三人。高天梅死了。陈巢南死了。我柳亚子没有死，敬祝诸位一杯！"说罢举杯一饮而尽。与会者无不动容。

第三次是 1949 年 4 月 16 日，柳亚子在北京中山公园来今雨轩主持南社与新南社的联合临时雅集，参加者有沈雁冰、欧阳予倩、邵力子、沈体兰等 16 位新旧南社社友，此外还有周恩来、叶剑英、李立三、叶圣陶、宋云彬、俞平伯、千家驹等来宾，共 80 余人，华堂咸集，可谓彬彬称盛。

"江山已归侏儒手，坛坫还寻旧日盟。"（柳亚子诗）或许人们不禁要问，为什么南社每次纪念活动，都会出现如此高贤满座、应者云集的盛况呢？对此，柳亚子的解释是："一方面是追慕过去的光荣，一方面还希望未来的努力。"[82]

那么，柳亚子所说的"过去的光荣"的具体意涵究竟是什么？笔者认为，首先，用曹聚仁的话说，历史上的南社是"前进的、革命的、富有民族意识的"[83]，正是秉持着这种精神，南社才会在旧民主主义革命中，救亡图存，弃旧纳新，演出一幕幕惊天地动鬼神的历史壮剧。其次是紧跟潮流、与时俱进的精神。南社在反清反袁斗争中，历史功勋卓著；对此，前已论及，兹不赘述。随着五四新文化运动的兴起与发展，不少南社社员都曾陷入历史转型期的痛苦，但经过短暂的迷茫与颓唐后，他们又重新振作起原本自具的革命精神，纵身投入新文化的潮流。如作为南社盟主的柳亚子，于1923年4月1日，在家乡创办的《新黎里》报的"发刊词"中慨乎言道："从前种种，譬如昨日死。以后种种，譬如今日生。此日新又新之说也。潮流澎湃，一日千里，吞养吐炭，舍故取新，苟非力自振拔，猛勇精进，欲不为时代之落伍者，乌可得哉！"南社中坚叶楚伧则在1919年6月16日创办的《民国日报》副刊《觉悟》上，大力批判封建文化，宣传科学民主，使之成为五四新文化思想的重要阵地。

1923年10月14日，叶楚伧在《新南社发起宣言》中声称："南社在民元以前，惟一使命，是提倡民族气节。因为要提倡民族气节，不知不觉形成了中国文学交换机关，新南社是蜕化文字交换，而祈求进步到国学整理和思想介绍的"；"新南社对世界思潮，从此以后，愿诚实而充分的向国内输送。"凡诸种种，足觇新南社紧跟潮流、与时俱进的精神。

第三是"振兴国魂，弘扬国粹"的伟抱宏愿。所谓"振兴国魂"，就是要激发民族的自信心与凝聚力；为此，南社一贯高擎反帝爱国的大旗，极力呼唤中华民族的崛起。至于所谓"弘扬国粹"，则表现为南社社员在急遽的历史转型期，面对中西文化的大碰撞大交汇，所应具有的与时代精神相契合的主体意识。具言之，对于传统文化，要"拾其精华，弃其糟粕"；对于外来学说，则要研究、吸收，但不能过分"醉心"，盲目依从，而是要根据是否合于"我国现势"，审慎去取，使我国传统文化在新的历史条件下得以光大复兴与弘扬。

缘于以上诸因，南社始终未被人们所遗忘；尽管它"已成为历史上的名词"，但其精神内质却依然存在，而且必将广被普化、深入人心，并在新的历史条件下焕发生机。正是在这个意义上，南社才会不断地被人们所追慕、所缅怀、所纪念，并成为 20 世纪上半叶中国文学史上延续时间最长的著名社团。

六

无庸讳言，新中国成立后，南社研究一直是一个相当清寂的领域，很少掀起轩然大波，也不为专家以外的公众所关注，这在极左路线盛行时期是见怪不惊的；那时论坛上一片金鼓杀伐之声，"阶级成分""政治倾向""革命""反动"几成为臧否人物的唯一标准，就连"国党三仁"之一的柳亚子先生尚且难以幸免，更遑论其他南社人物。迨及 20 世纪 80 年代，南社研究才有了显著的进步，这主要表现在一大批经过整理笺注的南社资料陆续出版和一些具有一定学术质量的专著、论文相继问世（限于篇幅，兹不一一开列）。随着国际南社学会（1989 年）与中国南社与柳亚子研究会的相继成立，创建"南学"的呼声也日益高涨，这无疑是令人振奋的。但总体看来，南社研究还是较为薄弱的。在此，请允许我引述柳无忌先生《回顾与前瞻》中的一段原文：

> 南社研究并非一件易做的工作。它有一个基本问题：南社那样庞大的文人组织，份子复杂，成就不同，兴趣互异，不可一概而论。其中非但良莠不齐，而且在这个动荡的大时代中不免有一些"荃蕙化茅"（柳亚子《南社纪略·序》）的例子。更使我们在研究时有所警惕的，就是提防"把南社评价过高，夸张它对于革命的功绩"（《南社纪略》）。譬如，一般认为南社是中国同盟会的前卫；又有人说民国初期，文有南社，武有黄埔。这些说法是否正确，我们现在不敢有所主张，要等待南社研究者在事实方面给予证明，始能决定其然耶否耶。另外一个曾提出

的问题，谁是南社的代表人物：它的三位创始者或其中之一？是它的后期主任？是苏曼殊、廖仲恺，甚至是汪精卫？后者当然不可能。事实上，欲以某某社员代表这个庞杂的、多姿多彩、人才济济的文学团体，根本缺乏可能性和说服力。我父亲是南社发起人，长期的主要负责者，但他个人能否代表南社则又当别论。任何文学家或革命家，即使在盖棺之后，尚不易为之作成定论，何况有会员千人以上的南社？ [84]

一向以治学严谨著称的柳无忌先生在"如何评价南社"这一问题上是相当审慎的；三复斯言，至少可以使我们避免遽下结论的莽撞。事实上，自近代以降，出于社会形态的迅速解体、新旧观念的剧烈撞击、政治斗争的残酷激烈，南社人物因失却与传统文化结构契合关系而变得更为复杂：革命与倒退、进步与保守、出世与入世、悲患与风流，这些相互对立的因素往往掺杂在一起，使论者难于剥离而陷入迷惘；研究个别南社作家尚且如此，至于对整个南社进行总体评断，更非易事。为了表达倾向性，论者们只好将一个具有无限的阐释可能性的东西纳入一个预先框定的认知结构之中，然后杂七杂八地抓取一些作品来匆忙论证，而支配这种"自圆其说"的内在理路则是研究主体急于定性的研究心态，结果这种"研究"便成了研究心态与结论的循环论证。要之，从任何一种既定的认知意向出发的分析构架，都只能说明南社某一方面的"意义"，而这种"说明"又是以"过滤"掉其他意义为代价的。

那么，就目前来说，究竟应当如何评价南社；也就是说，除了上面提到的加强微观、专题、实证研究以外，究竟应当采取什么方法促使"南学"走向深入呢？下面我拟利用这次"发言"的机会，对此略申鄙见，以就教于方家。

一、**历史意识**。南社作为一个自足的实体，每一代人都拥有对它的解释权。卡尔·波普曾经指出："不可能有一部'真正如实表现过去'的历史，只能有对历史的解释，而且没有一种解释是最后的解释。"（《历史有意义吗？》）那种无视研究主体自身的历史性的所谓"客观批评"实际上是不存在的。基于这一认识，我们在南社研究中固然应当以正确理解南社本身昭示的东西为圭臬，但同时也应清醒地意识到，我们不是站在历史之外去研究，而是站在历史之内；我们无法摆脱当今的时代思潮、价值观念、知识结构的制约，也无法跳出特定的视界去理解客体对象。正像我们的前人无法跳出他们的"视界"一样。因此，在南社研究中，是否与往昔的先哲前贤对南社的评论相吻合并非衡量学术价值的唯一参照标准，如鲁迅对南社曾有两段著名论断，为论者不断引用；其实，鲁迅的原旨并不是要对南社进行全面评价，而只是将南社作为一种历史参照，并着眼于南社的局限性来立论的；这种在南社评价中的单向选择与改塑，当然不可能阐明南社的全部"意义"。又如柳亚子对南社也发表过一些重要意见，但他生前已意识到，以他的"特殊身份"，根本不宜对南社过多评骘（这一点只要稍微细心地品读他的文章便不难体察），我们所要致力的，是在正视对同一客体对象不同时代的人有不同的理解方式和价值阐释这一前提下，尽可能在理解本身中"显示历史的有效性"（伽达默尔《真理与方法》）。目前，论者们一致强调南社的爱国主义精神，这的确是需要大力倡导并加以弘扬的；但作为一种历史存在，南社本身已不是某种固定的概念能涵盖的狭隘载体。它以自身的复杂性，为我们提供了对其进行多层面多角度的认识的可能性，关键在于我们是否具有深刻的历史意识，去发掘对当代有着深刻启示的东西。如果我们能够将南社置放于近代中国的大动荡大变革大汇聚的背景中来认识，展现历史转型期的南社人物文化思想的种种冲突，揭示这种冲突过程的发生机制，从而引起人们对社会变革、文化重建以及主体文化事实的反思，也不失为一种有益的探讨。我们应当相信，历史本身具有"筛选"的时间效应，它会把一切有价值的东西保留下来；我们应主动接受历史的慨然赐予。

二、**主体价值与多维视野**。任何一种严肃的批评都可视为主体价值确立的过程；而主体价值的确立，又只能体现在对客体（批评对象）的征服过程中（研究主体与客体对象之间实际上是一种双向认同关系）。客体对象的复杂性，要求研究主体必须意识到"我"的认知结构、思维定势与客体对象之间的"距离"，进而提高学术素质、健全知识结构，确立学术上的现代意识与独立意识，使得向研究对象的趋近成为名副其实的创造过程。令人遗憾的是，时下颇有一些采用所谓"客观批评"方法的南社研究文章，"我"被对象所淹没（或者说，研究主体被对象化了）；这种主体意识的匮乏，只会陷入文化的相对主义，并最终导致研究主体与研究对象的双重失落。

在南社研究中，还有一点不可忽略，即南社的形成、发展与衰落绝非只是以单一的政治斗争为因果，它与整个社会有着多维的联系，这就要求研究主体在观念建构上具有横向逻辑展开的多维性与纵向历史展开的多维性，从而使研究视野本身成为多维的有序结构。只有这样，我们才能够从政治、社会、哲学、历史、文化学、文学史等各种角度对南社进行立体观照。在具体的研究方法上，则应呈多元化、多视角、全方位的势态展开；既继承、发展我国传统的研究方法，又广泛、审慎地汲收西方现代理论与现代思维科学的新成果，从而使南社得到现代水平的阐释；也就是说，要创建具有现代水平的"南学"理论体系。

三、**互补意识**。南社研究者在充分发挥"个人优势"的前提下，要有一种学术上的"互补"意识；也就是说，研究者们要将宏观透视与微观考察结合起来。擅长钩稽、考辨资料者应自觉打破、尽量抑制主观因素的介入以便"我注六经"的心理定势，以保持理论思维的活力；擅于宏观扫描或醉心于建构某种崭新理论体系的研究者，也要打破"六经注我"的心理定势，切切实实地从收集、研究资料入手，以免凌空蹈虚，架空臆说（甚至只是獭祭式地摆弄新名词），确保"宏观审视"的可靠性与涵盖性。就目前来说，"南学"研究尚属初始阶段，一个刻不容缓的任务便是抢救、整理和编订有关南社的文献资料；由于历经战乱，加上"文化大革命"内乱，南社文献资料毁佚甚多，这项工作殊为艰巨。但我认为，越是如此，才越需要下大气力去做；因为这些文献资料正是建构某种理论体系的坚实基础（说不定这些看似并不甚起眼的东西会给密不透风的理论体系捅上大大小小的窟窿）。譬言之，当一座金碧辉煌的庞大建筑物在暴风雨中坍塌，无复昔日的雄姿，而那些作为构成材料的木石砖瓦却仍然不失为建筑的良材。笔者之所以不惮烦劳年复一年地搜求有关南社人物的生平史料、遗照、著述，正是基于此一认知。

最后，我想简要谈谈本书的编撰体例以及与此相关的问题。

本书共"吟评"225位南社人物（包括新南社人物15位），每人各系一诗，诗前标子题，以求醒目，次为人物小传，再次为注释。这种体例安排其实也是"迫不得已"。为叙述方便，下面拟先谈谈书中的"人物小传"。

为人物作小传是一种较为特殊的研究形式。能否通过小传勾画出传主的历史真貌，为读者认识传主提供实体性的存在，往往决定着小传自身的价值。鉴于此，笔者在史料的钩稽、勘误、考辨和整理的过程中，力求丰赡、确凿，并在此基础上，本着"不虚美""不掩恶"的科学态度，据史直书，俾使读者"不待论断而序事之中即见其指"。对于那些"荃蕙化茅"的"两截人"，亦务求秉持公心，"善恶并书"。需要申明的是，以"小传"的形式对传主作"履历表"式的叙述，在呈现传主生平的纵向发展脉络上固有其价值，但局限性也是显而易见的：其一，对于近代历史人物来说，其复杂性就在于他在人世舞台上所扮演的多重角色中，常常包涵着丰富的社会、政治、历史、文化内容，而"小传"这一有限的形式载体却无法呈示传主作为"人"的各种隐态的生命存在方式，并在此基础上通过重新整合而凸显意义。换言之，能否对历史人物的复杂面貌进行真实的描述，往往要受到形式本身的制约；当我们用"小传"这种形式来再现传主时，读者也只能看到一个"小传"式的传主。其二，"小传"虽以客观的笔法出之，却无法真实地复原历史——因为人不可能醉心于与自身无关的事物，即使是研究已逝的前人，也是在某种意义上仍然"活"在现实中的人。易言之，那些已逝的传主之所以能够在岁月烟尘的长期覆盖下重新获致生命，实乃作家主体意识的渗入与参与。但"小传"这种形式的规约性，却驱使作家必须将"我"隐蔽起来，老老实实地去追求"客观真实"。

为了弥补"小传"这种形式本身的局限，我采取了"吟评"的方式，以强化主体意识。至于以"七绝"这种具体形式对人物进行月旦评，那是古已有之的，开创者为杜甫（他的《戏为六绝句》前三首均为作家论），其后，仿效者蜂起，蔚为大观，成为历代文人惯用的一种治学方法，笔者不过袭用而已。当然，从主观上说，这种"袭用"也是为了更加贴近和切合具体的研究对象。如所周知，南社社员什九能诗，自幼饱受传统诗学的泽溉，那一系列如同"网结"一样整合着我国诗歌传统的原型主题（如怀古思人、送春悲秋、惜时游仙、说禅慕逸等等），以及这些原型主题系统在历时性的流播过程中所形成的相对稳定的意象结构、象喻系统、抒情模式，在南社社员尚未进入"社会角色"之前便已深深浸染在他们的深层思维组织之中，并不断地对创作主体进行"文本建构"。踵随阅历增长，写诗（传统诗词）遂成为他们沟通传统、显示自身的一种生命存在方式；在他们的诗文创作中，不仅积淀着某些已经"形式化"了的文化内蕴（包括在特定的民族历史文化条件下所形成的审美经验、心理定势、人格模式、想象结构、价值观念等等），而且标示着创作主体自身也被"形式"所影响；以故，在对南社人物进行"吟评"的过程中，我力图一方面充分发掘由历史发展造成的"同中之异"（相对前人而言）里所蕴含的富有启发性的内容，一方面力求正视南社人物的诗歌创作中大量弥散着传统化的审美信息这一事实，进而深入到历时态的民族文化的深层心理结构之中，予以文化审视与立体观照。为了与"内容"更加协调、默契，我选择了"七绝"这一传统形式。

限于绝句短章，难以尽意，故我于诗后逐一加上了较长的自注，或诠释典故出处，阐明诗意，或交代相关"本事"，夹叙夹议，俾使读者便于解会诗中微旨。需要加以说明的是，在本书初稿中，我只在诗后附有简注，以注"本事"为主；因"本事无自注，是使读者昧而不知"[85]。又虑以自注太多，则有"疑读者陋而不学"之嫌，强为不如藏拙。后来，我将部分打印稿寄呈文怀沙先生审正，文老赐函给予热情鼓励，并提议"最好每首诗前写一传略，再自作详注，俾使更多读者理解"。于是，我又遵从文老的意见，在每首诗后逐一自作详注，晨抄暝写，历时三个月方蒇事。对于行家来说，此举难免"弄斧"之诮，但虑及文老所说的"更多读者"，也就在所不计了。在此，谨向文怀沙先生致以深挚的谢意！此书在撰写过程中，还有幸承蒙柳无忌、钱仲联、苏渊雷、缪钺、郑逸梅诸先生的悉心指教；赵朴初先生在百忙之中再度为拙著题签；文怀沙、周振甫先生慨然赐以鸿题；刘佛年、叶元、施南池、俞成辉、王晶垚、殷安如诸先生则在资料上惠予无私的帮助，还有许多给予我极大支持的师友，在此实在无法一一俱名。义海恩山，令人感刻！窃念若无诸多前贤的眷眷顾念，奖掖荐擢，仅以个人微力膺此重任，庶为唐捐矣。此吾所以抚卷动容，一并志于卷端之由尔。

1992 年 10 月初稿

2013 年 10 月修改

注释

[1] 《南社启》，见《民吁报》1909 年。

[2] 《南社雅集小启》，见《民吁报》1909 年 11 月 13 日；又见《南社》第四集。

[3] 《南社诗序》，见《南社》第二集；又见《民吁报》1909 年 10 月 29 日。

[4] 《南社长沙雅集纪事》。

[5] [6] [7] [10] [38] [39] [40] [41] 《南社纪略》，上海人民出版社 1983 年版，第 100、14、11、42、101、101、60、55、19 页。

[8] 周实：《无尽庵诗话序》，见《无尽庵遗集》。

[9] 《天铎报》1911 年 8 月 12 日。

[11] 陈与龄：《林白水先生传略》，见《东方杂志》第 32 卷 13 号。

[12] 《关于纪念南社》，见《南社诗集》（1936）第 1 册。

[13] 《消寒社录·序》，见《南社丛刻》第 20 集。

[14] 朱剑芒：《酒社诗录序》，见《南社丛刻》第 20 集。

[15] 高燮：《国学商兑会成立宣言书》，见《国学丛选》第一集；别见《吹万楼文集》卷一。

[16]　周仲穆：《答顾秋岚书》，见《国学丛选》第一集。

[17] [20]　凌景坚：《〈近代闺秀诗话〉序》，见《南社》第 20 集。

[18]　《〈中国新文学大系〉小说二集序》。

[19]　《沈乙庵诗序》，见《沈曾植全集》，上海古籍出版社 2001 年版，第 12 页。

[21]　朱鸳雏：《平诗》，见《民国日报》1917 年 7 月 9 日。

[22]　《斥朱鸳雏》，见《民国日报》1917 年 7 月 27—30 日。

[23]　《斥妄人柳亚子》，见《中华新报》1917 年 8 月 10—12 日。

[24] [26]　《民国日报》1923 年 10 月 29 日。

[25]　田桐：《致南社社友书》，见《民国日报》1923 年 10 月 21 日。

[27]　《柳亚子致高旭电》，见《民国日报》1923 年 10 月 14 日。

[28]　柳亚子：《〈南社丛选〉序》。

[29]　《南社丛刻》第 23、24 集（未刊稿），社会科学文献出版社 1994 年版。

[30]　鲁迅：《对左翼作家联盟的意见》，见《鲁迅全集》第四卷，人民文学出版社
　　　1981 年版，第 235 页。

[31]　苏曼殊：《致柳亚子》，见《曼殊全集》二卷，北新书局 1928 年版。

[32]　《〈二十世纪大舞台〉发刊词》，见《二十世纪大舞台》第 2 期。

[33]　陈去病：《南社长沙雅集纪事》，见《太平洋报》1912 年 10 月 10 日。

[34]　济航：《游戏文章论》，见《申报》1917 年 10 月 6 日。

[35]　《南社条例》，即《第六次修改条例》。

[36]　据《南社第四次修改条例》与《南社第五次修改条例》之规定："品行文学两优，
　　　得社友三人以上介绍者，即可入社。"

[37]　《钏影楼回忆录》，山西古籍出版社、山西教育出版社 1998 年版，第 451—452 页。

[42]　柳亚子：《与曼殊上人书》，见柳无忌：《从磨剑室到燕子龛》，台北时报出版
　　　公司 1986 年版，第 39 页。

[43]　《钏影楼回忆录》，第 454—455 页。

[44]　《旧思想与国体问题》，见《新青年》3 卷 3 号。

[45]　《胡适文存》一集卷四，亚东图书馆 1921 年版。

[46] 胡寄尘：《〈春航集〉纪事》，见《春航集》，上海广益书局 1913 年版。

[47] 柳亚子：《海上感旧诗》自注。

[48] 斐郎：《冯贾优劣谈》，见《春航集》。

[49] 转引自《哲学译丛》1986 年 3 期，第 57 页。

[50] 鲁迅：《华盖集·补白》。

[51] 柳亚子：《关于〈纪念南社〉》，见《南社诗集》（1936）第 1 册。

[52] 高吹万：《吊宋钝初》，见《南社丛刻》第 18 集。

[53] 张光厚：《五月九日之感言》，见《南社》第 16 集。

[54] 张光厚：《丙辰岁首感怀》，见《南社》第 16 集。

[55] 王大觉：《十九岁述怀十章》，见《南社》第 20 集。

[56] 周实：《与真州吴退伯谈苏杭甬铁路慨赋》，见《无尽庵遗集》卷二。

[57] 孙昭绶：《客倭除夕感怀》，见《南社》第 15 集。

[58] 柳亚子：《次韵和陈巢南岁暮感怀之作》，见《磨剑室诗词集》，上海人民出版社 1885 年版，第 38 页。

[59] 胡石予：《秋感四首》，见《南社丛刻》第 10 集。

[60] 周实：《丁未风雨怀人诗序》。

[61] 沈砺：《悲秋》。

[62] 柳亚子：《为王置民题扇》，见《磨剑室诗词集》，上海人民出版社 1985 年版。

[63] 柳亚子：《天心二首，为那拉、载湉同殒作》，见《磨剑室诗词集》，上海人民出版社 1985 年版，第 77 页。

[64] 《国民日日报汇编》第一集。

[65] 宁调元：《南幽杂组》卷一。

[66] 阳兆鲲：《放歌》。

[67] 高旭：《不肖》。

[68] 《女子世界》第 9 期。

[69] 柳亚子：《南社纪略》，柳无忌编，上海人民出版社 1983 年版。

[70] 《胡寄尘诗序》，见《磨剑室文录》，上海人民出版社 1993 年版，第 257 页。

[71] 《斥朱鸳雏》，见《磨剑室文录》，上海人民出版社 1993 年版，第 473 页。

[72] 《愿无尽庵诗话》，见《无尽庵遗集》。

[73] 《与姚光书》，见《更生斋全集》四。

[74] 《无尽庵诗话》。

[75] 《寄南社同人》，见《南社》第三集。

[76] 曹聚仁：《纪念南社》。

[77] 《春柳社演艺部专章》。

[78] 柳亚子：《民族主义女军人梁红玉传》，见《磨剑室文录》，上海人民出版社 1993 年版，第 105 页。

[79] 《二十世纪大舞台发刊词》，见《磨剑室文录》，上海人民出版社 1993 年版，第 127—128 页。

[80] 《剧场之教育》，见《月月小说》1908 年第 1 期。

[81] 《科学》月刊第一卷第一期之扉页。

[82] 柳亚子：《南社纪念宣言》。

[83] 曹聚仁：《南社、新南社》，见《南社纪略》，第 248 页。

[84] 据柳无忌先生手稿。

[85] 钱钟书：《管锥编》第四册，中华书局，第 1546 页。

凡　例

一、本书选取 225 位在中国近现代历史上产生过一定影响或在政界、军界、思想界、文化界、新闻界、教育界、科技界具有一定知名度的南社代表人物作为"吟评"对象。其中旧南社人物 210 人，新南社人物 15 人（加 * 号）。

二、人物小传部分只据实胪列生平史实、主要著述，引用原始文献，力求简要，一般不予臧否；然春秋微言，亦寄寓其中。至于资料抵牾难断者，或略陈己见，或并录待考。

三、条目排列一律按人物姓氏笔画为序。

四、人物姓名力求划一，径称姓氏与名，在正条中一般不称字、号（以字或号行者例外）、官职、籍贯、集名、笔名、书斋名等。

五、释文中的旧地名，必要时夹注今地名。

六、一律使用公元纪年。一般不辅以年号，兼标干支。年内之事，大体以时间先后排列。

七、本书的资料来源主要依据 2014 年以前公开出版或内部交流以及私人收藏的各种辞书、丛书、人物传记、地方史志、家族谱牒、报刊、各省市县调查或征集的文史资料和港台书刊等。亦有部分传主的资料由其后裔直接提供。如无必要，恕不一一注明。

八、对南社社员的入社时间，一般不作确考，只在小传后注明介绍入社序号，以示入社之先后。个别未填入社表的南社社员，则以汉文数字表示入社之先后。个别南社社员的入社号一时无法查考，暂付阙如。

目 录

（上册）

（下册）

上册

于右任

三民❶主笔峥雄才，醒世高吟隘❷九垓。
更与南人量胆气，风花❸挥手出关来！

简 传

　　于右任（1879—1964），原名伯循，字诱人，后取谐音用"右任"。别署骚心、髯翁，晚年号太平老人。笔名神州旧主等。因蓄髭须，于腮绕颊，故又有于胡之号。陕西三原人。1890 年入私塾读书。1903 年中举人后，因《半哭半笑楼诗草》遭清政府通缉，得李雨田相助而"遁于沪"。1904 年入震旦学院肄业，旋因抗议外籍教员干涉校务而离校。1905 年与马相伯等人相继创办复旦公学、中国公学。1906 年东渡日本，加入中国同盟会，被委为长江大都督。次年回国，在上海创办《神州日报》，任社长。该报不用清帝号，改用干支，抨击时弊，鼓吹革命，颇受读者欢迎。1909 年起，相继创办《民呼报》《民吁报》《民

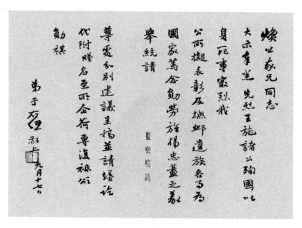

于右任手迹

立报》，迭任社长、总编辑，言论激烈。武昌起义后，参与上海光复。不久又加入南社（但未填入社书）。1912年任南京临时政府交通部次长、代理部务；同年被举为国民党参议。1913年"宋教仁案"发后，致力于讨袁斗争。1918年返回陕西，任靖国军总司令。1922年5月，任讨贼军西北第一路总司令。未几，赴沪与叶楚伧等人创办上海大学，同年10月任校长。1924年4月当选为国民党第一届中央执行委员，倾向国共合作；旋随孙中山北上，任国民党北京政治分会委员。1925年任善后会议会员。1926年1月，当选为国民党第二届中央执行委员，9月参加冯玉祥部五原誓师，旋任国民军联军驻陕总司令兼行陕西省政府职权，策应国民革命军北伐。1927年南京国民政府成立后，历任国民政府委员、军事委员会常委、中央政治会议委员、中执委常务委员、国民政府审计院院长、监察院院长等职。1931年九一八事变后筹备国难会议，同年被复旦大学授予名誉法学博士学位。抗日战争爆发后，主张抗战到底。1939年任国防最高委员会委员。1947年被选为陕西区行宪监察委员。1949年4月被迫去台湾。晚年蛰居台湾岛，心情落寞，日夜想念祖国，常以诗抒发故土之思。1950年任国民党评议委员。1964年11月10日在台湾病逝。工诗词，精于书法，尤擅草书。著有《右任诗存》《右任墨存》《右任文存》《牧羊儿自述》等。（入社号65）

注 释

❶ 三民：指《民呼报》《民吁报》《民立报》。按，1909 年，于右任创办《民呼报》，倡言反满，遭清廷之忌，扬言要挖掉他的眼睛，于氏遂易报名为《民吁报》，意谓眼睛自己挖掉，不必有劳"贵手"了。《民吁报》被禁后，于氏又创办《民立报》。"三民"在辛亥革命前后发挥了重要的舆论导向作用。武昌起义爆发后，孙中山从国外回到上海，首先到《民立报》会见于右任，并亲题"戮力同心"四字，嘉勉于氏对辛亥革命的卓越贡献，于氏本人亦因此赢得"先生一支笔，胜过十万瑟枪"的美誉。

❷ 隘：即狭小。此处为使动用法，极言于氏诗风之雄健豪放。

❸ 风花：风花雪月之省称。按，南社诗人大都生长南方，自幼被六朝烟水濡染，其诗作受晚唐影响较深。又学定庵，往往造作失神。相比之下，于氏诗格遒劲，颇有汉魏风骨，尤其是出关诸作，如："雨中山好青如黛，浪里花开白似绵。活泼游鱼吞晓日，回翔饥鸟逐渔船。舟人指点谈遗事，竖子声骄唱凯旋。一水茫茫判天壤，神州再造更何年？"（《马关》）；"虎口余生再入关，乌头未白竟生还。垂青无几灞桥柳，鼓掌一人太华山。慷慨歌谣灵气在，忧愁风雨鬓毛斑。倚间朝暮

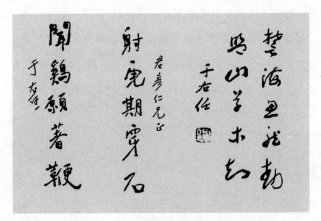

于右任对联手迹

于右任晚年像

知何似？心苦莫论世网艰。"（《入关》）；"河声夜静响犹残，孤客孤鸿上下看。大野飞鸣何所适？中原睥睨一凭栏。严关月落天将晓，故国春归梦已阑。马窜余年终有恨，南来况复路漫漫。"（《月夜宿渔关》）；"大好江山作战场，几经水火几玄黄。雨花台下添新冢，远近高低尽国殇。""山围故国人安在，泪湿新亭客更多。再造神州吾未老，是非历历指山河。"（《再过南京杂诗》四首录二）；等等，无不慷慨豪壮，大气磅礴，令人读后感发兴起。章士钊先生评曰："先生自出秦川，一切公私行事，始终不脱北人风范，居江南久，毫不为六朝靡靡之习所染，发为诗歌，壮有金戈铁马之音，逸亦极白鸥浩荡之致。"（《于右任先生七十寿序》洵为的评。）又，于氏书法亦摈弃帖学草书的靡弱流俗，以北碑为宗，碑帖兼融，在运笔中增加方折和顿挫，在结体上采取欹正相生的字势与布局，从而赋予草书以一种朴拙、浑厚、雄强之美，在近代书法史上占有重要的地位，对后世产生了深远的影响。

马君武

中西熔铸辟町畦❶，才擅康卢❷孰与跻？

正有昏鸦❸恋晚树，云天惊破一声鸡！

简 传

马君武（1881—1940），原名道凝，改名和，又名同，一字厚山。广西桂林人。1899 年考入广西体用学堂。次年进广州法国教会主办的书院学法文，同年策应唐才常自立军起义，失败后亡命日本。1901 年就读于上海震旦学院，同年底赴日本留学。1902 年参与发起"支那亡国二百四十二年纪念会"，宣传反清革命。1903 年结识孙中山，是年 7 月考入日本京都大学学习应用化学。1905 年 8 月加入中国同盟会，任秘书长兼广西支部长；是年底归国，在上海创办中国公学，任教务长兼理化教授。1907 年赴德国柏林工业大学留学，获工学博士学位，为我国留学生在德国获博士学位之第一人。1911 年冬归国，值武汉革命军兴，遂为革命东西奔驰，曾参与起草临时政府组织大纲，旋即加入南社；同年底，以广西代表身份出席在南京召开的各省代表会。1912 年 1 月任南京临时政府实业部次长、代理部长，后被举为参议员，"二次革命"后再赴德国留学。1916 年回国，次年担任广州护法军政府交通部部长兼广州石井兵工厂无烟火药总厂总工程师。1920 年任改造广西同志会会长。1921 年任孙中山非常大总统府秘书长，旋任广西省省长。1924 年 11 月，任上海大夏大学校长。次年 2 月，任善后会议议员；同年 4 月，任北京（国立）工业大学校长。后历任北京临时执政府司法总长、教育总长等职。1926 年赴上海大夏大学任职。1927 年回桂林创办广西大学，任校长。此后长期从事教育工作。抗日战争爆发后，任国防最高委员会参议、国民参政会参政员。1940 年 8 月 1 日病逝桂林。平生既精理化，又擅诗文，为南社著名诗人。其诗以鼓吹新学思潮和爱国主义为特色，善于吸取新诗料、开拓新意境。又善翻译，曾用旧诗格律译拜伦、哥德、席勒等人的作品。著有《德华字典》《马君武诗稿》《人类原始及类择》《卢骚民约论》《俄罗斯大风潮》《微分方程式》《法兰西近世史》等。译有达尔文《物种起源》第一部。又编辑《翻译世界》《世界月刊》《南华杂志》《建设杂志》《醒狮》《漓江潮》等多种刊物。（入社号 235）

注 释

❶ "中西"句：按，马君武先生在《马君武诗文集·自序》中，曾将其作诗的宗旨明确规定为"鼓吹新学潮，标榜爱国主义"。他反对拟古，强调不拘一格，独抒机杼。在《寄南社同人》一诗中公然声称："唐宋元明都不管，自成模范铸诗才。须从旧锦翻新样，勿以今魂托古胎。"这种从内容和形式两个方面对旧诗进行"革命"的主张，的确将诗界革命的理论向前推进了一步。从马君武的诗歌创作看，诗风慷慨激昂，豪迈流畅；同时善于将西方故实、科学知识、哲理入诗，代表了自黄遵宪以来诗人们吸收新诗料、开拓新诗境的努力，被时人誉为"能合欧亚文

学之魂于一炉而共冶者"。梁启超称其为"好哲学而多情者也"。柳亚子更赞曰："抗手无时辈，椎轮异昔贤。欧花兼米锦，哀怨杂鲜妍。"（《寄君武柏林，时读其所著〈新文学〉》）町畦：田塍，即田间的界路，比喻界限、规矩、约束。《庄子·人间世》："彼且为无町畦，亦与之为无町畦。"

❷ 康卢：指康德、卢梭。有人曾经这样评论马君武："究心科学，奈端康德之伦；肆力政谭，孟德卢梭之亚。"跻：登。

❸ 昏鸦：指同光体派的代表人物陈三立、陈宝琛与郑孝胥，皆为官僚文人（陈三立曾任吏部主事，陈宝琛曾任南洋大臣，郑孝胥曾任边防督办）。他们抱残守缺，妄图恢复文坛的昔日地位；以故，柳亚子指出："从晚清末到现在，四五十年的旧诗坛，是比较保守的'同光体'诗人和比较进步的南社派诗人争霸的时代。"为了对抗进步文学，同光体派也曾组织过诗社，其宗旨则是啜茗饮酒，欣赏美景，寻欢取乐，正如陈衍《石遗室诗话》所云："遇人日、花朝、寒食、上巳之类，世所号为良辰者，择一目前名胜之地，挈茶果饼饵集焉，晚则饮于寓斋若酒楼，分纸为即事诗，

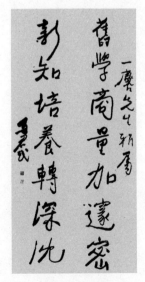

马君武对联手迹

五七言近体听之。次集则必易一地，汇缴前集之诗，互相品评为笑乐，其主人轮流为之。"在外侮日逼内政窳败之际，他们表面上超逸旷达，但骨子里却不胜惶恐，如郑孝胥的《世已乱身将老长歌当哭莫知我哀》："驻颜却老竟无方，被发缨冠亦太狂！归死未甘同泯泯，言愁始欲对茫茫。孤云万族身安托？落日扁舟世可忘。从此湖山换兵柄，肯教部曲识蕲王。"此诗道出了末代封建士大夫阶级的典型心态；在资产阶级民主革命怒潮汹涌澎湃、清王朝大厦将倾之时，他们颇有"落日扁舟"、走投无路之感。万般无奈，只剩下声嘶力竭的悲吟。尽管如此，他们仍不自甘灭亡，直至辛亥革命后，这些人仍以遗老自居，疯狂地攻击共和，顽固地在书札上沿用宣统年号，所作诗词亦多抒写"亡国之音"，表现出对清廷覆灭的悲哀。为此，柳亚子痛斥道："亦常见夫世之称于诗者，少习胡风，长污伪命，出处不臧，大本先拨。及夫沧桑更迭，陵谷改迁，遂腼然以夏肆殷顽自命，发为歌咏，不胜觚棱京阙之思。"——所谓"恋晚树"即指此而言。

马叙伦

宁将血乳奉茕孑❶，绝诣❷通神百辈输。

汗下吟窗缘底事❸？盈门尽是执经徒❹。

简 传

　　马叙伦（1884—1970），字彝初，又作夷初，号石翁、寒香、石屋老人。浙江余杭人。幼时就读于杭州养正书塾，1902 年助蒋智由办《选报》；同年助赵祖德发刊《新世界学报》。1911 年加入中国同盟会。武昌起义后，任浙江都督府秘书，旋任上海《大众和日报》总编辑。1915 年起执教于北京大学文学院；是年冬，袁世凯密谋称帝，遂辞去北大教授南下，策划讨袁。五四运动爆发后，被推为北京中等以上学校教职员联合会书记、主席。1921 年 6 月，领导北京大中小学教师发起"索薪"运动，次年出任浙江省教育厅厅长，旋任北京政府教育部次长、代理总长。1926 年 3 月，为抗议段祺瑞政府制造三一八惨案，遭通缉，被迫回杭州。1928年底出任国民政府参事、教育部政务次长。期间主持设立教育部"保存甪直唐塑委员会"，为保存和发掘祖国文化遗产作出贡献。九一八事变后，与许德珩等组织北平文化界抗日救国会，任主席。抗战期间，积极从事抗日反蒋活动。1945年底在上海发起组织中国民主促进会，任常务理事。1946年6月23日参加反内战示威游行，被推为向国民党政府请愿代表，在南京下关站被国民党特务殴伤。1949年出席第一届全国政协会议。9月25日，任国旗、国徽、国歌方案小组召集人，提议用《义勇军进行曲》暂代国歌，最终获得通过。新中国成立后，曾历任中央人民政府委员、教育部部长、中国文字改革研究委员会主任、全国人大常委会委员、全国政协副主席、中国民主促进会中央主席、中国民主同盟中央副主席。晚年病废，失去知觉，于1970年5月病逝北京。平生治学严谨，博学多才，于训诂、音韵、文字之学无不精通。又工书法、诗词，著有《说文解字六书疏证》《列子伪书考》《六书解例》《庄子札记》《马叙伦学术论文集》《论书绝句》《天马山房文存》等。（入社号14）

注　释

❶ 刍荛：原指割草打柴之人。《诗经·大雅·板》："先民有言，询于刍荛。"此处借指劳苦大众。

❷ 绝诣：行诣高超。《姑溪居士文集·跋凌歊引后》："方圆又以一时所寓，固已超然绝诣，独无桓野王辈，相与周旋。"这里指马氏书法方面的巨大成就，按，马氏早承庭训，父献臣先生亦以书名。其书法可直追晋唐，早年作小楷，铁画银钩，令人惊叹。中年以后学米，自谓得力于《群玉堂法帖》，对碣石蒋氏重刻之《群玉堂帖》与包世臣《艺舟双楫》，亦备极推崇。尝自谦道："余书亦不入某家牢笼，出入自由，今虽无成，不敢自菲，假我以年，阔步晋唐，或有望耳。"其实马氏相当自负，尝谓："环顾宇内，尚无敌手。"对古人书法亦少许可，他论宋人书法："米

虎儿亲承海岳之传，于海岳书若具体矣，海岳直欲凌唐入晋，而虎儿局促唐人辕下，仍是宋人面目，且其骨气不清，则子不能得之于父，殆天也。"又评赵子昂云："除侧媚外无所有。"评董香光："若大家婢女，鬟影钗光，亦是美人风度，然不堪与深闺少女并肩。"又云："书自悬肘来之拙，是真拙，非不知书者之自然拙，亦非知书者之模仿拙，自然无不美，模仿拙反丑。""学书者，写壁实为无上善法。苟能书壁，则案上悬肘绝无难矣。"又，马氏不仅是一位极负盛名的书法家，而且在书法理论上亦颇有建树，他的《说文六书疏证》《论书绝句》，对书学影响甚大。

❸ "汗下"句：按，马氏生平自负识奇字多，一次宴会遇到一人，交换名片，却为"马骉骉"三字，马氏莫名其妙，以为出于杜撰，及翻检《康熙字典》，果有此三字，为之自愧（详见郑逸梅《南社丛谈》第95页）。——"汗下吟窗"指此。

❹ 执经徒：指手执经书叩门求教的学徒。《后汉书·儒林传序》："飨射礼毕，（明帝）正坐启讲，诸儒执经问难于前。冠带缙绅之人，圜桥门而观听者盖以亿万计。"《汉书·于定国传》："定国乃延师学春秋，身执经，北面备弟子礼。"

马叙伦手迹

马骏声

挈云❶心事寄芸编，几度华泾蓺楮钱❷。
地下若逢邹蔚子❸，可将肝胆奉尊前❹？

简 传

马骏声（1889—1951），字退之，号小进，别署不进、退之、梦寄。广东台
山人。生于香港，早年在香港圣士提反男子中学读书，1909年赴美国哥伦比亚大
学留学，其时孙中正在旧金山及西部城市宣传革命，马氏深受鼓舞，遂加入中国
同盟会，并慨然捐资支持革命。1910年返国参加南社。是年重赴美国，入纽约大
学攻读农学学士。武昌起义后回香港，又去广州参谒黄花岗七十二烈士墓。随后
赴上海，参加国学商兑会。1912年6月，偕苏曼殊自上海前往华泾访刘三，拜谒
邹容墓。在上海期间，偶傥不群，常寄迹于青楼北里间，又活跃于官场文坛，时
以"马公子""马硕士"自命。1913年任教于北京大学，与黄节、陈垣、胡适等

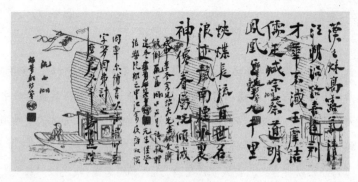
马骏声手迹

名流学者时相过从。后在军政界供职，一度在西北军阀锡山部下任文职人员。后历任众议院议员、大总统府秘书、广东大元帅府参事、广东督军署参谋。这一时期，热衷于舆论宣传，撰写《论国会之成立》《论近世诸国宪法上规定人民之自由权》《女子参政权论》《与吾粤父老兄弟论治书》等一系列政论文章，为建立新的政治体制大力鼓吹，显示出光焰逼人的政治热情。逮至"二次革命"失败后，袁世凯僭夺国柄，遂感到心灰意冷，不复有昔日的豪情胜概。马氏本拟在香港读书养志，无奈迫于父命，重至京师，以"搜罗美瓷古画"自遣。1917年夏，赴长沙参加南社湘集活动，旋启程回广州出席孙中山召开的非常国会，任大元帅府参事、广东督军署参谋，暇时与蔡哲夫等尽地主之谊，接待远方社友，并举行了数次禺楼清尊集。1923年，曹锟贿选大总统，竟接受曹锟贿金，堕落为"猪仔议员"；柳亚子、叶楚伧、姚光、邵力子等13人发表《旧南社社友启事》，指斥其"贿选祸国，辱及南社"，并将其开除出社。其后，为谋生计，他尝与友人合资经营南方电影制片公司（1932年），拍摄以瑶族公主风流韵事为题材的《瑶山艳史》，奈何票房价值不高，该公司随即倒闭。自此，转以教书卖文过活。在任教期间，创办并主编《北风》周刊，发表了一系列抨击蒋介石不抵抗政策的文章。1942年任广州大学文学院院长，抗日战争胜利后继续担任此职，又常往香港兼课。1951年2月，因患尿毒病在香港去世。著有《鸦声集》《岭海珍闻录》《世界文学论》《梦寄楼随笔》《汉黄杨木考》等。（入社号55）

注 释

❶ 拏云：犹言凌云，喻志向高远，上于云霄。语出李贺《致酒行》："少年心事当拏云，谁念幽寒坐呜呃。"芸编，即书籍。芸，香草，古人多将其置诸书中以辟蠹。故称书籍为"芸编"，书签为"芸签"。陆游《夏日杂题》之五云："天随手不去朱黄，辟蠹芸编细细香。"此处特指马氏诗集《鸦声集》。作者在《鸦声集·自序》中云："我闻古有《鸦经》，以占吉凶。南人喜鹊恶鸦，北人喜鸦恶鹊，我之以'鸦声'名集者，非欲以此占世俗之吉凶，亦非欲以此博北人之欢喜。盖当我斗室孤吟，闭门索句时，其相与闻问者，惟檐前之乌鸦而已。且我所作诗，寄思无端，郁伊不释，悲欢喜怒，纯任自然，弗事雕琢，大有似乎鸦声也。"其实，就《鸦声集》本身来看，其中的确不乏慷慨激昂、刚健遒劲之作，如《醉题酒家壁》："少年意气豪且奇，白马雕弓入燕市。黄金浪掷唱呼鹰，贩牛屠狗皆知己。相逢把臂说恩仇，按剑誓取仇人头。椎秦不得志犹存，天下英雄皆好酒。回首河山尽垢氛，空余壮语凌风云。何当共遂黄龙饮，斫尽胡儿著伟勋。"豪情胜概，溢于言表。以故，柳亚子在《九龙车站晤马小进》一诗中有"当年草檄夸英俊，此日谈诗尚激昂"之语。

❷ 华泾爇楮钱：华泾：地名，在今上海市徐汇区。邹容以著《革命军》一书被捕入狱，瘐死狱中，刘季平将其埋葬华泾。爇：燃。楮钱：旧时祭祀时焚化的纸钱，赵口《就日录》云："康节先生（邵雍）春秋祭祀，约古今礼行之，亦焚楮钱。"马氏十分景仰邹容烈士，尝赴华泾，访刘三且宿其家；翌日，由刘三导谒邹容墓。

❸ 邹蔚子：指邹容，字蔚丹，近代民主革命烈士。四川巴县人。1902 年赴日本东京同文书院留学，参加留日爱国学生运动。次年回国参加爱国学社，撰《革命军》，号召推翻清政府，建立中华共和国，宣传革命是"天演之公例"。《革命军》由章太炎作序，革命党人集资出版，《苏报》刊文介绍，影响甚大。邹氏因苏报案，被捕下狱，1905 年 4 月 3 日瘐死于狱中。

❹ 末句隐指马氏参与曹锟贿选之事。

马公愚 *

乳脉遥承二百年❶，妙参诸艺总全天❷。

水洇墨积翊心法❸，炉火功收百炼坚❹。

简 传

　　马公愚（1893—1969），本名范，初字公驭，后改公禺、公愚，晚号冷翁，因其斋名"畊石簃"，故又署畊石簃主。浙江温州人。永嘉马氏，自清以来，以诗文、金石、书画传家凡二百年。曾祖昱中（解元出身）、祖父兰生（名元熙），均工诗文书画。马氏幼承家学，髫龄从父学书，十五六岁便以能书闻，在浙江高等师范就读时，为张宗祥赏识，得其指诲。稍长曾师承瑞安孙诒让，究心周鼎秦权、石刻奇字。后与兄孟容就读温州府中学堂。1908 年考入浙江高等学堂，1911 年毕业后返里，次年创办永嘉启明女学。1914 年创设东瓯美术会，后任教浙江省立十中。1919 年 7 月，与郑振铎等发起组织永嘉新学会，提出"改

马公愚遗墨

革旧思想，创立新思想"的主张，1920 年出版《新学报》。1924 年赴上海，先后任上海中学教员，存德中学、勤业中学董事长，上海美专教授，大夏大学文书主任兼中国文学系国文教授。1929 年，与郑曼青、马孟容等创办中国艺术专科学校，并任书法教授。同年，教育部举办第一次全国美术展览，被聘为委员；后又应聘为"西湖博览会"美术馆委员。1933 年，作品参加柏林"中德美术展览"，后又参加"中日联合绘画展"及英国、意大利等地画展。1941 年，与马漪等在上海大新画厅举办"永嘉五马画展"。战后美国画展及国内历次各大美展，亦均有作品参加。在此期间，还先后任上海美术会、中国画会理事，中华艺术教育社常务理事及上海市美术馆筹备处设计委员等职。新中国成立后，任上海文史馆馆员、上海中国画院画师，兼任中国文字改革委员会委员，并参加中国美术家协会上海分会、上海中国书法篆刻研究会等。"文化大革命"中备受折磨，而对艺事仍钻研不懈。1969 年 2 月 21 日病逝于上海，终年 75 岁，归葬温州。著有《书法史》《书法讲话》《应用图案》《公愚印谱》《畊石簃墨痕》《畊石簃杂著》等；中国《现代篆刻选辑》（三）一书，收录其印刻 53 方。（入社号不详）

注 释

❶ "乳脉"句：按，马氏世代书家，自乾嘉以还凡二百年，临池课子，力学不辍，人才辈出，蔚为家风。

❷ "妙参诸艺"句：马氏素有"艺苑全才"之誉。其书法，篆、隶、真、草，各擅胜场，皆臻极境。其篆书宗法秦诏版、石鼓文，古朴厚重，典丽儒雅。隶书取径于《石门》《华山》《曹全》等汉代诸碑，结字疏朗，波挑舒展，柔中寓刚。真书取法钟太傅，气韵沉雄，笔力浑厚，结体宽博；行草学王右军，气息醇雅，俊逸超迈，妍美流便。临池功力之深，几可乱真，世人推为神手。章草点画精妙，颇得典雅开张之韵致。篆刻取法秦汉，探本求源，汲古功深，所作小玺汉白驭古出新，无丝毫近人习气，具征心手之高。绘画擅长山水、花卉、鸟鱼等，清逸浑雅，一如其书。中年居沪遇沦陷之变，辞职蓄须以鬻字为生，书风渐趋于老辣凝练，质朴而不拘谨，洒脱而有法度，颇为艺坛所重。

❸ 翊心法：翊，自矜；心法，佛教称佛经经典以外，以心相传授的佛法为心法。此处指马氏以家传及长期的笔墨实践所获得的心性体悟。

❹ "炉火"句："炉火纯青"之省语，原指道士炼丹成功时，炉火发出纯青的火焰。后用以比喻技艺或学问、修养达到精粹完美的境界。

马公愚常用印章

王芃生

百万神兵一蜡书❶，匡时❷筹算有谁如？
何期落尽降幡❸后，赍恨重重到墓墟❹！

简 传

　　王芃生（1893—1946），原名大桢，又名培械，字芃生，后以字行。湖南醴
陵人。1904 年入醴陵县立高等小学第一期甲班，开始接受民主革命思想。1908
年，因家贫无力缴付学费，转入熊希龄创办的醴陵姜湾瓷业学堂艺徒班，习陶
画及陶业化学。1910 年赴长沙考入湖南陆军小学堂，开始参加反清革命活动，
同年加入中国同盟会。武昌起义后，奉焦达峰之命赴常德策动起义，未遂，又
奉谭延闿之命北上行刺袁世凯，为"京津一带调查部"部员。南北议和后，刺
袁任务遂告中止。1912 年加入新改组之国民党。1916 年东渡日本陆军经理学校
高等科留学，课余精心研究日本之政治、军事、经济、文化等问题。1920 年入

日本东京帝国大学经济学部学习，并担任东京留日学生学术研究会外交研究部部长。这一时期对日本朝野各种秘籍书刊搜集甚力，志在必得，在此基础上撰就《中日关系之科学研究》。1922年回国后，任鲁案善后委员会调查部部长，行政处副主任等职。1924年改任山东省省长公署统计处处长兼山东统计讲习所所长。次年4月，张宗昌督鲁后，化装逃脱，东渡日本进行日本古语及古文书研究，竭力搜集各种书刊。1926年出任国民革命军第八军上校参谋，旋任该军第二师上校参谋长。次年任江右军总指挥部参谋长。四一二反革命政变后，宁汉分裂，辞去该职，不久，出任蒋介石总司令部少将参议。1931年5月，综合观察日本情势，作出日本将在9月中旬武力侵华的判断，并将此情报呈送蒋介石。1932年任东北外交研究委员会委员，主编《外交月报》。1934年出任中国驻土耳其大使馆参事。1935年调驻日本大使馆参事。1937年5月15日，准确推断出日军将于7月上旬发动华北事变，甚受蒋介石器重，自此专门从事对日情报工作。同年被任命为交通部次长。翌年4月免除次长之职，出任"军事委员会国际问题研究所"主任，在此期间，曾对国内外一系列重大历史事件作出准确判断，提供可靠情报。抗战胜利后，受到蒋介石的冷落，深为国际问题研究所的前途而忧虑。1946年奉命去南京、上海、天津处理日俘事务。同年5月17日，因高血压、心脏病发作，在忧愤中逝世。著有《中日关系之科学研究》《台湾交涉真相秘录》《日本古史辨证》《歌曲源流考》《小梅溪堂诗存》《莫哀歌草》等。（入社号690）

王芃生手迹

注 释

❶ 蜡书：古人藏密书于蜡丸里，以防泄露。《宋史·李显忠传》："乃密遣其客雷灿以蜡书赴行在。"此处借指情报。"百万"句：意谓一份重要情报的作用足以抵得上百万兵，极言情报之重要，此正王氏所专擅也。

❷ 匡时：力挽时艰。唐太宗《幸武功庆善宫》诗："弱龄逢运改，提剑郁匡时。"筹算：谋划。按，据原国际问题研究所研究员胡又深先生云：王芃生"为人正直，没有官气，不屑逢迎。他之所以能独当一面，以中将主任身份创设国研所，跻身于国民党上层，完全是由于他有渊博的学识和雄辩的外交才能。作为一个日本问题专家和国际情报专家，每当国际上即将发生重大事件之际，他都能根据各种情报资料，审时度势，及时作出准确的判断，提供最高当局参考。……王芃生获取情报的本领和判研问题的准确，不仅远远超过国民党的其他情报部门，甚至也超过当时盟国庞大的情报机关，太平洋战争爆发后，美英情报部门对王芃生的情报判研大为折服，千方百计要求与国研所进行合作，后来国研所增设的中英情报顾问室，就是在这个背景下成立的"。（《我在国际问题研究所的工作经历》）追随王芃生多年、抗战期间在敌后主编过《前线日报》的陆久之写道："芃生先生精通日文日语，对于日本的历史、地理、风俗人情以及政治、军事、经济，莫不细心研究，深入考察，诚不愧为日本百科全书的'活字典'，名副其实的日本通。尤其难能可贵者，芃生先生数十年如一日，以毕生精力搜集日本的军事政治情报，解剖日本侵华野心，以及日本派系斗争的内幕与演变，其分析之准确，可说是燃犀烛怪，无所遁形。……而荦荦大者，我认为有三件事：一、1931 年九一八事变之前，芃生先生根据各种情报判断，深知日阀蠢蠢欲动的野心，突发事件，势所难免，因而晋谒有关人士，请为戒备。不料言者谆谆听者藐藐，遂致演成东三省沦亡之悲剧。二、1937 年 7 月卢沟桥事变，血染华北，危及邦东，而芃生先生事先亦获有情报，予当年 5 月中旬即向政府当局谍报密呈。三、1945 年 5 月，芃生先生向当局呈报，谓敌人战力将不能持至年终，果然，是年 8 月即有日本天皇告投降之事。以上三者，无不一一察敌于机先，而应

验于后。"（《缅怀抗战时期的王芄生》）

❸ 降幡：谓日本投降。

❹ "赍恨"句：赍：抱着。语出江淹《恨赋》："赍志没地，长怀无已。"按，"王芄生在抗战中，虽然作出了很大贡献，但在政治上并不得意。……当时，蒋介石的嫡系人物，不管是否合格，都被选为中央委员，而王芄生却只得到与他并不相称的候补中委，此前他的挚友，《大公报》主编王芸生，曾善意地劝他不要参加这样的竞选，但王芄生说：'国事如此，还需要我们努力。国民党对国家的影响，今后仍然极大，要国民党好，我应该取得发言的资格，以便进去补救。'谁知他的爱护国民党的衷心，并没有得到蒋介石的赏识。"（郭福生《我所知道的王芄生及国际问题研究所》）关于这一点，我们从王氏在日本投降后所填之词亦可得到实证，如"短发科头，素敝屣功名，旷放巢由。到老惟悯，饥溺穷愁。诚恳未雨绸缪。奈痌瘝胞与，想博济，总惜难周。忽狂欢，报东邻屈膝，寰宇长讴。当年徙薪蹑履，竟掩耳弯弓，帐少良俦。举国无人，高怀谁语，归客耿耿孤舟。念三山残破，沧桑换，不似前游。数嘉猷，剩一生清白，长有千秋。"（《春从天上来》）又，"廿载艰贞，千般困阻，孤忠耿耿忘家。南北东西，舟车远极天涯。存韩救赵劳心计，任世人毁誉交加。矢精诚，尽瘁宗邦，暗损年华。元戎睿智勤宵旰，问苍生夜半，沐雨风斜。献替绸缪，誓屠封豕长蛇。而今酬得澄清愿，久自甘，淡饭粗茶。最堪怜，赠策无人，借箸兴嗟。"（《高阳台·闻敌降志感》）可谓自道心曲，寄慨遥深。胡又深先生则对王氏晚年的境遇作出深入的论析："王芄生的卓越才能，虽然对国家民族有利，对抗战有利，但却招来国民党其他国际情报机关或兼搞国际情报机关的首脑的嫉妒。这些人（戴笠、唐纵等）利用一切机会打击王芄生，竭力贬低国研所长期独立存在的价值，而蒋介石竟相信这些人的谗言，以致抗日战争胜利后不久，就传出将国研所撤销或并入其他机关的坏消息。为了挽救国研所的前途命运，王芄生不得不四处奔波操劳，一会儿南京，一会儿北平。他本患有高血压病，曾长期住院治疗，终因精神打击和体力劳顿而不幸于1946年5月17日逝世。"（《我在国际问题研究所的工作经历》）

王德钟

泪洒新亭❶剑影横，殽函紫气❷几经更。
绝维❸孤愤凭谁诉？一卧寒江醉月明！

简 传

　　王德钟（1897—1927），字玄穆，号大觉，别号幻花。江苏青浦（今上海市青浦县）人。家世耕读，著名文苑。10岁时，随祖母迁居吴县周庄镇，与其弟同入沈氏两等小学堂学习，学业日进，每次考试皆名列榜首。辛亥革命后，学校里排演新剧，宣传民主共和，沈氏小学所演剧本，大多出自德钟之手。民国元年夏，小学毕业，不欲再升学，故于试场中酣睡，逾时而去，闭门肆力于时人所不为之学，历时五六年，颇有所成，一时南社隽流莫不折节倾倒。王氏幼承家教，年少能文，曾将其先人著作辑刊，取名《青箱集》，有清芬世泽、传之不替之意。后附《扬风雅唱》，系明、清名家对其家藏明代贤达周顺昌遗扇的题咏。还有他自撰的族中持气节、勤耕读者的传记。清末，蒿目政黯民怨，国事日非，常以文章寓志，自命为醒者。袁世凯攘夺国柄后，愤而泚笔，草成《讨袁檄文》，刊载于《南社丛刻》，并自题一诗："未得荷戈事北征，犹能草檄驰幽并。一千一百十余字，字字苍生痛哭声。"1917年倡办正始社，研究国学。旋赴沪主办《民国日报》，一年后复回周庄读书吟诗。1924年江浙战争爆发，乃创立周庄红十字会，救济难民。战事平息后又组织医务人员施药种痘。因操劳过度，肺病复发，1927年中秋节逝世。1928年1月4日，周庄各界为王氏举行公祭。性善饮，为人慷慨慕义，工诗文，擅说部，著有《风雨闭门斋遗稿》《咒红忆语》《断梗飘蓬记》等。（入社号402）

王德钟诗稿手迹

注 释

❶ 泪洒新亭：典出南朝刘义庆《世说新语·言语》，"过江诸人，每至美日，辄相邀新亭，藉卉饮宴。周侯中坐而叹曰：'风景不殊，正自有山河之异。'皆相视流泪。唯王丞相（王导）愀然变色曰：'当共戮力王室，克复神州，何至作楚囚相对？'"《晋书·王导传》亦载此事。历代诗人常常借用此典抒发怆怀故国、忧叹时事之悲慨，如赵孟頫《和姚子敬秋怀五首》之五："新亭举目河山异，故国伤神梦寐俱。"陆游《水乡泛舟》诗："悲歌易水轻燕侠，对泣新亭笑楚囚。"元遗山《大简之画松风图为修端卿赋二首》之二云："新亭相泣血沾襟，一日神州见陆沉。"

❷ 毂函紫气：毂函，又名函谷关，在今河南省灵宝县西南。紫气：祥瑞的光气。北周庾信《哀江南赋》云："昔之虎踞龙盘，加以黄旗紫气，莫不随狐兔而窜穴，与

风尘而殄悴。"刘向《列仙传》云:"老子西游,关令尹喜望见有紫气浮关,而老子果乘青牛而过也。"杜甫《秋兴》之五:"西望瑶池降王母,东来紫气满函关。"即用此典以表祥瑞之意。又,据《晋书·张华传》载:"吴之未灭也,斗牛之间常有紫气,……华问(雷)焕曰:'是何祥也?'焕曰:'宝剑之精,上彻于天耳。'""紫气"这一典故遂被文人们进一步附会为帝王、圣贤出现的征兆。此处借用"觳函紫气"一典,意在表现民族复兴之势;但辛亥革命后,孙中山旋即辞去临时大总统职,国柄为袁世凯所攘夺,孙中山发动的二次革命亦未获成功——"觳函紫气几经更"一句指此。

❸ 绝维:崩裂地之四角。在远古初民的观念里,天是圆的,地是方的,故有四角之说,又称"地维"。《列子·汤问》:"共工氏与颛顼争为帝,怒而触不周之山,折天柱,绝地维。"按,1915年冬,袁世凯妄图称帝,王氏愤而写下《十九岁述怀十章》,兹录其二:"落拓浮沉十九年,头颅如许总堪怜。忍看亡国剜双目,凤愿匡时仔一肩。未溺死灰仍称帝,难将热血换民权。床头三尺龙吟夜,忽梦沙场枕月眠。""男儿忧国不忧贫,尝胆卧薪志未申。岂信苍天终复汉,还期楚士或亡秦。当为效死沙场鬼,忍作偷生歧路人。悄向宝刀兼自问,杀身何日始成仁。"此诗发表于《南社丛刻》,乃其代表作。

王德钟印章

王蕴章

诗里生涯墨里禅❶，多情终碍作神仙❷。
人称说部❸声华久，却叹朱楼未梓传❹。

简 传

　　王蕴章（1884—1942），字莼农、药农，笔名别号特多，诸如：西神残客、西神王十三、梁溪尊农、十年说梦人、二泉亭长、红鹅鹊脑词人、梅魂等，书斋有一花一蝶亭、云外朱楼、古健羡斋、备四时斋、梅魂菊影室、雪蕉吟馆、菊影楼等。江苏无锡人。鸳鸯蝴蝶派主要作家。家学渊源，加之天分逾恒，18岁即中副榜举人。善治词章之学，兼精英语。清朝末年，英文教师奇缺，无锡多所学校请其任教。1907年，王氏抵沪，正值《小说林》创刊，遂为之撰稿，大受欢迎。旋又与兄长蕴曾同入南社。1910年《小说月报》创刊，出任主编，所载短篇小说、改良新剧、译丛、笔记、诗词等，一应俱全。一时，南社群贤

王蕴章联语手迹

如柳亚子、胡怀琛、包天笑、徐珂、高旭、高燮、周瘦鹃、吴梅等，纷纷为之撰稿。1911 年 9 月 17 日，南社于上海愚园举行第五次雅集，通过了《南社第四次修改条例》，王氏被选举为词选编辑，与南社社友时相唱和。1913 年 7 月始，在《民立报》上连载《梅魂菊影室词话》。1914 年至 1916 年，南社社员王钝根、周瘦鹃主编的《礼拜六》，姚鹓雏主编的《七襄》和《春声》分别问世，皆为鸳鸯蝴蝶派之重要阵地，王氏一方面奋力为其撰稿，另一方面亦对重新接管的《小说月报》作出重大改革，如欢迎白话小说、增加小说门类等，致力于开辟市场。民国成立后曾赴南京，出任中华民国临时政府秘书，旋又因志趣、性情相乖而辞退，仍返沪上重操旧业，与恽代英、胡愈之、叶圣陶、沈雁冰、叶浅予、周作人、郑振铎等人为伍，共同开辟出中国近代文学史上的一个新时代。1925 年辞去商务印书馆《小说月报》主编之职，到南洋各国游历，留下《南洋竹枝词》一百余首。1928 年，从南洋回国，历任上海沪江大学、南方大学、暨南大学国文教授，兼任上海《新闻报》秘书、编辑和主笔，后又任上海正风文学院院长，治词章之学及英文，并主持正风文学院的教务工作。王氏不仅精于小说，亦擅拟对联，尝作有《五十自寿》一联："苟活五十年，奚以寿名，债累未完牛马走；翻阅廿四史，从何说起，头衔只署猢狲王。"抗日战争时期，穷困潦倒，加之又染上鸦片瘾，惟以出卖藏书度日，一度曾出任日伪《实业报》主笔。1942 年去世，年仅 58 岁。主要著作有小说《碧血花传奇》《香骨桃传奇》《可中亭》《铁云山》《霜华影》《鸳鸯被》《玉鱼缘》《绿绮台》《西神小说集》等。艺术杂论集有《玉台艺乘》，诗词专集《秋平云室词》《梅魂菊影室词话》等。书法著作有《墨林一枝》《碑林奇字》《墨佣余沉》等。（入社号 88）

注 释

❶ "诗里"句：王氏为南社中多才多艺者，既是词章名手（尤其雅好楹联），又擅长书法，喜爱藏书与古董。其书法，颇有"二王"之风，长于率更体，尤擅铁钱篆。每对求字者，常常自叹书佣之苦，尤其是磨墨。后来朋友周梦坡赠给他一台四墨并磨机，方不复昔日之叹。王氏为人作书，尝自题润例："短墨磨人不自聊，秋心卷尽雪中蕉。家风惭愧红鹅换，润格亲题学板桥。"对自家之书法，自视甚高，尝撰联自许道："成佛肯居灵运后，学书直到永和前。"惟不擅草书，偶尔作草，常钤"草草劳人草草书"七字小印以自嘲。又，王氏平生颇喜收藏，斋中存有一方洮河绿石砚，背面刻有宋代名校书苏翠像，还有马湘兰的题诗："绿玉宋洮河，池残历劫多。佳人留砚背，疑妾旧秋波。"下有附识："苏翠面目似妾，右颊亦有一痣，妾前身耶？果尔当祝发空门，来生不再入此孽海。"王氏对此极为珍爱，日夕摩挲。

❷ "多情"句：王氏天性仁和，颇多善举，尤当一提的是，向撰稿文人支付稿酬，王氏实为滥觞，此后遂为定制。按，王氏等人的小说，在当时颇受上海滩读者欢迎，为吸引撰稿，扩大稿源，缓解当时文人经济上之困窘，王氏在编辑《小说月报》和《妇女杂志》时，特地打出征稿启事，明确分类给付稿酬，规定文字分为甲、乙、丙、丁四类，每千字分别付酬4元、3元、2元至1元不等——有此举措，南社社员及其他读书人遂有立足之地，逐渐造就了一批专以写作为职业的作家群体。

❸ 说部：指小说、笔记之类作品。

❹ "却叹"句：王氏平生著述颇丰，除小说外，亦擅写"小品文"。大多刊登于《新闻报》副刊上，由学生沈宗威一一剪存，汇成《云外朱楼集》；后应沈宗威之请，自序道："余入《新闻报》，草草记小文，藉消长日，寒虫一鸣，候鸟三叹，掷笔遗忘，漫不省记。年来鬻书自给，目力强半耗于矮笺残墨之中，渭城罢唱，无复三五少年时豪兴，乃辱朋侪过爱，或辑存拙作，或怂恿付梓，小惭小好，弥增颜汗，逊谢未遑，主臣而已，甲戌（1934）夏，郑君逸梅过访，传中孚书局主人命，愿以拙作见于报端者，汇付铅椠，仆本僇民，比为学校事，丘山丛愆，何敢再以不祥文字，复贻世人以僇笑，重违郑君等雅意，强颜存之，所谓知非文过也。"惜乎《云外朱楼集》至今未刊，仍为稿本。

王无生

黔黎知己有僇生❶，著述常怀海舆情❷。
却效文通❸成饮恨，至情凄语即天声❹。

简 传

　　王无生（1880—1914），原名钟麒，字毓仁，别署郁仁、一尘不染等。安徽
歙县人。早年曾就学于中国公学，与于右任关系密切，为同盟会会员。1907年
4月参与《神州日报》的创办工作，报社失火后，继续参加恢复重建活动。为
《神州日报》撰写社论多篇，其中《中国前途之问题》一文；从同年5月26日
连载到6月16日才全部刊完，凡五续，洋洋万余字，是该报创刊初期的重要论
说之一。又参与清宣统元年（1909）《民吁报》和宣统二年（1910）《民立报》
的筹建工作，著文章甚多，如连载《无生诗话》《惨离别楼词话》等。又曾出任
汤寿潜、陈训正等人创办的《天铎报》编辑。在当时的小说界颇有地位，被称

为"广陵五虎将"之一。民国成立后，与章士钊合办《独立周报》。1914年病逝。著有《太平天国革命史》《血泪痕传奇》《玉环外史》《恨海鹃声谱》《郑成功》《晋初史略》《轩亭复活记》。辑有《世界史》《世界地理》《本国地理》《三国志选注》。（入社号99）

注 释

❶ 傀生：王氏别号天傀生。

❷ 海舆情：王氏济世之心綦切，视野开阔，曾辑有《世界史》《世界地理》《本国地理》《三国志选注》行世，非抱残守缺之龃龉酸儒所能为。

❸ 文通：即江淹，南朝作家，历仕宋、齐、梁三朝，其传世名篇为《别赋》《恨赋》。

❹ "至情"句：王氏临终前作有《长别诸知好书》，载于《南社丛刻》，内云："呜呼诸公，无生与诸公长别矣！溯自弱龄以来，辄弄文翰。当前清之季，世变日亟，窃窃忧之，每以文词，力图挽救，几濒于危。丁未入报界，时世态一变，益尽厥志。辛亥改革，世态复一变，乃创办《独立周报》，以正论与当世商榷。今夏兵祸，世态又一变，弥用怵然，乃至成疾，愤慨既深，势将不起。呜呼！一棺附身，万事都已，鲍明远之言也。人生到此，天道宁论，江文通之言也。文人末路，千古伤心，生为无告之民，死作含冤之鬼。忍痛书此，长与诸公生死辞矣。痛哉！无生绝笔。"

王钝根

淋漓妙墨刺商绅❶，申报风行士气伸❷。

屡劫几人矜节操❸，持躬二字是清贫❹。

简 传

　　王钝根（1888—1951），名永甲，原名晦，字耕培，号钝根，别署根盘，后以号行。青浦县（今属上海）青浦镇人。幼聪颖，读书过目成诵，16岁以第一名的考绩成为秀才。家中所藏稗官家言甚夥，其父命其专攻四书五经，故将此类书藏于秘箧，而王氏则设法私取，秉烛偷读。1905年，科举制取消，遂至广方言馆学外语，仅用时一年，便初通英语。清末，各地纷纷创办报刊，王氏感于风潮，亦在家乡自办《自治旬报》，有声于时。其时同乡席裕福（子佩）在上海主办《申报》，邀请其出任编辑。1912年至1914年在《申报》先后发表《论男女合演》《曲院闲评》等戏曲评论35篇，对当时春柳社、民鸣社、民兴社所

王钝根联语手迹

演新剧积极鼓吹。1914年，辞去《申报》编辑工作，在上海创办鸳鸯蝴蝶派的代表刊物《礼拜六》。翌年为全国伶选大会编刊《大戏考》。1915年3月辞去《申报·自由谈》编辑，设立明记公司，经营铁业。推荐天虚我生（陈蝶仙）代理其职务。后经商失败，又应《新申报》之聘，重理笔墨，曾主编该报副刊《小申报》。1916年6月29日，由朱少屏介绍正式加入南社。又先后加入希社、青社、狼虎会、中国文艺协会、全国伶选大会。晚年潦倒，卖字为生。1951年3月病逝，终年64岁。生前著作大多散佚，主要有戏曲作品《聂慧娘弹词》等。所编刊的《戏考》对提倡京剧曾起到积极作用。（入社号634）

注 释

❶ 刺商绅：王氏在《自由谈》上发表自己画的漫画，配以短诗，抨击时弊，此为报纸刊载漫画之始。1912年3月8日《自由谈》刊登其讽刺当时十里洋场买办政客的漫画，其短诗为："语言无味，面目可憎；有会必到，有台必登；拼命演说，

臭汗蒸腾;商界巨子,此为贤能。"对当时"商界巨子"丑态之描绘,可谓淋漓尽致。

❷"申报"句:按,《申报》当时尚无副刊,亦鲜有争鸣言论,较为沉闷。有鉴于此,王氏决定改革版面,首创副刊《自由谈》,第一期于1911年8月24日见报,从此成为定例。自此,该报有时事短评,有漫画,更有各类文艺创作,文笔活泼,良多趣味,深受读者喜爱,报纸发行量激增。进而他又编辑《自由杂志》《游戏杂志》等,风行一时。王氏办报不遗余力,不惟亲自动手撰写,更广招社会来稿。对所收稿件,无不细心阅读,即使不用也尽量提出修改意见;凡稍有可取者,皆不惜花费精力为之润色,为之增益,最后刊出,好评如潮。

❸"屡劫"句:按,王氏在编辑《申报》期间,曾为反袁世凯洪宪帝制、反张勋复辟摇旗呐喊。但王氏并不热心政治,亦无心踏入政界。他尝撷取宋人陈傅良的《题仙岩梅雨潭》和蔡渊的《自咏》诗句,集成一联以明志:"久知轩冕应无分;聊向渔樵寄此身。"其《赠逸梅》诗云:"十年浪迹违君久,每对梅花便忆君。不喜热人喜寒士,高情逸致自超群。"虽系赠人,亦可窥察他本人的行藏所在。但在抗战期间,困居吴门的王氏居然接受伪江苏省长高冠吾之聘,赴苏州出任《江南日报》主笔,继而出任伪江苏省议员。弃"渔樵"而就"轩冕",似乎大悖王氏一贯的价值定位,真乃"一失足成千古恨"。——"矜节操"句指此。

❹"持躬"句:按,王氏晚年穷困潦倒,只能自订润例卖字为生。王氏书法,胎息于颜真卿,沉着厚重,颇具风骨,又兼有赵孟頫、"二王"秀逸流美的韵味,堪称作手。无奈大节已亏,墨迹亦不为世人所重。抗战胜利后,全国上下一片欢腾,王氏却郁郁寡欢,愧恨不已。终至穷困潦倒,悒郁以终。

王钝根中年像

王毓岱

孤山❶流响意何深，真羡抗霄云鹤心❷。

忽觉诗情无着处，故教灵雨洒秋襟。

简 传

　　王毓岱（1845—1917），字海帆，号少舫，别号舟枕山人。浙江余杭人。早参莲幕，工于笔札。平生好壮游，足迹遍涉南北，后流寓吴中沧浪亭畔。晚年退老倦游，客居丁和甫"九思居"，与和甫及诸子唱酬谢为乐。某年，南社雅集于西泠印社，由丁氏之介，得识柳亚子，若有凤契。柳亚子返吴江后，王氏不胜依依，赋诗为别。又寄奉亚子《舟枕山人自述诗》一百四十韵，亚子叹为洋洋巨观。1917 年去世。（入社号 495）

南社杭州雅集合影（后排左一为王毓岱）

注 释

❶ 孤山：此代指位于孤山下之西泠印社。按，与柳亚子分袂后，王氏尝赋诗寄怀道："姑苏台下昔勾留，交臂偏教失柳州。今日相逢鸿雪径，他年不让鹭山俦。期期转露襟怀爽，落落翻欣气味投。风送一帆君去也，梨花里畔舣归舟。"（《亚子行有日矣诗以赠别》）

❷ 鹤心：高远之心，出尘之想。唐代孟郊《送李尊师玄》诗："松骨轻自飞，鹤心高不群。"唐人温庭筠《西陵道士茶歌》："疏香皓齿有馀味，更觉鹤心通杳冥。"此喻王氏襟怀洒落，好作远游。

文 斐

浩浩胸中富甲兵，湖湘一柱挽危倾❶。

残沙潇潇旌旗路，的的时闻剑槊❷声。

简 传

　　文斐（1872—1943），更名灰，字延年，号牧希，别号幻凫。湖南醴陵人。受同邑宁调元等人革命思想的影响，倾心革命。1905年东渡日本，就读于东京铁道学校。1906年萍浏醴起义爆发，拟回国策应；不久起义失败，与起义领导者焦达峰共商革命之策，后加入中国同盟会。1907年夏，学成归国，回乡任醴陵渌江中学监督；以此为基地，从事反清革命的组织、宣传工作。后应留日同学吴剑佩之邀，辞去渌江中学之职，前往省会长沙办学，创建游东、毓东两校，其时粤汉铁路湘公司董事长龙璋创办湖南铁路学堂，文氏乃将游东、毓东二校与之合并，初任铁路学堂营业科主任，后任教务长；不久，在学堂内秘密成立同盟会湖南分会，铁路学堂实乃湖南同盟会之秘密机关。武昌首义后，与在湘的同盟会会员集会，决定在 10 月 21 日（八月三十）举行起义，以图响应。长沙举义成功后，全省次第光复。是日晚湖南军政府宣布成立，文氏被委为都督府秘书，后又主持外政。翌日，湖南参议院成立，被推为参议员。为平息湖南的动荡局面，竭尽全力。不久南北议和，清帝逊位，遂辞去军职，与傅熊湘一道主办《长沙日报》，同时兼任湖南粤汉铁路公司协理。1913 年 3 月，"宋教仁案"发，极力主张声讨袁世凯的逆谋。"二次革命"爆发，再度投身军务，任湖南讨袁军参赞。革命失败后，被目为"乱党六君子"之一，属通缉要犯，遂避走日本，旋宣誓加入中华革命党，同时与仇鳌、刘建藩等人组织法政学校，联合流亡在日的一百多位革命党人，研究反袁之策，商讨建国方略。1915 年自日本潜归省亲，在长沙为汤芗铭爪牙捕羁，次年袁世凯自毙，始获释。1917 年，军阀段祺瑞执政，推行卖国求荣的外交政策，文氏积极为孙中山的"护法"擘划，并利用所任粤汉铁路局局长之职，为其运兵转饷，不辞劳苦。1927 年出任永兴县县长之时，正值国共第一次合作破裂，乃辞职返归故里，被推为醴陵县救济院院长，并创设同仁医院，替乡人医病解痛，颇受称誉。抗日战争爆发后，湖南省设立临时参议会，被聘为参议员，极力主张抗日，赞成抗日统一战线，并将其子广成送至抗日前线（著名的狮姑山战役指挥者之一，后阵亡）。1943 年去世，葬于醴陵西山。著有《幻园遗集》。（入社号 296）

注　释

❶"湖湘"句：文斐一生的主要活动在湖南，辛亥革命前后湖南政局的演变与他多有干系，故从文氏的行迹大致可窥察出辛亥革命在湖南的勃起和兴衰的过程。武昌首义前，文氏曾与谭人凤、曾杰等人在长沙浏阳门外设立南薰社；后又与李德纯等在长沙府设立图强社；与龙璋、周震麟等人在长沙北门西园设立观海学会，

1937年南社湘集社友雅集合影（前排左起第四人为文斐）

这些团体为革命党人联络同志，训练干部，购置军械；在长沙光复中，作用綦巨。又，文氏在主持都督府外政期间，正值立宪派与革命派围绕湖南最高权力展开激烈斗争之时。以旧军官为主的巡防营和受革命党人影响的新军之间，于光复前就存在的矛盾进一步激化。为此，文氏极力从中斡旋，在其提议下，将巡防营与新军合编，建立湖南陆军四镇。此时清军大举南下，武汉告急，湖北民军向湖南方面的请援之电一夕三至。文氏密保王隆中、刘玉堂为协统，使之急率所部开赴武汉前线，对稳定全局起了重要作用。与此同时，江西清兵常备兵遣部分驻浏阳、醴陵，湖南东面受到威胁；广西沈秉坤部亦态度不明，文氏乃密遣使者分头前往赣军和桂军中说项，晓以大义，最后促成其全部或部分反正。

❷ 剑槊：槊，古代长矛一类的兵器。

方声涛

撑持危局仗干城❶，百战威灵李霍名❷。

待挽天河❸蹴烟去，征鸿几点是云程❹！

简 传

　　方声涛（1885—1934），字韵松。福建闽侯人。幼年在天津学习海军。1902年东渡日本入振武学校。1903年参与组织拒俄义勇队。1905年底入士官学校第四期骑兵科，加入中国同盟会。1907年学成归国。初任保定陆军速成学堂教习，后任云南陆军讲武堂教习、广西兵备处帮办等职。1911年密谋响应广州起义未果，被免职。后至成都任新军第十七镇正参谋。武昌起义时，参与成都独立活动，1912年被李烈钧任命为江西混成旅旅长。1913年随李烈钧组织讨袁军，任右翼军司令，失败后流亡日本。1915年底抵云南，戮力反袁，任护国军第二军第二梯团团长等职。1916年任驻粤滇军第四师师长。1917年通电反对张勋复

方声涛手迹

辟。后参加护法运动，历任孙中山大元帅府卫戍司令、闽军总司令，大本营参谋长、代理福建省政府主席等职。1931 年 11 月当选为国民党第四届候补中央监察委员。1932 年退隐，研究佛法。1933 年第十九路军发动福建事变，被蒋介石派为行营军事特派员、国民党福建省党务审核委员会委员。福建事变失败后，去职赋闲。1934 年 6 月 1 日病逝于上海寓所。著有《护国护法将兵纪要》等。（入社号 325）

注 释

❶ 干城：干，盾；城，城郭。均有捍御防卫作用，后用以比喻捍卫者或御敌立功的将领。《诗·周南·兔罝》："赳赳武夫，公侯干城。"《蔡中郎集·荐皇甫规》："论其武劳，则汉室之干城；课其文德，则皇家之腹心。"

❷ "百战"句：极赞方氏骁勇善战。李，指李广，西汉名将，因勇武过人，智谋高强，匈奴数年不敢侵扰，人称"飞将军"。霍，指霍去病，亦西汉名将，官至骠骑将军，

封冠军侯，公元前121年，两次大败匈奴，打开通往西域之路；又与卫青击败匈奴主力。汉武帝曾为他建造府第，他拒曰："匈奴未灭，何以家为？"

❸ 挽天河：汉刘向《说苑·权谋》："武王伐纣，风霁而乘以大雨，水平地而壹。"散宜生谏阻曰："此其妖欤？"武王曰："非也，天洒（通'洗'）兵也。"后，武王擒纣灭商。杜甫《洗兵行》："安得壮士挽天河，净洗甲兵长不用。"

❹ 云程：犹言云路。陆游《答发解进士启》："万里抟风，莫测云程之远。"秦韬玉《八月十五日夜看月》诗："初出海涛疑尚湿，渐来云路觉偏清。"按，黄花岗起义失败后，方氏悲愤异常，尝赋诗道："回首伤心处，依然一片丘。黄花空碧血，万事自东流。""我自伤怀我自忧，黄花满地不知秋。当年煮酒围炉话，都作空中幻海楼。"（《黄花节寄感》）但方氏并未一味消沉，而是愈挫愈奋，屡建功勋。——"征鸿"句指此。

护国运动期间所摄（前排左起为方声涛、李烈钧、陆荣廷、陈炯明、张开儒）

仇　亮

照人肝胆郁轮囷❶，一剑风云敌暴秦❷。
岂必祁连❸高百丈，日星河岳自嶙峋❹。

简 传

　　仇亮（1879—1915），原名式匡，字蕴存，号冥鸿。湖南湘阴人。幼承家学，13 岁即以能文列县府试前茅，人皆目为神童。16 岁补博士弟子员。1900 年肄业于长沙求是书院，屏去帖括，肆力古文辞。一面究心明季遗书，一面参读欧美学说，目睹清政府颠顸无能，扼腕不已，遂慨然以光复汉土为己任。1903 年东渡日本，在东京士官学校留学。先后编辑《二十世纪之支那》《汉帜》等刊物，昌言革命。1904 年 2 月，黄兴、陈天华、宋教仁等创设以"驱除鞑虏，复兴中华"为政纲的华兴会，仇亮亦参与其间。1905 年加入中国同盟会，任同盟会湖南支部长，积极介绍同乡入会，并编辑《民报》，鼓吹革命。萍乡、镇南关、黄花岗诸役，皆参与其谋。1909 年回国后，在清政府军谘府任职，次年赴太原出任山西督练公所督练官。武昌起义后，组织山西新军起义响应，击毙山西巡抚陆钟琦，又部勒军队维持秩序，不足五小时，全城大定，遂只身前往石家庄，与吴禄贞谋直捣北京之策，适吴禄贞被刺，即把所遗枪械子弹移入娘子关，为守御计。1912 年民国成立后，任陆军部军衔司司长。袁世凯当道后，坚辞军衔司任，设《民主报》于北京，以言论监督袁氏。1913 年，宋教仁因准备进京组织"责任内阁"而被袁氏杀害，仇亮愤走上海，谋"二次革命"。江西失败后，黄兴等流亡海外，袁氏大索党人，仇亮不畏斧钺，冒险进京，以办矿集股为名，实则秘密布置，不料事机未熟，被逮入狱，以"图谋内乱罪"被袁氏杀害。时为 1915 年，年仅 35 岁。性慷慨，生平不介意于家计，友朋称贷，辄应人急，立赠千金毫无吝色。又雅嗜读书，皮藏中外典籍、碑帖字画甚夥，善治兵略地理古今政治之学，著有诗古文辞四厚册，自视无足轻重，被捕时嘱友人焚弃，仅存破残文稿数篇，诗二十余首。（入社号 258）

注 释

❶ "照人肝胆"句：照人肝胆：宋胡太初《尽帘绪论像寀》："今始至今日，必延见像寀，历述弊端，悃愊无华，肝胆相照。"文天祥《文山集·与陈察院文龙书》："所恃知己肝胆相照，临书不惮倾倒。"后遂以"肝胆照人"喻待友之诚。按，仇亮平生笃予友情，慷慨好义，生前与林时爽交迫甚厚，曾相约一同举事，讵意时爽先期牺牲于黄花岗之役，仇亮闻耗痛哭道："吾无以对我林时爽！"轮囷：枚乘《文选·七发》："龙门之桐高百尺而无枝，中郁结之轮囷，根扶疏以分离。"

❷ 暴秦：指袁世凯。

❸ 祁连：山名。在甘肃、青海省境内。古老褶皱断块山，西北—东南走向，由几条平行山脉组成，山谷相间，绵延 1000 公里，为黄河与内陆水系分水岭，平均海

拔 4000 米以上。按，仇亮英勇就义后，其弟少刚为之归葬湘阴黄泥冲。

❹ "日星河岳" 句：日星河岳：文天祥《正气歌》："天地有正气，杂然赋流形；下则为河岳，上则为日星；于人曰浩然，沛乎塞苍冥。" 嶙峋：山峰重叠高耸貌。韩愈《送惠师》诗："遂登天台望，众壑皆嶙峋。" 按，仇氏因策划刺袁，被捕遇害，临刑前，尝作《绝命诗》以明其志，云："祖龙流毒五千年，百劫残灰死复燃。碧血模糊男子气，黄袍娇宠独夫天。那堪新莽称元首，定有荆轲任仔肩。世不唐虞心不死，望中凄绝洞庭烟。""曾将宝鼎铸神奸，自笑天生本性顽。热血尽堪膏野草，痴心偏欲学文山。圜扉寂寞空回首，泉路交游不赧颜。努力追随宋渔父，头颅同我索生还。"（《民国日报》1916 年 5 月 15 日）

邓尔雅

情耽绿绮❶ 未宜嗤，五绝❷ 声名遐迩驰。

一曲玄思❸ 山吐月，入窗梅影澹于诗。

简 传

　　邓尔雅（1883—1955），名溥霖，又名万岁，字季雨，号尔雅、邓斋，以号行。广东东莞人。幼承家学，从父于江西等地读书。8 岁习篆刻，又喜文字训诂与书画。1906 年留学日本学美术，1910 年归国，尝任教公、私学校，但因性情与人不合而辞职，转以鬻字治印维持生计。1912 年应上海黄宾虹之邀，与友人黄节、蔡哲夫等人组成贞社广州分社，从事于研究与鉴赏中国历代书画文化。1924 年加入南社湘集。1925 年加入广州国画研究会。1926 年应黄宾虹之约，遥相创办上海艺观学会，出版《艺观》。1929 年 8 月，尔雅大埔新居绿绮园落成，名园藏名琴，一时在香港传为佳话。1932 年，出任广州中山大学顾问教授。

1933—1935 年曾先后任广东第四路集团军司令部咨议，广东第二军长香翰屏的幕僚，第四路集团军舰队司令部张之英的咨议等。1941 年香港沦陷，遂匿名隐居，以篆刻书法自遣。1954 年 9 月病逝，年 72 岁。其人"蔼然可亲，未尝见其有愠之色。且辩才无碍，缅缅不绝"（容庚语），平生勤于艺事而抱负清奇，故下笔自有清逸绝俗之气。精于金石文字，工书法，楷书学邓承修，秀劲清丽，篆书则学邓石如、吴让之，挺拔铦锐，有时作楷书参用篆法，行书亦有篆意。又擅治秦汉印，"上追甲金石，旁及陶瓦砖"（《治印示儿辈》），粤籍军人陈铭枢、胡毅生、张之英等印章，皆出于邓氏手刻。又精绘画，笔下山水松石，秀气扑人。家藏绿绮台琴，尤为传家之宝。邓氏逝世后，遗诗由外甥容庚选编，名为《绿绮园诗集》。另著有《篆刻卮言》《艺觚草稿》《印雅》《文字源流》《废雅》《聊斋索隐》《邓斋印谱》《邓斋笔记》等。（入社号 483）

邓尔雅手迹

注 释

❶ 绿绮：即绿绮台琴，为邝露生前心爱之物。邝露，字湛若，广东南海人，明末爱国诗人，尝疏白蓟辽督师袁崇焕（1584—1630）之冤狱，甚得时人敬服。崇祯十七年（1644）清兵入关，福王朱由崧即位于南京，邝露立即上书自效，惜未及抵京，清兵已渡江，他只得慷慨流涕，赋《归兴》而南返。后桂王朱由榔（1623—1662）于肇庆登位，邝露受命为中书舍人，奉使广东，与南下清军对抗。1660 年，清兵陷城，邝露不屈而抱其所藏绿绮琴殉国。（《邝湛若先生事迹纪略》，见邝氏编《海雪堂文献集》，篁斋图书室 1971 年 5 月版）按，邝露抱琴殉节事，时人多

有题咏，如王邦畿［隆武（1645—1646）举人］即赋诗赞曰："生死曾何恨，孤忠独有君。遗书当世重，大节后人闻。……"（《忆邝舍子湛若》）及至清末，由于外夷凭陵国势阽危，近代知识者的民族革命意识普遍高涨，在这种特定的历史背景下，抱琴殉节的邝露自然更为南社社员（尤其是粤籍社员）所推崇，如潘兰史（1858—1934，广东番禺人）便有诗题咏《峤雅》与邝露书梅花诗立轴；黄节（1873—1935，广东顺德人）于1906年发表《邝露传》，彰显其高风峻节；而邓氏对邝露的忠烈行为更是倾慕之至，尝作《记得绿绮台琴》五律，以明心迹，诗云：

邝子死抱琴，瘫琴留至今。忽生山水感，犹有凤凰心。
帝肯灵踪閟，天教奇福临。义农难再迹，思古想知音。

之后，邓氏又亲撰《绿绮台记》，叙述琴的来历，文曰："明邝湛若先生，蓄古琴二，曰南风，宋理宗物，曰绿绮台，唐制而明武宗物也。出入必与俱，庚寅，唐州再陷，先生抱琴殉国。王海萍《抱琴歌》，有'海雪畸人死抱琴'句。海雪，先生所居堂名也，绿绮台为老兵所得，鬻于市，惠阳叶锦衣某，解百金赎之，屈翁山为作《绿绮琴歌》；继归马平杨氏，杨氏世业琴，其裔字子遂者，值太平军兴，以琴托其友，

邓尔雅收藏的"绿绮台"琴

友私质诸吾邑张氏，得八十缗。予学琴于子遂，子遂述其事，尝以为憾。岁甲寅，张氏子孙不能守，以归之予，摩挲再四，断文致密，土花晕血，深入质理，背镌隶书'绿绮台'三字，真书'大唐武德二年制'七小字。吁戏！玉麟已邈，怀素帖亡，而先生死事情形，记载多略，读渔洋翁山诸作，乃反籍琴以传，不亦可悲也耶！琴成去今千三百年，首尾少毁，不复能御，然无弦见称于靖节，焦尾见贺于中郎，物以人重，固有然者，非经雪海之收藏，安知不泯然与尘劫而俱尽也。人传琴乎，琴传人乎，予乌乎知之。"其后，邓氏又获今释和尚《绿绮台琴歌》手卷，他视若拱璧，筑室九龙，署门额"绿绮园"，所著诗集亦命名为《绿绮园集》。

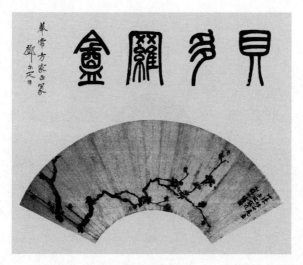

邓尔雅遗墨

又著《绿绮台琴史》，自署"绿绮台主"。1940 年 2 月，由中国文化协进会主办的"广东文物展览会"在香港冯平山图书馆举行；为襄其盛，邓氏无私地将他珍藏的绿绮台琴和今释的诗卷借给大会展出，冀望"研究乡邦文化，发扬民族精神"。

❷ 五绝：《新唐书·虞世南传》："帝每称其五绝：一曰德行，二曰忠直，三曰博学，四曰文词，五曰书翰。"

❸ 玄思：邓氏有《玄想二首》，其一云："帘月瓶笙夜，冶墙景在扉。不思不议境，玄想欲归依。"

邓孟硕

弯弓射日拯元元❶，祈死衣冠感草蕃❷。

记取珊瑚❸诗句好，莫教佳话化烟痕。

简 传

　　邓孟硕（1883—1966），名家彦。广西桂林人。早年就读储才学堂，嗣又考入四川高等学堂，此为留学预备班。毕业后即东渡日本留学，1905 年在东京加入同盟会，被选为同盟会司法总长及广西分会长。返国后，先后任四川隆昌及成都中学教员，暗中从事革命活动，几遭逮捕。1908 年赴美，入伊利诺伊州立大学研习铁路工程，并向侨胞宣传革命。武昌起义后返国任临时参议院议员，并在上海创办《中华民报》，鼓吹革命。袁世凯谋帝制时，反对最力，尝撰文予以无情抨击，大遭袁忌，被捕系狱，幸赖孙中山多方营救，甚至变卖所乘汽车偿付辩护律师费用，经半年始释。1914 年再度赴美，入哥伦比亚大学研究政治经济。1916 年返国，与黄兴等共同筹划反对袁氏称帝之策。1919 年春，在北京参与筹办中美通讯社，因首先透露北京政府对日借款签订卖国条款等消息，引发五四爱国运动。1920 年奉孙中山之命与北京政府商谈国事；因北京政府缺乏诚意，遂回粤筹划北伐大计。1921 年任中国国民党广州特设办事处宣传部部长。孙中山率师北伐入桂后，邓氏为最高会议十参议之一，并出任广西国民党支部长。1922 年赴德，谋中德合作问题。1924 年当选为国民党第一届中央执行委员。1926 年在上海参与创办《独立周刊》，与章太炎等实行"反共救国大联合"。1931 年因清党问题被诬入狱，后由吴敬恒、蔡元培保释，是年 12 月，任国民党第三届候补中央执行委员。1934 年被推选为国民政府委员。抗日战争期间，任国民党中央常务委员及国防最高委员会常委。

邓孟硕手迹

抗战胜利后再度赴美，入林肯大学深造，于 1949 年荣获哲学博士学位。1952 年去台湾，任国民党中央评议委员会委员兼总统区"国策"顾问。1966 年 3 月 19 日在台北去世。著有《学锼录》《民族语原》《西诗学述要》《一枝庐诗钞》等。（入社号 208）

注　释

❶ "弯弓射日"句：弯弓射日：屈原《天问》："羿焉彃日，乌焉解羽。"王逸注："尧时十日并出，草木焦枯，尧命羿仰射十日，中其九日，日中九乌皆死，堕其羽翼，故留其一日也。"《山海经·大荒南经》《山海经·海外东经》《庄子·齐物论》《淮南子·本经训》诸书亦有类似记载。乌，为古代神话传说中太阳内的神鸟。《淮南子·精神训》："日中有踆乌。"按，"尧时十日并出，草木枯焦"，后羿射落九日，

邓孟硕晚年接受郭廷以访问

天下始安泰，后遂以"射日"借喻为民除害，刚勇过人。元元：平民。《战国策·秦》："制海内，子元元。"

❷"祈死"句：邓氏任《中华民报》总理期间，言论锋利，嫉恶如仇，大遭袁世凯之忌恨，遂勾通租界当局，借端将邓氏逮捕，囚处西牢。邓氏曾撰有《黑狱生涯》一文，叙述甚详，兹摘录一二如下："读者诸君亦尝闻鬼门关之说乎？牛头马面也，判官也，望乡台也，迷魂汤也，五殿阎罗王也，凡此种种，大都恒人所不经见，不图吾生亲见之，然则谓之活地狱也，亦孰曰不宜？……吾尝服膺先贤格言曰：'士可杀不可辱。'充斯义也，则凡绌体易服，含诟被笞，如吾当日者，便当引决自裁，无取苟容，何也？以其辱我殆有甚于杀也。论者尝以锢期短促，来相慰藉，其时吾志悔不一膏锋刃，从诸先烈于地下，或面折廷吏，顾言引渡，为仇家得而甘心，以了吾残生，则亦较入狱之为愈焉，惜哉晚矣。"又云："……某舌人挟名簿及狱章，昂然而至，……然后亢声问曰：'邓某谁也？'应曰：'我也。'曰：'女（汝——注者）胡为反对袁总统？今若此，得无懊悔耶？'余曰：'余固有理由在，设余悔惧者，真妄人而已。且余久有良机可乘，以远祸而保身，顾屹然卒不为所

动者，无他，丈夫行事，贵有担当耳。'彼默然。旋复模棱其辞曰：'袁总统固有不是处，而南方诸子，却亦未必尽然。君试语我，陈其美、黄兴何如人也？'余曰：'豪杰之士也。'"——邓氏傲岸不屈之态，跃然纸上。至于"孤衾铁冷，梦也不暖，瑟瑟出狱，乡家路远，幸得遇家人，方唏嘘相告，而狱吏传呼声，又如枝上黄莺，惊人断梦，仰视星月，凄然上窗，念得与世人同其所见者，微此寒光耳"，乃至性深情之惨痛语，动人魂魄。"感草蕃"：邓孟硕入狱后，幸赖孙中山及革命党人多方营救，经六月始释。胡寄尘尝赋诗赠与被开释出狱的邓氏，诗云："天地一囚狱，万古闭不开。岂必君至此，始为缧绁羁。一自国政乱，谁念小民哀？中州患烽火，四方苦馑饥。老弱多死亡，少壮亦流离。化日不可睹，但见风雨凄。迎君图圄外，欲言已无辞。"

❸ 珊瑚：《狱珊瑚》之省称。邓氏有《狱中诗》三首："一角炊烟半暝中，四围秋色夕阳红。登楼有客非吾故，走马何人傲乃公。草檄至今空愈疾，著书俟后总雕虫。却怜归雁无消息，隔绝云山十万重。""独立苍茫有所思，几番憔悴到蛾眉。年华似水流何疾，身世如云不自持。羞以文章遭鬼击，敢将心事吁天知。避秦只恐乾坤窄，为觅桃源日已迟。""落落孤怀絮语谁，东南金粉梦耶非。苍生无地葬香骨，赤帝横天识杀机。六月系囚心不死，十年去国愿俱违。沉沉浩劫知何极，话到沧桑安所归。"这三首诗曾发表于《民权报》上，一时和者甚众。其时蒋箸超主持《民权报》笔政，拟裒集刊成一书，取名《狱珊瑚》，沈东讷、刘冷铁分别为之撰序，但缘于诸种原因，该书终未出版。

申 柽

著个睨观佳话传❶，一时南社集群贤❷。

两番引决❸终未死，还续中韩同济❹篇。

简 传

　　申柽（1880—1922），号睨观，后改名申圭植，韩国忠清北道文义郡东面桂山里（今清原郡加德面仁次里）人。1898 年进入官立汉语学校，两年后毕业于汉语学校，又入陆军士官学校学习。毕业后被任命为步兵副（中）尉。1907 年日本前首相、第一任日本朝鲜统监伊藤博文强迫韩国签订七款条约，强迫韩国皇帝李熙退位，强行解散韩国军队。从此脱下军装，加入大韩协会和大倧教。1911 年 10 月获知武昌起义的消息后，11 月下旬从汉城出发，渡鸭绿江，经沈阳，于 12 月 10 日到达北京，后抵上海参加《民权报》工作，与《民权报》中心人物、南社成员戴季陶关系密切。多次刊载其文章和新闻报道，为韩国的抗

南社徐园雅集（前排左三为申柽）

日救亡运动提供舆论支撑。1912 年就任《民权报》的经理。1914 年 8 月 24 日在上海经朱少屏、陈世宜、胡朴安介绍加入南社。成为这个"文学俱乐部"的积极分子。多次参加南社在上海、北京举行的雅集或临时雅集。1915 年 1 月 18日，日本帝国主义向袁世凯政府提出"二十一条"，申氏闻讯后，立即致书柳亚子等，愤怒谴责袁氏的卖国行径，表达了对中国政局的痛心。旋与朴殷植、李相卨等人成立"新韩革命党"，并欲推举光武皇帝（即李熙）为该党首脑，拟与中国政府缔结对日军事同盟，未果。后创立大同报国团。1919 年 4 月在上海法租界金神父路举行会议，成立大韩民国临时政府，被任为议政院副议长和法务总长。1920 年 10 月 10 日在上海创办《震坛》周刊。1921 年就任国务总理代理兼任外务总长。10 月 3 日作为韩国临时政府的专使访问广州，与护法政府的孙中山举行会谈，并通过会谈，两国互相承认对方，同时得到护法政府支援韩国独立的具体约定。1922 年 9 月大韩民国临时政府内部发生内讧，因忧国忧民，于是绝食，25 日终于绝命，终年 42 岁。（入社号 450）

注 释

❶ "著个"句：1905 年日本帝国主义强迫韩国签订了丧失主权的《乙巳条约》。得知这一消息后，申氏欲同地方镇卫队共同发动兵变并展开抗日斗争，却因计划被泄露而败北，遂饮毒殉节，幸被家人发现而未遂，但右眼神经受损，只能斜着眼睛看人。故自号睨观，以示斜视、轻蔑日帝之意。

❷ "一时"句：按，早在申氏未加入南社之前，就曾经与不少南社中的政治精英广泛接触，旨在寻求当时中国的主流政治势力对韩国抗日救亡运动的支持，同时也为在华的韩国流亡人士寻找落脚点、联络点。加入南社后，每逢雅集，申氏必亲临其盛，与社友柳亚子、宋教仁、陈其美、胡汉民、戴季陶、张溥、杨庶堪、吕天民、柏烈武（即柏文蔚）、李怀霜、张静江等人交流更加频繁，情感益笃。其《乙卯九月九日纪事》曾纪与南社同人雅集之盛："社友导余就午餐，群贤聚酌。主席屏子报告社况，介绍新友想见，同拍照纪念，更登楼继饮，或拇战，或吟句，有时麦笑粗谈杂其间。右手执杯，左手擘桔，颓然放然，不知白日之既逝。噫！可谓不负良辰美景者矣。"该文还记录了收到柳亚子所寄《太一遗书》后之感念："太一先生，文章气节，冠冕士林，世事板荡，竟死黑狱，一识之愿，从此绝矣。今读其遗著，瞻其遗像，如登龙门，得亲馨咳，亚子之赐亦大矣。是日也，油然百感，发为俚音，得七律一首、五绝二首。仆本不工汉文，未敢言诗，但写意纪事而已，

韩国独立纪念馆申柽著作《国魂》节录碑

敢供亚子社长词伯一粲，并乞有以教之。"申柽《南社十三次雅集书感示社长亚子》："满城风雨此良辰，绝景江湖谁与亲？南社相逢名下士，亚庐不见意中人。冥心敢信前生僇，白眼放观大块尘。遥指蓬莱今日会，几多新桔谢恩臣。"（《南社》第十七集）又，

1913 年 3 月 20 日，南社社员"宋教仁案"发生后，申氏与曹晴蘘、尹耘崖、濮南坡、申献民、洪可人、韩一舟、郑朝宗、白隐溪、安澄、啸印、金霹儿、申铁儿、金晚湖、金桄等一大批韩国人士参加了宋教仁的葬礼，申氏亲撰挽联云：

吴绶卿、宋渔父，生与齐名，死与同归，壮志未遂，留取丹心照千古；
大革命、真共和，创之维艰，久之靡定，万方多难，空余热血到重泉。

——挽中国国民党左派领袖宋教仁

又，陈其美遇害后，申氏又亲撰挽联志悼，联云：

生耳死耳，勋业已耀千古，于公于人，可谓了事，暂且莫论中国前途，结辅车盟，同志已多年，相其共造生灵福；
梦耶真耶，哀声忽起四方，问彼老天，究竟何心，不堪重过新民故宅，接邮筒筒，计时才一日，岂意遽成永诀音。

——挽上海讨袁军总司令陈其美

从挽联中"计时才一日"诸语看，事发的前一天（1916 年 5 月 17 日），申氏还到过陈其美在上海的宅第，足见其关系绝非一般。

❸ 引决：自杀。宋人文天祥《指南录后序》："分当引决。"《汉书·司马迁传》："及罪至罔加，不能引决自财（裁）。"按，申柽 1905 年欲以死抗拒《乙巳条约》，服毒自杀未遂，致使右眼失明。1910 年得知"韩日合并"的噩耗后再次服毒自尽，幸为大倧教的第一世都教司罗哲所救。

❹ 同济：指同济社。按，1912 年，申氏出任《民权报》经理；《民权报》社遂成为在上海的韩国留学生联络处，经营《民权报》的事务。在此期间，申氏频繁来往于上海、南京等地，联络流亡到此的韩国救亡人士。同年 7 月，申氏创立抗日秘密社团同济社，并与中国革命运动家联合成立新亚同济社。

包天笑

先生鲁殿耀灵光❶，藻翰纷披余韵长❷。
柳已成围笔仍健❸，从知胸次有沧桑！

简 传

包天笑（1876—1973），名公毅，字朗孙，号包山，笔名天笑、拈花、迦叶、春云、钏影、冷笑、钏影楼主等。江苏吴县人。幼年因转徙逃难以至失学，赖刻苦自励，博览群籍，17岁即开馆授徒，自食其力。18岁考取秀才。因喜读梁启超主办的《时务报》，开始醉心于维新变法。是年跟从藤田学日语。1900年与友人合资在苏州开办东来书庄，任经理，主要经售中国留学生在日本出版的《江苏》《浙江潮》等期刊，以及《支那疆域沿革图》等日本新书、杂志。又与友人成立励学会。1901年在上海《苏报》临时代理诗钟社编辑，并集资发行《励学译编》，轰动一时。同年10月创办《苏州白话报》，翌年主持印行清末禁书《仁学》，并开始翻译、创作小说。1902年赴沪，参与金粟斋译书处、启秀编译局、广智编译所、珠树园译书处的书籍编译工作。1903年受吴中公学社之聘任教师，尝与朱梁任、苏曼殊等同登苏州郊外狮子山"招国魂"。吴中公学解散后，到山东青州府中学堂任监督。1906年到《时报》馆工作，编辑《时报》副刊《余兴》，开中国报纸设立副刊之先河。旋又出任《小说时报》《妇女时报》主编。1909年加入南社。1912年应张元济之邀，去商务印书馆参加编写国文教科书，主编课外读物《新社会》，创作《苦儿流浪记》《馨儿就学记》《弃石理石记》三部教育小说，受到教育部嘉奖。1913年赴日本考察，并撰《考察日本新闻略述》。1915年至1917年主编文明书局的《小说大观》《小说画报》；又先后编辑《星期》周刊、《笑画》杂志。1936年10月，与鲁迅、郭沫若等共同署名发表《文艺界同人为团结御侮与言论自由宣言》。七七事变后，积极为《申报》《南京晚报》撰稿。抗战胜利后迁居香港，仍笔耕不辍，致力于《钏影楼回忆录》的写作。1973年10月24日病逝于香港。平生著述宏富，主要有小说《馨儿就学记》《碧血幕》《包天笑小说集》等；翻译小说有《空谷兰》《迦因小传》等。晚年著有《钏影楼回忆录》《衣食住行的百年变迁》等。（入社号104）

包天笑书影　　　　　　　　　　包天笑手稿

注 释

❶ 鲁殿耀灵光：灵光，汉代殿名，为景帝之子鲁恭王刘余所建。王延寿《鲁灵光殿赋·序》云："鲁灵光殿者，盖景帝程姬之子恭王余之所立也……遭汉中微，盗贼奔突，自西京未央、建章之殿皆见隳坏，而灵光岿然独存。"后以"鲁殿灵光"喻历经浩劫、硕果仅存的尊者。

❷ "藻翰"句：藻翰：喻文辞华美。王勃《采莲赋》："何平叔之符彩，潘安仁之藻翰。"《新唐书·吕温传》："温藻翰精富，一时流辈推尚。"余韵长：谓包氏的文字隽永典丽，醰醰有味。按，郑逸梅先生曾经回忆道："他（指包氏）当时在《小说大观》中撰刊的《冥鸿》和《琼岛仙葩》等篇，实在好到极点，人家都赞他笔底有神。他的一支笔，轻灵秀曼，擅长白描，同样一件毫无情节的事，人家写出来枯燥无味，只要经他神笔渲染，立刻便可活灵活现了。他从前发行过的小说单行本，书名很多，不能悉举。他自从脱离报馆后，约有三年工夫不撰小说，渴望读他的著作的人，大家望眼欲穿了。小说潮全盛的时代，大东书局出了一种《星期》周刊，请他做主任，他的短篇，才复与读者相见。《星期》刊行五十期，每期总有他的小说，没有一篇看了不令人拍案叫绝的。"（录自魏绍昌编《鸳鸯蝴蝶派研究资料》第 454 页，生活·读书·新知三联书店 1980 年香港版）

❸ "柳已成围"句：柳已成围：《世说新语·言语》载晋朝桓温北伐，经金城，"见前为琅琊时种柳已皆十围，慨然曰：'木犹如此，人何以堪！'攀枝执条，泫然流泪。"笔仍健：包氏以 75 岁的高龄，撰写自传，只写至 30 岁，已有 20 万言。又，高伯雨创办《大华》杂志，请包氏根据自传写《钏影楼回忆录》，待此书印行时，包氏已九十有六矣。

田 桐

阅尽苍黄❶意未阑，几时王气化云烟❷？
几时同泽齐蹈励❸，醉月屠龙❹年复年！

简 传

田桐（1879—1930），字梓琴，笔名恨海，别号玄玄居士。湖北蕲春县人。早年肄业于武昌普通中学堂，与宋教仁同学。1903年冬，因在考卷上"鼓吹革命"，被学校开除。随后赴日本留学，结识黄兴、陈天华等人，后参加创办《二十世纪之支那》杂志。同盟会成立时，被推为评议员兼总理书记。为激发人们的"覆清之心"，大力搜集明末遗老有关抗清记述及清代禁书，编辑出版《亡国惨记》，是书"字字悲哀，字字泪血"，不及一年，竟售逾3万册，风行日本、南洋、中国香港及美洲各处。1906年《复报》在日本东京创刊，与柳亚子任主编，执笔者有陈巢南、高天梅、章太炎等；该刊分社论、历史、传记等

田桐诗稿手迹

栏，大力宣传民主革命，反对君主立宪，曾刊载《立宪驳义》《驳梁启超书》等文。1907年底奉孙中山之命赴新加坡主持《中兴日报》，与改良派掌办的《南洋总汇报》论战，昌言革命。次年，应荷属侨商之邀，到泗水创办《泗滨日报》。旋归国，赴北京发刊《国光新闻》，"倡导民权立宪"。武昌起义爆发后，赶赴武昌，任参战员。在保卫汉阳之役中，临危不惧，身先士卒，受到黄兴"智计亦大过人"之誉。1912年，南京临时政府成立后，任内务部参事，是年28日，临时参议院成立，又被推举为参议员，仍主办《国光新闻》，对袁世凯政府多有讥评。袁氏派人馈以十万元，峻拒不受。或曰：不受金，或将遇刺。他坦然道："死生有命，何惧之有？"1913年，被选为众议院议员。宋教仁被杀后，力主发动讨袁战事。湖北改进团之发起，即由他亲持黄节手书赴武汉所促成。1913年宁、赣独立，在安徽参与张汇滔之军事。讨袁失败后，再度亡命日本。1915年袁氏帝制自为，被任为中华革命军湖北总司令，入鄂起兵。1917年7月继袁世凯任总统的黎元洪被迫解散国会，他率部分国会议员南下护法。1923年，因拒曹锟贿选到广东，孙中山改组国民党，实行三大政策，他坚持反对意见。孙中山逝世后，与章太炎、冯自由、马君武、但焘等十二人发出公启，名曰"护党救国"。四一二政变后，对蒋介石独裁统治有所不满。1929年，南京国民政府选他为国府委员、立法院委员、党史编纂委员等，皆婉辞不就，独力在上海发刊《太平杂志》，其中《革命闲话》一栏，颇有史料价值。1930年7月在上海病逝，归葬武昌。生平工书法，初摹钟王，后作章草，有时孙中山应外界所求的写件，往往由田桐代笔；孙中山先生的《建国方略》亦系田氏执笔。又精诗文，著有

《太平策》《扶桑诗话》《革命闲话》等。又辑有明遗民所记佚事及清代严禁各书，名为《亡国惨记》。（入社号85）

注 释

❶ 苍黄：原指青、黄二色。《墨子·所染》："见染丝者而叹曰：染于苍则苍，染于黄则黄；所入者变，其色亦变。"后喻世事变化无常。《文选·北山移文》："岂期终始参差，苍黄翻覆。"

❷ "几时王气"句：王气：《新五代史·吴越世家》："豫章有善术者，望斗牛间有王气。"后多以"王气"指王朝的气运，如庾信《哀江南赋序》："将非江表王气，终于三百年乎？"云烟：烟消云散，喻清朝的反动统治土崩瓦解。

❸ "几时同泽"句：同泽：同胞。《诗经·秦风·无衣》："岂曰无衣？与子同泽。"蹈厉：原指舞蹈时动作威武，后喻精神振奋，意气风发。《礼·乐记》："发扬蹈厉，大（太）公之志也。"《史记·乐书》："发扬蹈厉之已蚤，何也？答曰：'及时事也。'"正义云："发，初也。扬，举袂也。蹈，顿足蹋地。厉，颜色勃然如战色也。"按，"贿选事件"后，田桐公开发表《致南社社友书》，要求开除参与贿选的社员。其书曰："吾社立自清季，以文章气节相砥砺。胡清之覆，薄有勋劳；开国以来，列身两院者凡百有奇。乃吾徒有不自检束，甘心从贼，衣冠禽兽，自陷白蹄之伦，岂不可痛！吾辈既不能格顽钝无耻之流，倘再不能切鸣鼓而攻之诚，何贵读书？何贵明理？前明先达，阉竖小人，不许入社，况其甚焉。国庆之夕，有议及开会除名者，至今阒然。万望就近社员，即日集会议决，驱逐辽豕，投畀豺虎，以酬清议，振作士林。至祷！田桐谨启。"（《民国日报》1923年10月21日）

❹ 醉月屠龙：田桐《次韵示佩忍》诗云："屠狗屠龙余一剑，醉花醉月尽千杯。"

田　汉*

苍头❶ 突骑挟风霆，笔扫千军足勒铭❷。
埋盅❸ 十年终雪恨，国歌❹ 起处见英灵。

简　传

　　田汉（1898—1968），原名寿昌，湖南长沙县人。1912年就读于长沙师范学校，1916年考入日本东京高等师范学校，1919年在东京加入李大钊等组织的少年中国学会，开始发表诗歌和评论。1921年与郭沫若等组织创造社，倡导新文学。1922年回国，受聘于上海中华书局编辑所。1924年与妻子易漱瑜创办《南国半月刊》。旋又加入新南社。此后相继任教于长沙第一师范学校、上海大学、大夏大学。1926年在上海与唐槐秋等创办南国电影剧社。1927年秋到上海艺术大学任文学科主任、校长，年底同欧阳予倩、周信芳等举行"鱼龙会"演出，影响甚广。1928年与徐悲鸿、欧阳予倩组建南国艺术学院，同年秋成立南国社，以狂飙精神推进新戏剧运动，多次到南京、杭州、广州等地演出，同时主编《南国月刊》。从1929年冬开始，在从事文艺活动的同时，积极参加政治活动。1930年3月，以发起人之一的身份参加中国左翼作家联盟成立大会，并被选为7人执行委员会之一，旋又加入"中国自由运动大同盟"。同年6月南国社被查封，左翼剧团联盟改组为左翼戏剧家联盟，为发起与组织者之一。1932年加入中国共产党后参与了党对文艺的领导工作，和夏衍等打入电影阵地，为艺华、联华等影片公司创作多部进步电影文学剧本，使电影文学呈现新局面。1935年初，因演《回春之曲》，被捕入狱，后被保释出狱。1937年七七事变后，创作五幕话剧《芦沟桥》，并举行劳军演出。8月赴上海，参加文化界救亡工作。上海沦陷后到长沙、武汉从事戏剧界抗日统一战线工作。12月成立"中华全国戏剧界抗敌协会"，为组织者之一。1938年初与马彦祥等编辑出版《抗战戏剧》半月刊，后又去长沙筹办《抗战日报》。1938年2月到武汉参加国民政府军事委员会政治部第三厅，负责艺术宣传工作，同洪深等先生组建10个抗敌演剧队、4个抗敌宣传队和1个孩子剧团，1940年到重庆，与欧阳予倩等创办《戏剧春秋》，后赴桂林领导组建新中国剧社和京剧、湘剧等民间抗日演剧团体，1944年春与欧阳予倩等在桂林主持西南第一届戏剧展览会，对加强戏剧队伍的团结和坚持进步戏剧运动，作用綦巨。1949年后任职文化部戏曲改进局、艺术局局长。1968年被迫害致死。1979年4月终获平反，首都文化艺术界在北京为其召开隆重的追悼大会。平生著作甚丰，曾创作话剧、歌剧60余部，电影剧本20余部，戏曲剧本24部，歌词和新

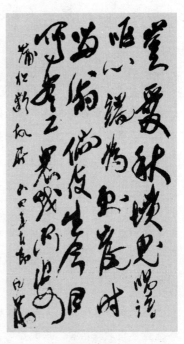

田汉诗稿手迹

旧体诗歌近 2000 首。话剧代表作有《获虎之夜》《名优之死》《乱钟》《回春之曲》《丽人行》《关汉卿》《文成公主》及改编戏曲剧本《白蛇传》《谢瑶环》等。

注 释

❶ 苍头：用青布裹头，作为特出之标识。语出《史记·项羽本纪》："少年欲立（陈）婴便为王，异军苍头特起。"按，1928 年与徐悲鸿、欧阳予倩组建南国艺术学院，同年秋成立南国社，20 世纪 30 年代又创办左翼剧社，以狂飙精神推进新戏剧运动，多次到南京、杭州、广州等地演出。1932 年加入中国共产党后参与了党对文艺的领导工作，和夏衍等打入电影阵地，为艺华、联华等影片公司创作《三个摩登的女性》《青年进行曲》《风云儿女》等进步电影文学剧本，使电影文学呈现新局面。抗战军兴后，与洪深等先后组建 10 个抗敌演剧队、4 个抗敌宣传队和 1 个孩子剧团，犹如一支独特精悍的劲旅活跃在文坛上。1940 年，田氏赴重庆，与欧阳予倩等创办《戏剧春秋》，后赴桂林领导组建新中国剧社和京剧、湘剧等民间抗日演剧团体，1944 年春与欧阳予倩等在桂林主持西南第一届戏剧展览会，对加强戏剧队伍的团结和坚持进步戏剧运动作用綦巨。——"苍头突骑"指此。

❷ 勒铭：镌刻铭文。语出北魏郦道元《水经注·浊漳水郭》："祠东侧有碑，隐起为字，祠堂东头石柱，勒铭曰：赵修武中所修也。"按，田汉是中国现代文化艺术史上最为多才多艺的一位大师级人物，兼话剧作家、戏曲作家、电影编剧、小说家、词作家、诗人、文艺批评家、文艺活动家等多重身份于一身，他富于浪漫传奇色彩的悲喜人生，本身就是中国影剧发展史的一个缩影，同时也是中国文化史和中国政治史的一面镜子。田氏不仅是中国革命戏剧运动的奠基人和戏曲改革事业的先驱者，也是中国早期革命音乐、电影事业的卓越组织者和创造者，为中国文化艺术事业的发展做出了巨大贡献。——"可勒铭"指此。

❸ 埋盅：谓栽赃陷害。唐武后时，酷吏多派人在夜里将谶文偷埋于他人地下，然后

田汉手迹　　　　　　　　田汉悼聂耳诗稿手迹

进行搜查，加以诬害，从而邀功请赏。事见段式成《酉阳杂俎》三《贝编》。按，1967 年初，"田汉专案组"成立，开始了对田氏长期的审讯和逼供。当专案人员强逼他承认那些捏造的罪名时，田氏所采取的唯一应对办法就是"从头说来"，详述当时的事实。由于述之甚详，且不乏细节描写和文学叙述（所谓"交代材料"形同小说），以致专案组中良知未泯者皆为之感动。但由于专案组秉承上级旨意，对其进行精神和肉体的双重折磨，田氏终于病倒，糖尿病、肾病和心脏病一起发作，被送进 301 医院"将军楼"。而病历上的名字却是"李伍"，医护人员不知道他就是田汉，只知这是一名"要犯"；在治病期间，田氏身旁日夜有卫戍区战士看守，不时有人前来审问、逼供。1968 年 12 月最初的几天，时而清醒时而昏迷的田氏最想念的是母亲。他有时沉吟着："放我回家见见我妈妈吧！"极度痛苦之中，他常常似梦非梦地想到自己的一生，想到自己的亲人们，想到死。专案组已经告诉他，他的案已定，是"叛徒""特务"。这诬陷使得这位宁折不弯的硬汉子死不瞑目。他极力地挣扎着，想活下来，讨一个"清白"，争一个"是非"。面对死神的逼近，田氏不禁想到 1927 年在艺术大学期间告别善钟路校园的最后一夜，他所说过一句话："艺术家不妨生得丑，但不可死得不美！" 1968 年 12 月 10 日，在寒冷的北京，在监狱般的 301 医院病房内，田汉却只能带着无限的遗憾和悔恨暗暗死去。一件大衣、一副眼镜和其他几件衣物摆在病房里，没有人来取，也没有亲人和朋友来与他告别。诚如鲁迅先生所说："暗暗的死，在一个人是极其惨苦的事。"可就在田氏弥留之际，广播里却响起那首人们十分熟悉的歌："同学们！大家起来！担负起天下的兴亡！……我们今天是桃李芬芳，明天是社会的栋梁。"这首歌，正是三十四年前田汉作词、聂耳作曲的《毕业歌》！在那厄运盖顶、鬼蜮横行的政治密云期，这不失为一次壮美的、最艺术化的送别和悼念。

❹ 国歌：由田氏作词的《义勇军进行曲》，经聂耳谱曲，被 1949 年第一届全国政协定为中华人民共和国国歌。按，田氏本人曾就此作过说明："而新政府的成立，国歌与国旗同样成为迫切需要。在第六小组最后几次讨论会上先后由刘良模、梁思成、张奚若诸先生提议《义勇军进行曲》为国歌。因原词有'到了最危险的时候'之句，预备只用《义勇军进行曲》的谱而另制新词的，郭沫若先生并已拟就三段。但张奚若先生以为不如仍用原词较有历史意义，并举法国马赛曲为例。毛主席与周恩来副主席亦赞其说，谓'安不忘危'，何况我们这新中国要真达到真正安定、安全，还须要与内外敌人及各种困难艰苦奋斗，这样便向大会提出了。——《义勇军进行曲》是电影剧本《风云儿女》(1935) 的插曲之一。这剧本写九一八后我抗日义勇军的活动。"

叶楚伧

旗鼓❶骚坛结辈流，振奇越世几人俦❷？

吟边大有风霆在❸，绝胜落花回枕愁❹。

简 传

　　叶楚伧（1887—1946），原名宗源，字卓书，笔名叶叶、小凤、湘君、龙公等。江苏吴县人。17岁就读南洋公学，旋转入浔溪公学，大受欧风美雨之影响，醉心西学，倾心革命。1908年，任《中华新报》主笔，以言论抨击清政府，联络海外志士。1909年加入同盟会，1910年加入南社。1911年投笔从戎，随军北上，并撰《北伐誓师文》。1912年创办《太平洋报》；同年底，应邀主编《民立报》副刊，以笔名"小凤"抨击时弊，发表政见。1916年创办《民国日报》，任总编辑；该报从舆论上有力地配合孙中山的革命活动。1919年，叶氏又增设"觉悟""救国"两副刊，注重启迪民众，抨击封建势力，《民国日报》

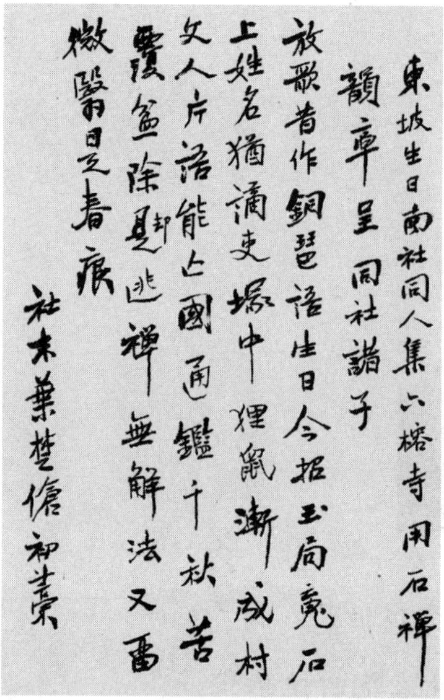

叶楚伧诗稿手迹

遂成为五四运动在沪之喉舌。1923 年 1 月，出任国民党中央宣传部部长；同年 5 月，与柳亚子、邵力子等发起新南社，并撰《发起宣言》。1924 年当选为国民党中央执行委员。同年 3 月任《民国日报》编辑委员会委员长。1925 年参加西山会议，反对国共合作。1926 年赴广州任国民党中央政治会议秘书长。国民政府迁至武汉后，任国民政府联席会议秘书长，国民党上海临时政府分会委员。同年，国民党第二次全国代表大会通过弹劾西山会议决议案，责令叶氏交出《民国日报》加以改组，停止其报社领导职务。后历任国民党中央党部工人部代理部长，中央宣传部部长，江苏省政府主席，国民政府委员，中央执行委员会常委兼秘书长，国民政府立法院副院长。抗日战争胜利后，任苏浙皖三省、京沪两市宣慰使。1946 年 2 月 15 日于上海病逝。著有《楚伧文存》《世徽楼诗》《世徽楼笔记》《小凤杂著》《如此京尘》等。（入社号 32）

注释

❶ 旗鼓：古时军中号令之具。《左传·成公二年》云：“师之耳目，在吾旗鼓，进退从之。”此处用作动词，意谓擎旗擂鼓。辈流：同辈人。《北史·李穆传》：“穆长子惇，……惇于辈流中特被接引。”按，综观叶氏一生，实质上乃一“报人”。他 22 岁任《中华新报》主笔，26 岁创办《太平洋报》，该报系同盟会于民国后在沪

创办的首家大型日报，其副刊则为南社的重要园地。叶氏又主编《民立报》副刊，倡言革命，同仁有于右任、宋教仁、张季鸾、范鸿仙、徐血儿、朱宗良等，皆南社俊杰。1916年，创办《民国日报》，该报以讨袁为主旨，是中华革命党在国内的重要喉舌。袁氏垮台后，该报为国民党机关报，撰稿者多为南社健将，如柳亚子、胡朴安、余十眉等。叶氏本人亦在该报上发表大量时评，血脉贲张，慷慨激昂，颇具鼓荡民气之功。南社诗人王大觉尝谓："星斗罗于胸中，风雷动于腕底，所撰诸书，辄自抒悲愤，意态至雄杰，有幽并健儿拍手横刀之概……"

❷ "振奇"句：振奇：特异出众。王通《中说·天地》："或问扬雄张衡，子曰：'古之振奇人也，其思苦，其言艰。'"越世：超越当世。

❸ "吟边"句：叶氏之诗，苍劲激扬，颇多壮语，如"帝城万堞拂朝曦，大将楼船命出师。一幅河山迎送画，隔江烟树主军旗。佳人此去成奇遇，杀敌归来更可儿。河洛即今生浩劫，好凭挞伐济仁慈。"(《与亚子亚云别后军队已陆续出发余亦不是渡江因赋此诗》)"升沉消息云泥判，万里怀人强自宽。差幸今生年尚少，重逢它日事非难。文章略已觇平素，恩仇期莫误达观。好与秋风为主客，莫凭长夜倚阑干。"(《赠亚子》)"落叶萧萧满树林，鬼来窥户夜森森。一天霜压关山壮，万里魂归海国阴。白发未销他日恨，黄花犹识故人心。西风高处应无禁，倘为征人送暮砧。"(《秋兴》)

❹ 末句出于司空图《华上》："故国春归未有涯，小栏高槛别人家。五更惆怅回孤枕，犹自残灯照落花。"

叶玉森

文场作健❶意纵横，幽绝琅琊❷省旧盟。
何啻雪堂❸考甲骨，要教慧炬❹手中擎。

简 传

　　叶玉森（1880—1933），原字宝书，改字杏衫、荇衫、红于、镔虹，号中泠亭长，笔名叶中泠，室名五凤研斋、五凤楼、颐谖庐、瓠庵、啸叶庵、梦颉庵、此一是非斋等，先世为满族，清中叶定居镇江。幼习诗文、经史、数学、音乐、书法、绘画，天资颖异，深得师长喜爱。16 岁考取秀才。19 岁获得优贡资格。1906 年至 1908 年之间，在南京汇文女子书院出任音乐教员，创作出不少传唱一时的"学堂乐歌"，后编订成《小学唱歌初集》（1906）、《小学唱歌教科书三集》（1907）和《女子新唱歌三集》，此外，还编有《手风琴唱歌》一集。小学唱歌集的歌词，大多寓教于乐，以热爱祖国大好河山，弘扬民族大义，继承中华优良传统为宗旨。女子新唱歌集，则呼吁妇女解放，倡导男女平等。《手风琴唱歌》集绘有手风琴图、演奏姿势图、演奏手法，附有简谱略释、黑白键一览表、手风琴谱、练习曲、各国国歌、军歌等。叶氏不仅是我国音乐教育的早期启蒙者，在近代学校音乐教育史上占有一席之地，还精通数学，至今镇江市图书馆还收藏着他留学日本时的一册有关解析几何的算稿《筹尘》，涉及微积分、代数和三角。本来仅凭优贡资格就能入仕的叶氏，竟于1909年底赴日本早稻田大学、明治大学学习法律，以期开拓眼界，增进新知，以利报国。在日本期间，加入同盟会，拥护孙中山"驱除鞑虏，恢复中华"的政治主张，倾心反清革命。1913年，老父亲中风，年仅12岁的儿子阿麟夭折，他匆匆回国料理丧事之后，到南京宁属师范学校任教，担任镇江县立议会议员。旋又赴苏州高等法院任推事兼检察庭长，期间他结识柳亚子，加入南社。"宋教仁案"发生后，与柳亚子等南社社员一道呼吁呐喊，坚决要求严惩暗杀凶手，矛头直指袁世凯。1918年任安徽滁县知事，1923年秋任当涂县知事。1924年底去职，到芜湖市政筹备处任秘书长。1925年后，因厌倦腐败的官场生活，决意将主要精力投入甲骨文研究。尽管当政要人屡屡以高官厚禄相邀，均峻拒。1930年后，出任上海交通银行总管理处秘书长，兼国立劳动大学、上海大学课务；同时开出笔单，卖字售画，以聊补入不敷出之苦。"一·二八"淞沪抗战爆发，一夕数惊，不幸受寒，一病十余天，竟然瘤哑失语。终因药石无效，于1933年3月在贫病中谢世，年仅54岁。著有《说契》《殷契钩沉》《殷墟书契前后编集释》《研契枝谭》《铁云藏龟拾遗》等。（入社号300）

注 释

❶ 作健：谓奋发称雄，成为强者。语出《乐府诗集·横吹曲辞五·企喻歌辞一》："男儿欲作健，结伴不须多。"南朝宋刘义庆《世说新语·轻诋》："殷颛、庾恒并是

叶玉森手迹

谢镇西（谢尚）外孙，殷少而率悟，庚每不推。尝俱诣谢公，谢公熟视殷曰：'阿巢（殷颛小字）故似镇西。'於是庚下声语曰：'定何似？'谢公续复云：'巢颊似镇西。'庚复云：'颊似，足作健不？'"清人吴伟业《哭志衍》诗："男儿须作健，清谈兼马矟。"按，叶氏早年曾与同人发起成立海门吟社，作诗填词，针砭时弊。其《海门吟社初编》，内中多为讥刺镇江租界洋人的耀武扬威与奴役国人之作。加入南社后，连续在南社社友创办的《双星》《七襄》《民权素》《礼拜六》《春声》等刊物上发表小说与词作（后来汇编成《中泠词卷·诗钞·曲》《春冰词》《桃渡词》《樱海词》《戊午春词》等）。1915年2月4日，与南社社友庞树柏、陈世宜、王蕴章、徐珂、吴梅、叶楚伧等人在上海组织春音诗社。1916年5月，叶氏之《词卷》刊印问世，融豪放、婉约于一炉，颇得南社同仁赞许。叶氏又擅小说，所著《云》，堪称棒喝社会的政治小说。此外还有短篇小说《皇帝借债》《牛女怨》《玉楼梦史》等。又，叶氏还以"叶中泠"的笔名给上海《字林沪报》的副刊《消闲报》撰稿。《消闲报》是中国最早的报纸文艺副刊，编辑为联络文友，定期开展征文活动，弱冠之年的叶氏和潘飞声、丘逢甲、周子炎、王惕庵、戚饭牛等进步文人成为该报的主要撰稿人。与《消闲报》同时创刊的《游戏报》，主编为《官场现形记》作者李宝嘉，经常展开征诗评奖等文艺兼商业的活动，叶氏积极投稿并获得奖项，开始在文坛崭露头角。

❷琅琊：即琅琊山，位于安徽滁州境内。按，1918年，叶氏任安徽滁县知事，在任期间，追慕欧阳修"文章太守"的生活，亲自编纂《滁县职官志》，支持当地学者章心培等编纂《琅琊山志》，并亲为删削成书。每次出巡，随身携带纸笔，随

时披取眼前景物，以丰富诗囊。他筹资重修醉翁亭、丰乐亭，并亲为琅琊寺撰写两副楹联，书于大雄宝殿，一联为："大藏数千余卷，续藏数千余卷，一切本其稗贩乎，若寻真经必从无字处；出水八万由旬，入水八万由旬，须弥山亦梯米耳，要知我佛还在虚空中。"书于念佛堂之联语云："据座然香，有如见佛；合目数息，便是修真。"又为青阳县九华山低岭庵撰楹联，云："借一蒲团，请我佛向低处说法；擎九莲瓣，问世人从那里寻根？""叶知事"的文采风流至今在安徽仍有口碑。叶氏 1920 年调任颖上县知事，1923 年秋任当涂县知事。1924 年底去职，赴芜湖市政筹备处任秘书长。

❸ 雪堂：指罗振玉，以擅长甲骨文研究而著称；甲骨：即甲骨文，殷朝和周朝刻在龟甲和兽骨上的文字，内容多为占卜记录。现在的汉字就是从甲骨文演变而来的。按，叶氏一生最大的贡献在于甲骨文研究。叶氏的甲骨文研究，肇始于滁县知事任上。1925 年春，经友人柳诒徵、王伯沆介绍，他向刘鹗后妻郑安香购进甲骨 1300 片，其中精品 800 片。他从中选拓 240 片后，经过悉心释读考证，撰写出《铁云藏龟拾遗（附考释）》一文，同年 12 月，写成《殷契钩沉》二卷，刊于《学衡》第 24 期。该文首次采用《汉简》之法考释甲骨文；1929 年完成《说契》及

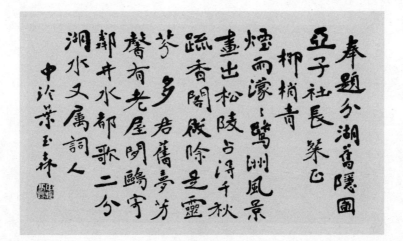

叶玉森诗稿手迹

《研契枝谭》各一卷，刊于《学衡》第31期，奠定了他在甲骨学界的地位和影响。简括起来，叶氏考释古文字的方法主要有以下六种：(1)注重字形分析，特别是据偏旁考察释字；(2)注重从辞例文意考察释字；(3)注重与其他古文字比较与释字；(4)注重从甲骨文的初形溯义，通过理解古人造字意图进行释字；(5)注重从甲骨文本身的谐声系统出发，利用古音学知识释字；(6)注重分析甲骨文中的合文、析文、倒书释字。此六法，对甲骨文的研究与破译、对古文字考释，影响深远。又，叶氏擅长书法，曾创作出别具一格的甲骨文书体。此一书体用笔特征显著，即刻意追求刀刻效果，以毛笔为刀笔，起笔较重，收笔较轻。起笔藏锋，收笔出锋，如是大大增强了笔画的韵味，挺拔明快，转折处婉转舒徐，衔接处自然妥帖。再则，其甲骨文书法讲究对称，笔画排列均匀，工致而又精巧，具有明显的图案化倾向。此外，以甲骨文书法来刻印章亦为叶氏所开的先河，其甲骨文书法，堪称书坛中的一朵奇葩。

❹ 慧炬：佛教语，谓无幽不照的智慧。《涅槃经》卷二一："汝于佛性犹未明了，我有慧炬，能为照障。"南朝梁人萧子良《与南郡太守刘景蕤书》："逝将烛昏霾于慧炬，拯沦溺于法桥。"唐人王勃《益州德阳县善寂寺碑》："奏鸣凤于天歌，下清群籁；腾烛龙于慧炬，俯镜重昏。"

冯心侠

白眼❶丹心重怨恩，箪瓢❷终不下侯门。

邯郸❸多少风尘客，几个黄花绝霜痕❹？

简 传

  冯心侠（1887—1950），名平，号复苏，别号壮公，以字行。江苏太仓人。
13 岁时，以第一名补太仓州生员，嗣后被推选为太仓州县议事会议员。因目睹
清政府窳败，在《苏报》《革命军》等进步书刊的影响下，倾心革命。1905 年，
不顾家人反对，东渡日本，在明治大学研习政法，并在东京谒见孙中山，旋又
加入同盟会。1907 年归国，奔走革命。1909 年遭到清政府追捕，脱险后秘密
赶赴苏州参加同年 11 月 13 日在虎丘东阳祠举行的南社第一次雅集，以诗文鼓
吹革命。在此期间，先在中斌公学任教务主任，后又在上海任《民立报》编辑，
积极从事反清革命活动。1911 年 9 月，变卖家产集资支持中国少年社，组织社

冯心侠手迹

员谋杀清廷权贵。武昌起义后，在当地组织民军率众响应，策动太仓光复，并与同乡俞剑华率众捣毁巡抚钱鼎铭的专祠和北门的清军忠祠。民国成立后，南北议和之声骤起，供职《天铎报》的冯氏积极撰文，反对向袁世凯妥协。后又在叶楚伧在上海创办的《民国日报》社担任编辑。1915 年袁世凯窃国后，与顾震生创办《大汇报》半月刊，奋力抨击袁氏罪行，招致北洋军阀爪牙的通缉，被迫二度流亡日本，归国后曾先后参加新南社和岁寒社。1924 年国民党改组后，实现国共第一次合作，冯氏于上海大学任教。北伐时，曾在国民革命军某师师部和军部任秘书。抗战时期，汪精卫公开附逆，汪氏欲以高官厚禄为诱饵，拉他"下水"，冯氏大义凛然，决不屈膝事敌，宁可隐居乡里，靠变卖家产度日。抗战胜利后，任南京国史馆名誉编纂。著有《三妹媚》等。（入社号 33）

注 释

❶ 白眼：冯氏"生而青白眼"（柳亚子语）。按，1912 年 2 月，冯氏在《天铎报》结识宋教仁，交谈后，宋教仁将其引为知己，并题写"白眼观天下，丹心报国家"一联相赠，并加如下跋语："民国成立后一月，遇壮公（冯心侠之号——注者）于海上天铎社，剑光闪闪，肝胆逼人，湖海青灯，订知交焉。君于九、十月间毁家成中国少年社，社友北行者再，大功告在指顾间，用书是联，以博一笑。武陵渔父。"

❷ 箪瓢：谓生活清贫。《论语·雍也》："一箪食，一瓢饮，在陋巷，人不堪其忧，回也不改其乐。"陶渊明《五柳先生传》："环堵萧然，不蔽风日，短褐穿结，箪瓢屡空，晏如也。"按，汪精卫附逆后，曾以高官厚禄相劝诱，冯氏崇尚气节，

宁可隐居乡里，靠变卖田地、房屋、家产维持生活，决不媚敌。及至抗战胜利，家中所有可卖之物已全部卖光。侯门：指汪伪政府。

❸ 邯郸：唐沈既济《枕中记》载：有一卢生，途经邯郸，于客店中怨叹己穷困，遇老者吕翁授枕于卢生，并告他枕着睡觉可得荣华富贵。卢生就枕入梦；梦中曾娶一高门小姐，又中进士，官运亨通，一直做到御史大夫，还当了十年宰相，子孙满堂，福禄齐全，至八十余岁方寿终正寝。及醒，店家的黄粱饮还未煮熟。卢生由此慨叹人生的虚无短暂。后遂用"邯郸梦"喻幻想破灭或想入非非。如黄庭坚《送刘道纯》："麒麟图画偶然耳，半枕百年梦邯郸。"苏东坡《伯父送先人下第归蜀》诗之七："一杯归诵此，万事邯郸枕？"——这里借此典指那些虽投身革命却又抱有各种非分之想之人。

❹ 末句取瞿秋白"只缘秋色澹，无处觅霜痕"诗意。按，冯氏早年不畏鼎镬，为革命覆险犯难，四处奔走，随时有被捕牺牲之可能，他自知寿命不永，曾函托柳亚子照顾其幼子。1909年，冯氏遭清廷追捕，风传已被杀害。柳亚子闻后大为悲恸，尝赋两律以哭之，诗云："一纸书传泪暗吞，苍天梦梦佛无言。如君死尚憎流俗，而我生难共酒樽。白眼看人怜阮籍，青蝇作吊痛虞翻。平生知己成何用，一哭凭棺事莫论。""不见胡儿出汉关，忍教埋骨向青山。英雄侘傺身先死，家国艰难恨未删。堂上慈帏嗟白发，闺中少妇尚红颜。藐孤杵臼谁存赵？欲话遗书涕已潸。"（《哭冯心侠》）孰知冯氏大难不死，竟于是年11月9日秘密赶赴苏州，参加在虎丘张东阳祠召开的南社第一次雅集，柳亚子与之相见后，喜出望外，乃写下《心侠未死，握手宵中几疑梦寐，爰成此作，七用韵》以相赠。按，冯氏对南社感情甚深，晚年曾重阅《重订南社社员姓氏录》，念及昔日社友大多相继殂谢，有的甚至变节投敌，幸存者仅有小部分，且"飘零南北，均郁郁不得志"，不禁感慨万端，遂濡笔于《重订南社社员姓氏录》上写下感想，并分别批注：凡保全气节者，均于其名字上圈上双圈；屈膝事敌的，注上"伪"字；而于柳亚子的名字上则圈上四圈并注上"好友"，即此足见其对气节之崇尚以及对柳亚子的敬重。——"几个"句指此。

冯自由 *

辅弼❶殊功瀛海传，垂髫❷持志竟奔先。

崇真更奋晋阳❸笔，补足史书多少篇！

简 传

　　冯自由（1882—1958），原名懋龙，字健华，后改名自由。祖籍广东南海县盐步高村。出生于日本华侨家庭，自幼就学日本，1895 年在日本横滨加入兴中会。1900 年因反对康有为改名自由。同年入东京早稻田大学政治科深造，与郑贯一等创办《开智录》半月刊，阐发天赋人权说，鼓吹自由平等思想；与粤籍留学生李自重、王宠惠等组织成立广东独立协会。倡言广东当局应向清政府宣布独立，以反对法国势力侵入广东；与章炳麟、马君武等在长崎举行旨在"反清复明"的明朝崇祯皇帝逝世纪念会，翻译出版《政治学》一书，介绍资本主义各国的政治经济学理论。1903 年，任香港《中国日报》，美国旧金山《大同日报》驻东京记者；1905 年，加入同盟会；1906 年，任同盟会香港分会会长，《中国日报》社长兼总编辑；1911 年任临时政府稽勋局局长。1914 年在日本加入中华革命党，任党务副部长。旋往美国，任美洲支部支部长。1917 年参与护法之役，当选参议员。1924 年 1 月，孙中山改组国民党，实现第一次国共合作。冯氏因反对国共合作，反对孙中山"联俄、联共、扶助农工"的三大政策，未被选为中央执行委员，遂与一些国民党右派在广州另行开会，起草一项"李大钊等国民党的共产党员企图控制党权"的决议，制造国共不和。1925 年底，在

冯自由《革命逸史》书影

北京大学第三院发起成立"国民党同志俱乐部"，公开进行分裂活动，被国民党中央执行委员会决定开除出党。又参与国民党老右派邓泽如、张继、谢持等人所组织的"西山会议派"的活动，通过一系列的反共决议，反对孙中山的三大政策，为蒋介石发动反革命政变制造理论根据。此后，一直投靠蒋介石。1928 年，与亲友在上海开设新新公司，自任总经理。1933 年任国民政府立法委员。1935 年，恢复国民党党籍。1943 年，当选国民政府委员。1948 年 12 月移居香港。1951 年奉蒋介石电召偕妻赴台湾，任台湾当局"国策顾问"。1958 年春因中风病逝于台北。著有《革命逸史》《华侨革命开国史》《华侨革命组织史话》《社会主义与中国》等书。（入社号 50）

注 释

❶ 辅弼：辅佐，辅助。《国语·吴语》："昔吾先王，世有辅弼之臣，以能遂疑计恶，以不陷于大难。"《荀子·臣道》："故正义之臣设，则朝廷不颇；谏争辅拂之人信，

则君过不远。"唐人吴兢《贞观政要·求谏》："太宗曰：'公言是也。人君必须忠良辅弼，乃得身安国宁。'"元人关汉卿《五侯宴》第三折："学成三略和六韬，忘生舍死建功劳。赤心辅弼为良将，尽忠竭力保皇朝。"章炳麟《秦政记》："武帝以降，国之辅拂，不任二府，而外戚窃其柄。"又指辅佐君主的人。后多指宰相。《吕氏春秋·自知》："故天子立辅弼，设师保，所以举过也。"《史记·管蔡世家》："然周武王崩，成王少，天下既疑，赖同母之弟成叔、冉季之属十人为辅拂，是以诸侯卒宗周。"宋欧阳修《归田录》卷一："自太宗崇奖儒学，骤擢高科至辅弼者多矣。"《儒林外史》第三五回："庄尚志所上的十策，朕细看，学问很渊深。这人可用为辅弼么？"按，冯氏出生于日本的一个华侨家庭，早年即跟随孙中山干革命，为兴中会和同盟会的知名人物，早期革命家之一。他在海外曾主持过多种华侨报纸，宣传反对满清政府，反对保皇的立宪派，传播孙中山的纲领政策，发展党务，向华侨募款支持革命，策划武装起义，对孙中山支持甚力。早在1905年，

冯自由手迹

冯氏加入同盟会后，孙中山考虑到他原籍广东，又在香港、日本有家族联系，故决定派他在香港、澳门、广州等地进行党务工作。1906年出任同盟会香港分会会长、《中国日报》社长兼总编辑，该《中国日报》是同盟会的机关报。主要栏目有论说、评论、国内新闻等，着重传播孙中山的纲领政策，宣扬资产阶级革命，抨击清政府的专制统治，并同香港保皇派报纸《商报》进行论战，在海内外影响较大。冯氏在任同盟会香港分会长期间，还曾协助孙中山参与策动潮州黄冈、惠州七女湖等地的起义，各地革命者闻风响应，奋起反清。其后，反清运动虽屡遭挫折，冯氏犹坚韧不拔，同盟会香港分会的工作照常进行。1910年冯氏离开香港前

往加拿大，任《大汉日报》主笔。为广州起义积极筹款。所集资金为海外各埠募饷之冠，后来加拿大同盟会支部成立，被举为支部长。次年夏，孙中山在美国募捐，派冯氏去旧金山主编《大同日报》，并取得致公堂的合作，对于联络华侨支持革命发挥了积极的作用。武昌起义后，冯氏奋力协助建立南京临时政府。1911年底，冯氏赴沪，带回为数可观的华侨政府捐款，对解决民国建国初期出现的经济困难，作用綦巨。孙中山任中华民国临时大总统后，冯氏一直任总督府机要秘书。"二次革命"失败

冯自由（左）与孙中山合影

后，孙中山总结革命失败的原因，在于党内精神涣散，党员成分不纯，为了重新举起资产阶级民主革命旗帜，于 1914 年在日本成立中华革命党，在各地分设支部。冯氏受孙中山指派，赴美国负责党务，在旧金山出版党的机关刊物《民国杂志》。1917 年以华侨代表当选为参议员。1919 年中华革命党改组为中国国民党，冯氏积极拥护孙中山的三民主义。总之，冯氏的前半生以其过人的才识与智慧，对孙中山的革命事业贡献甚巨。其后期虽未能紧跟孙中山改组国民党、联俄联共的革命步伐，反对国共合作，但仍不失为一位杰出的资产阶级民主革命家。

❷ 垂髫：童子头上垂下来的头发。按，冯氏是 1895 年就结识孙中山的"红小鬼"；14 岁即加入"华兴会"，有"革命童子"之称。

❸ 晋阳：事见《晋书·孙盛传》："《晋阳秋》词直而理正，咸称良史焉。既而桓温见之，怒谓盛子曰：'枋头诚为失利，何至乃如尊君所说！若此史遂行，自是关君门户事。'其子遽拜谢，谓请删改之。……诸子乃共号泣稽颡，请为百口切计。盛大怒。诸子遂尔改之。盛写两定本，寄于慕容人隽。太元中，孝武帝博求异闻，始于辽东得之，以相考校，多有不同，书遂两存。"按，晋代避简文宣郑太后阿春讳，"春"一律改称为"阳"，故《晋阳秋》实即《晋春秋》。按，20 世纪 20 年代中期，冯

氏的兴趣由政治转入历史。早在 1928 年便开始收集报道、通讯、私人文件和当时党内人士的回忆录，冯氏利用这些资料，并根据他对民国成立前的诸多政要及重要历史事件的广泛认知，撰写辛亥革命前的革命党史及其活动。1928 年 11 月，所著《中华民国开国前革命史》第一卷出版，第二年出版第二卷，最后一卷（第三卷）于 1944 年出版。鉴于中国历史上有正史、野史或逸史之别，冯氏拟将此书写成一部正式的革命党史，以补此后所撰的逸史之不足。冯氏利用其所掌握的远比官方实录丰赡的珍贵文献，如有关革命运动初期的人物及事件的私人回忆录、轶闻等，写成《革命逸史》五卷，于 1939—1947 年出版。此外，他还撰有三部革命史：《华侨革命开国史》《中国革命运动二十六年组织史》《华侨革命组织史话》，这三部史书先后于 1946 年、1948 年、1954 年出版，对了解中国资产阶级民主革命的历史颇具参考价值。又，在冯氏所撰的历史著作中，以《革命逸史》影响最大。此系冯氏根据香港《中国日报》及他自己多年笔记、往来书信、稽勋局调查表册等编写而成，所记载的皆为最有根据、最有价值的正史材料，只是"暂以革命逸史名之"。自 1895 年参加兴中会起，冯氏曾亲历辛亥革命史上的许多重大事件，与孙中山、黄兴、章太炎、秋瑾等革命史上异彩夺目的关键人物皆甚为熟稔，又曾担任过 15 个月的临时稽勋局局长，调查搜集了大量革命史料，这些皆为其撰述此书提供了得天独厚的条件。

冯春航

"血泪"❶轰传动报章，直将冰炭置人肠❷。

功深更在氍毹❸外，伶界几人堪雁行❹？

简 传

冯春航（1888—1941），名旭，字旭初，一字子和，以号行，艺名小子和。江苏吴县人。其父冯三喜，曾为京剧四喜班主要演员。冯氏自幼从父学青衣、花旦。9岁在上海拜夏月珊为师，进夏家科班时，又曾向时小福、路三宝等学艺。12岁正式登台演出，一举成名。当时京剧演员常子和演青衫名震一时，春航出台，声音笑貌、举手投足皆与常子和相像，于是"小子和"三字轰动一时，后遂易名冯子和。除长期在上海演出外，亦到杭州、苏州、南京、汉口等地献艺，在江南一带极负盛誉。由于深受其师夏月珊爱国民主思想的影响，冯氏曾参加辛亥革命时攻打上海江南制造局的战斗。随年岁的增长，痛感艺人没

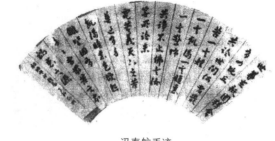

柳亚子为冯春航所撰墓碑手迹　　　　　冯春航手迹

有文化之苦，遂发奋读书，边演戏，边在育才公学学习；尝从某西女士学习英语，又入榛苓学校，成绩冠于侪辈，能书。经柳亚子介绍，加入南社。为扶弱济贫，毅然斥资创办伶界半日义务学校，收录学生，不限年龄资格；凡为伶界中人，皆可读书。一切经费，悉由校方负担，他本人出任校长兼教师，学员骤增至百余人，其中有不少是已成名的演员，如赵桐珊、王灵珠、周五宝、李少棠等。春航所演剧目，除《三娘教子》《花田错》《鸿鸾禧》《贵妃醉酒》《儿女英雄传》等传统戏外，较多的是《玫瑰花》《新茶花》《艳情策》《贞女血》《江宁血》《黑籍冤魂》《冯小青》《杜十娘》《花魁女》等新编的清装或古装戏，时称"醒世新剧"。他主张戏剧应以改良社会和进行通俗教育为己任，所编演的新戏还有《孟姜女》《妻党同恶报》以及根据外国故事改编的《薄命汉》等，尤以一至八本之《血泪碑》为代表。中年后，因嗓音喑哑脱离舞台，悉心授徒。晚年从事编剧，《姊妹花》（金素琴主演）、《温如玉》（周信芳主演）系其成功之作。（入社号 522）

注 释

❶ "血泪"：指一至八本之《血泪碑》，为冯春航之代表作，深受柳亚子的赞许，南社社友俞剑华、姚石子、庞树柏、林百举、沈道非等则日日在报章上大力揄扬，甚至称《血泪碑》为"正则《离骚》，长沙惜誓，美人香草，寄托遥深，在悲剧中首屈一指，纵铁石心肠，恐亦不能无感"。《恨海》亦为冯氏代表作之一，陈巢南赋诗评道："何处重寻《血泪碑》，游龙夭矫去难追。美人意气浑无恙，《恨海》情波一曲悲。"按，当时《民主报》《中华民报》《民国新闻》等报，颇多誉冯之作。柳亚子到上海，偕社友同访冯春航，春航便把二十多张照片送给柳亚子。柳氏认为其扮相秀美端庄，风度悠闲淡雅，表演出神入化，催人泪下，乃一不可多得之悲剧名家，遂作诗题咏，又和其余南社诗人的诗词共结一集，名为《春航集》。2 册，由广益书局出版。

❷ "直将"句：语本韩愈《听颖师弹琴》："颖乎尔诚能，无以冰炭置我肠。"引处意谓冯氏演唱水平甚高，仿佛能将冰、炭同时置于听众腹中，使之深受感染。

❸ 氍毹：一种织有花纹图案的毛毯。毛织的布或地毯，旧时演剧用红氍毹铺地，因用以为歌舞场、舞台的代称。清人张岱《陶庵梦忆·刘晖吉女戏》："十数人手携一灯，忽隐忽现，怪幻百出，匪夷所思，令唐明皇见之，亦必目眙口开，谓氍毹场中那得如许光怪耶！"清人李渔《闲情偶寄·声容·鞋袜》："使登歌舞之氍毹，则为走盘之珠。"徐迟《牡丹》："（董瑶阶）到了红氍毹上，声嗓清脆，姿容秀丽，身轻如叶，举步若飞。"清人富察敦崇《燕京岁时记·灯节》："楼设氍毹帘幕，为宴饮地。"按，冯氏不仅在舞台艺术上勇于创新，如他为使面部

冯春航剧照

秀丽、眉目传神，曾改进了贴尺子的部位，并试用加深眼圈的手法，进一步美化了旦角的面部化妆（他还曾参考仕女图装束，试制新式头套和头饰。他的跷功根底很深，但认为硬跷费功吃力，就为女学生设计了改良的软跷而自己也不再用硬跷）。更难能可贵的是，冯氏非常注重文学修养，尝从同社张冥飞、陈越流学诗，一经指导，即能吟咏。他在杭州演《冯小青》一剧，有诗云："小青遗迹尽徘徊，若梦浮生剧可哀。千古湖山一荒场，曾移明月二分来。"冥飞曾作附识，称赞春航能自立课程，颇能致力，于诗别有会心。其后所作，亦多清新可咏，如《湖上》："此日别杭州，何时续胜游？山灵如识我，再放木兰舟。"又如："柔风细雨黯杭州，遥忆湖山幽处游。长笛一声云际落，恍闻嫠妇泣孤舟。"（这三首诗后刊入《南社丛刻》）此外，春航又努力学习书法，时向南社社友朱剑芒讨教晋唐以来书法。朱先生认为学书当先识篆隶，于是春航遍购篆隶法帖，并请指导笔法，临摹朱拓石鼓文三月，居然有神肖处。又向上海书画会副会长黄克明学绘画，但未受教而黄君逝，春航亦哭于灵前，执弟子礼甚恭。——"氍毹外"即取意于此。

❹ 雁行：飞雁的行列，引申为有次序的排列，借指兄弟。《诗·郑风·大叔于田》："两骖雁行。"《晋书·王羲之传》："我书比钟繇，当抗行，比张芝草，犹当雁行也。"丘迟《与陈伯之书》："雁行有序。"

宁调元

缁尘十载羽书摧❶，正朔心期斗柄回❷。

但得虞渊❸能奋挽，狂吟日日戴头❹来。

简 传

　　宁调元（1873—1913），字仙霞，别号太一。湖南醴陵人。早年肄业于长沙明德学堂，先后加入反清革命组织大成会与华兴会，并负责明德、经正两校的革命宣传工作。1904年华兴会在长沙起义失败后，他秘密集合滞留在湘的同志，密谋刺杀湖南巡抚端方，未遂，乃避居醴陵，创办醴陵渌江中学。1905年负笈东渡日本留学，在东京加入同盟会，次年在上海主编《洞庭波》杂志，倡言革命。因被清朝官吏注意，避往日本。1906年底，自日本归国参加萍浏醴起义，又与禹之谟、邹价人等组织湘学会。次年初在岳州（今岳阳）被捕，系狱三年。其间，与高旭等通信联系，积极筹划南社之创立，并撰《南社序》一文，主张

宁调元手迹

南社应继承应社、复社之传统，创作反映时代气氛的作品，为早期南社诗人之一。同时，他在狱中劳役之余，刻意治学，赋诗高吟，几忘其为囚人。三年系囚生活结束后，北赴燕京，主编《帝国日报》，大睨雄谈，依旧无所顾忌。辛亥革命爆发后，他奔走湘鄂间，参黎元洪、谭延闿戎幕。不久，南北议和，遂赴上海发起民社，创办《民声日报》，总理报事。旋回醴陵奔丧，及再来上海，局势大变，民社竟合并为共和党，遂愤而脱离民社，赴广东任三佛铁路总办。此一职务，向称肥缺，但宁氏在职期间，除薪俸外，分文不取；惩治贪污，毫不徇情；廓清积弊，雷厉风行。后目睹袁世凯的倒行逆施，愤而辞去三佛铁路总办之职，于1912年末冒风雪由粤至沪见陈其美，又奔走于皖、赣之间，联络同志，力陈袁氏之野心，秘密商讨七省讨袁计划。1913年宋教仁遇害后，各地纷起讨袁，是年3月下旬，星夜赴沪，会见孙中山、黄兴，力言袁世凯已自绝于民国，北定中原，此其时也。当时武汉革命党人詹大悲、蔡济民等人正计划在武汉发难，宁氏征得黄兴同意，奔赴武汉，参与策划。北廷得讯，密令名捕，是年6月26日，在汉口德租界富贵旅馆遭黎元洪逮捕。8月27日，以"内乱罪"被判处死刑。著有《太一遗书》。（入社号158）

注 释

❶"缁尘"句：缁尘：黑色灰尘，即风尘。陆机《为顾彦先赠妇》诗："京洛多风尘，素衣化为缁。"谢朓《酬王晋安》诗："谁能久京洛，缁尘染素衣。"元好问《自邓州幕府暂归秋林》："归来应被青山笑，可惜缁尘染素衣。"此处借指宁调元为

革命不辞劳苦，四处奔走。羽书：古时征调军队的文书，上插鸟羽以示紧急。杜甫《秋兴》："直北关山金鼓振，征西车马羽书驰。"

❷ "正朔"句：正朔：谓正月一日。古时王者易姓，有改正朔之事。《尚书大传略说》云："夏以十三月（孟春建寅之月）为正，以平旦为朔；殷以十二月（冬季建丑之月）为正，以鸡鸣为朔；周以十一月（仲冬建子之月）为正，以夜半为朔。"按，自汉武帝以后至清末，皆从夏制。此以正朔代指正统。斗柄：亦称"斗杓"，指玉衡、开阳、摇光三星。这三颗星与天枢、天璇、天玑、天权四星在北天排列成斗（或杓）形，被称为"北斗七星"。《国语·周下》："日在析木之津，辰在斗柄。"《鹖冠子·环流》："斗柄东指，天下皆春；斗柄南指，天下皆夏；斗柄西指，天下皆秋；斗柄北指，天下皆冬。"

❸ 虞渊：即神话传说中的日落之处。《淮南子·天文训》："日至于虞渊，是谓黄昏。日入于虞渊之汜，曙于蒙谷之浦。"向秀《思归赋》："于时日薄虞渊，寒冰凄然。"

❹ 戴头：典出《唐书》：郭晞在邠州纵士卒为暴，军士入城刺酒翁，段秀实取军士首植市门，晞一营大噪，尽甲。秀实至晞门，笑且入曰："杀一老卒，何甲也？吾戴吾头来矣。"按，宁调元一生两度被捕入狱，均大义凛然，视死如归。辛亥革命前，在狱中发愤向学，作诗600首。《七律次韵和同狱某》抒发"我不入地狱，谁入地狱"的豪情胜概。《哭杨卓林武士》《哭禹之谟武士》寄托着对战友的无限哀思；《岳州被逮时口占十截》披示出对反动势力的极度蔑视之情，充满着"铁锁锒铛带笑看"的革命乐观主义精神。辛亥革命后的狱中诗不乏凄凉、感伤之作，如《武昌狱中书》："拒狼进虎亦何忙，奔走十年此下场。岂独桑田能变海，似怜蓬鬓已添霜。死如嫉恶当厉鬼，生不逢时甘作殇。偶倚明窗一凝睇，水光山色剧凄凉。"表现出理想破灭、所志难遂的悲哀；但其革命精神丝毫未曾销磨。——"狂吟日日戴头来"句指此。

宁调元墓

成舍我

怀铅提椠惯劬劳❶，蒲牒人能独钓鳌❷。
已渡红桑沙万劫❸，矗矗犹自事钧陶❹！

简 传

成舍我（1898—1991），原名成勋，后名成平，字舍我，取孟子"舍我其谁"之意，后以字行，笔名大哀、百忧。湖南湘乡人。早年就读安徽省安庆第四公学。1915年赴沈阳，任《健报》校对、编辑。1916年入上海《民国日报》任要闻及副刊编辑。1917年发起筹办上海记者俱乐部，并参加南社，任《太平洋》杂志助理编辑。在此期间，柳亚子因唐宋诗之争与朱鸳雏、闻野鹤等人展开笔战，在《民国日报》刊出广告，宣布开除朱鸳雏的南社社籍，不到19岁的成氏年少气盛，竟也草拟文告，刊于《申报》，号召南社社员"最好能一起驱逐柳亚子出社"。遂被柳亚子开除出社。成氏遂辞去《民国日报》编辑之职，乘舟北上，在北京大学中文系成为旁听生，课余则在《益世报》北京版任主笔、采访主任、总编辑，并试办小型报纸《真报》，颇受欢迎。不久又创办《世界日报》，并一举成功。该报很快即发展为独资经营的、以"世界"二字命名在北京发行的日、晚、画三种报纸，在新闻界产生了巨大反响。1927年后又创办南京的《民生报》、上海的《立报》、香港的《立报》、重庆的《世界日报》等。1930年赴英、美、法、德诸国考察新闻事业。回国后，将学到的科学管理和先进的经营方式在《世界日报》付诸实施，极大地提高了经济与工作效率，被国内新闻界誉为"成舍我体系"。1935

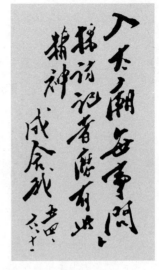

成舍我手迹

年5月，因揭发彭学沛（成氏的亲戚）在盖国民党行政大楼时偷工减料且屡加预算，遭控告，但成氏据理不让，彭氏遂请求行政院院长汪精卫借口《民生报》"泄露军情"，封闭该报，成氏亦被拘，后经李石曾等营救，始恢复自由。全民族抗战爆发后，被国民党当局聘为国民参政员。1942年在桂林恢复世界新闻专科学校。1945年在重庆出版《世界日报》。抗战胜利后回到上海、北京，复刊《立报》和《世界日报》，并以社会贤达身份被蒋介石指派为国民参政会参政员，又任国大代表。1947年当选国民党政府立法院立法委员。此一时期，他曾团结"自由分子"，鼓吹所谓"第三条道路"，欲在政界闯出一番天地，不久便落荒而逃。1949年移居香港。1952年去台湾，原想继续办报，但当时台湾实行报禁，领不了执照。于是在台北各大学任教，在台北创办世界新闻专科学校，任该校校长及世界书局董事长，潜心于新闻人才的培养与理论研究。1988年台湾当局解除报禁后，申请在台北创办《台湾立报》。1991年4月在台北病逝。（入社号597）

注 释

❶ "怀铅"句：怀铅提椠：葛洪《西京杂记》卷三云："杨子云好事，常怀铅（石墨）提椠（书写用的木简），从诸计吏，访殊方绝域四方之语，以为裸补輶轩所载，亦洪意也。"此处借喻成舍我作为著名报人勤于采访、摭记。劬劳：劳苦。《诗·小雅·蓼莪》："哀哀父母，生我劬劳。"

❷ "通椠"句：蒲椠：《汉书·路温舒传》："路温舒字长君，巨鹿东里人也，父为里监门。使温舒牧羊，温舒取泽中蒲，截以为椠（书板），编用写书。"后遂以"截蒲为椠"形容苦学。如江总《建初寺琼法师碑》："并编柳成简，题蒲就业，学非全朔，无待冬书。"按，成氏幼年生活太苦，后来便有了"吝啬"之名。他在主持《世界日报》时，因对职工采取低待遇，致使职工意见纷纷，1945 年，美国总统罗斯福突发脑溢血去世，成氏得悉后，赶至食堂传达消息，并对职工说：你们看，罗斯福是金元帝国的总统，营养是很好的，可是他也死了，可见营养的关系不大。他话音刚落，举室哗笑。钓鳌：宋赵令畤《侯鲭录》卷六载："李白开元中谒宰相，封一版，上题曰：'海上钓鳌客李白。'相问曰：'先生临沧海钓巨鳌，以何物为钓线？'白曰：'以

成舍我晚年像

风浪逸其情，乾坤纵其志；以虹霓为丝，明月为钩。'又曰：'何物为饵？'曰：'以天下无义气丈夫为饵。'时相悚然。"又据《列子·汤问》载：古代渤海东面有五座大山，常随波潮上下往还，上有神仙居住，上帝命北极神禺彊"使巨鳌十五举首而戴之"，"而龙伯之国有大人，举足不盈数步而暨五山之所，一钓而连六鳌，合负而趣……于是岱舆、员峤二山流于北极，沉于大海，仙圣之播迁者巨亿计"。后多用"钓鳌"形容胸襟开阔，志向非凡；亦喻担当重任。按，成氏因唐宋诗之争，被柳亚子驱除南社后，彷徨无所适从，爰乘舟而北，欲进北

京大学以谋深造。奈无中学毕业文凭，不能直接进入大学，乃立草万言书致北京大学校长蔡元培；蔡氏读后，觉文笔流利，情辞恳切，怜惜之余，竟纳之为旁听生，且许参与考试；张榜后，这位苦志自学的旁听生居然名列前茅。此后，成氏历编数报，以"舍我"署名撰写社论与短评，声名大震。其时，成氏不过二十出头，可他当年的老师如刘半农等人反倒成了他手下的伙计，这在当时殊为罕见。又，成氏办报一向以求实大胆著称，他尝谓："只要保证真实，对社会没有危害，什么新闻都可以刊登。如果出了问题，打官司、坐牢，归我去！"《世界日报》初创时，便直接对北洋军阀指斥讥评，耸动一时。1932 年 6 月，蒋介石调动大军对红军进行第四次"围剿"，成氏即在报上发表社论，指出"围剿"是最大的失策。

❸ "红桑"句：红桑：语出唐曹唐句："海畔红桑花自开。"万劫，语出宋释道原《景德传灯录》："莫将等闲空过时光，一失人身，万劫不复，不是小事。"按，佛教认为世界从生成至毁灭的一个过程为一劫，万劫即万世，谓永远不能恢复的意思。此指成氏历经过无数劫难。按，成氏办报生涯中，因对新闻公正、真实的执着，牵累下狱不下 20 次，报馆查封 10 余次。1926 年因"赤化通敌"罪名，险些被"狗肉将军"张宗昌枪毙。1936 年在上海亦被流氓围攻险遭毒手。——"已渡"句指此。

❹ 末句：亹亹：勤勉不倦貌。《汉书·张敞传》："亹亹不舍昼夜。"钧陶：犹言造就，雅琥《送王继学参政赴上都奏选》："参相朝天引列曹，三千硕士在钧陶。"按，成氏 16 岁开始投身报界，与新闻事业结缘达 80 年之久。作为一位在中国新闻史和近代诗坛上声名赫赫的人物，他先后主持和创办的报刊达几十种之多，并在大陆和台湾分别创办了北平新闻专科学校和台湾世界新闻学校，培养了一大批卓有成就的新闻人才，其中较著名的如萨空了、张友鸾、张友渔、茅盾、张恨水等，皆出其门下。——"事钧陶"指此。又，成氏始终是一位真诚的爱国主义者。1977 年，八十高龄的成氏为自己题写了一首自寿诗，内云："八十到头终强项，敢持庭训报先亲。生逢战乱伤离散，老盼菁英致太平。壮志未随双鬓白，孤忠永共万山青。隔洋此日劳垂念，顽健差堪告故人。"深切地表达了他对祖国太平统一的殷切期望。

吕志伊

一自横滨谒逸仙❶，时期颈血染沙殷。

归来拭剑中宵舞，忍负鸡声到枕间❷！

简 传

　　吕志伊（1882—1942），字天民，原名占东。云南思茅（今普洱）人。1904年留学日本。1905年秋，东京留学生开会欢迎孙中山，首次聆听孙中山讲演革命大义，深为感动；此后，经常去横滨山下町谒见孙中山。云南留日学生之入同盟会，他实为先导，又被推为同盟会云南主盟人。曾在革命刊物《民报》周年纪念增刊《天讨》上发表署名金马的讨满檄文，又参与发刊《云南》杂志及《滇话报》，倡言革命。1908年筹组云南独立会，并组织人员支援河口起义。同年冬到仰光，任《光华日报》《进化报》主笔。1910年赴上海，任《民立报》主笔。1911年与宋教仁等组织同盟会中部总会，又参加黄花岗之役。辛亥革命时，任云南都督府参议。民国成立后，任南京临时政府司法部次长、同盟会上海机关部副部长、民国新闻社总编。1923年任国民党本部参议，支持联俄，反对联共。后历任国民党政府立法委员等职。著有《逊敏斋诗集》《偶得诗集》《同盟会琐录》。（入社号172）

注 释

❶ 逸仙即孙中山。

❷ "忍负"句：用祖逖、刘琨事。典出《晋阳秋》："（祖）逖与刘琨俱以雄豪著名，年二十四与琨同辟司州主簿，情好绸缪，共被而寝，中夜闻鸡鸣俱起，曰：'此非恶声也。'每语世事，则中宵起坐，相谓曰：'若四海鼎沸，豪杰共起，吾与足下相避中原耳。'"又，据《晋书·祖逖传》载："中夜闻荒鸡鸣，（逖）蹴琨觉曰：'此非恶声也。'因起舞。"按，古人将半夜啼叫之鸡称作荒鸡，乃不祥之物也，故将其啼叫之声视为"恶声"。后人借用此典，多比喻有志之士及时为国奋起。如辛弃疾《贺新郎·同父见和再用韵答之》："我最怜君中宵舞，道'男儿，到死心如铁。看试手，补天裂。'"陆游《夜归偶怀故人独孤景略》诗云："刘琨死后无奇士，独听荒鸡泪满衣。"按，1916年1月1日，云南都督府成立，组成护国军总司令部，发难讨袁，各

吕志伊手迹

地义师纷纷响应。吕氏奋笔草檄,愤怒声讨袁世凯罪行,其文末云:"军府爰顺舆情,恭行天讨,奉辞伐罪,救国安民。枪声起而军心奋,炮弹飞而敌胆寒。师会孟津,八百国不期而至;军临牧野,三千人惟有一心。自由不死,力复天赋之人权;民宪实施,永保文明之祖国。凡属血气之伦,当急邦家之难。鲁仲连蹈海而死,耻帝嬴秦;管幼安避地而居,羞臣曹魏。勿昧先几之兆,免贻后至之诛;倘克倒戈反攻,无难转祸为福。丢彼凶残,我伐用张;歼厥渠魁,胁从罔治;如摧枯骨于冢中,待传逆首于天下。檄急如律令!"(《南社》第二十四集未刊稿)怒气冲霄,豪情干云,读之不禁令人神往。

孙中山与内阁成员合影(中坐者为孙中山、左一为吕志伊)

吕碧城

花间兰畹苦商宫❶，笔扫刁调❷气象雄。
天外明霞焕奇彩❸，千年词坛几宗工❹！

简 传

    吕碧城（1883—1943），字遁夫，号圣因，晚年法号宝莲。安徽旌德人。出身于书香门第，其父吕瑞田曾任山西学政，亦喜爱文艺。吕氏自幼聪慧，有过目成诵之才。9岁议婚汪氏，12岁丧父，家道中落，遂侍母乡居。舅司榷塘沽，母命往依，冀得较优教育。年甫15，偶有所作，为樊樊山、易实甫所见，极称誉之。吕氏虽以才貌噪于时，奈遭逢不偶，遂决意独身。1903年受天津《大公报》总理英敛之聘任编辑。后由英敛之介得识严复，又由严复之介得识清政府学部大臣严修。后从严复习逻辑，严复为之推毂，得以主持天津北洋女子公学，并译《名学浅释》。由于吕氏"厘订课程，力求精进"且贡献良多，被誉为"北

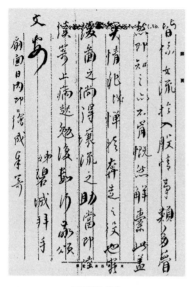

吕碧城手迹

洋女学界之哥伦布"。1904年春，秋瑾慕名赴天津造访吕氏，二人一见之下，甚为投契，遂同榻共眠。后又加入南社。辛亥革命后，为之欢欣鼓舞，尝赋诗极赞革命党人推翻封建帝制、建立共和。民国后，曾一度被袁世凯聘为公府秘书，筹安会起即辞去。1918年赴美入哥伦比亚大学。1922年返国。1926年再度游欧美，所至皆有吟咏。1930年皈依佛法，信奉甚笃。晚年以宣扬佛学为志，尤重护生戒杀，倡导蔬食，室中悬观音大士佛，并将《阿弥陀经》《法华经普门品》译成英文。1939年前后，由欧洲移至香港定居，后又迁居莲苑佛堂。1943年1月24日殁于香港九龙。遗命火化后，和面为丸，投海中与水族结缘。平生善诗文，词学工力尤深，龙榆生所编《近三百年名家词选》将其作为三百年词家之殿军。亦工画，善治印，并娴声律。著有《信芳集》《晓珠词》《文史纲要》《观经释论》《观无量寿佛经释论》《观音圣感录》等。（入社号418）

注 释

❶ "花间兰畹"句：花间兰畹：词集名。花间：即《花间集》，五代时蜀人赵崇祚所选词集名。兰畹：为孔方平所选之词集。无名氏谓此选本'盖皆取其香而弱也'。商宫：指词句的音律。宫、商、角、徵、羽为五音。《周礼·春官·大师》："皆文以五声，宫角商徵羽。"——此句诗意谓《花间集》《兰畹集》中的作品大多"香而弱"，作者们只是在形式上惨淡经营。

吕碧城手迹

❷刁调：语出《庄子·齐物论》："而独不见之调调之刁刁乎。"调调、刁刁，都是形容枝叶摇摆的样子。这里引申为枝叶摇摆发出的小声。按，五四运动后，吕氏受时代新思潮的影响，赴国外留学。她只身重洋，自亚洲而美洲，再至欧洲，途中游览名山秀水、古城故迹，计时一年，行程可绕地球一周，吕氏将在异域游历的种种新奇感受悉数写入《欧美漫游录》中；此外，吕氏还以诗词咏纪海外风光与异国风情，如阿尔卑斯山雪山、高耸入云的巴黎铁塔、纽约的自由神铜像，皆付诸吟咏，大大扩大了传统诗词的审美范畴，读来风情各异，气象万千。

吕碧城像

❸"天外"句：钱仲联先生在《近百年词坛点将录》中，对吕氏予以高度评价："圣因近代女词人第一，不徒皖中之秀。早岁《祝英台近》词，樊山赏为：稼轩'宝钗分，桃叶渡'一阕，不得专美于前。中年去国，卜居瑞士。慢词《玲珑玉》《汨罗怨》《陌上花》《瑞鹤仙》，俱前无古人之奇作。'休愁人间途险，有仙掌为调玉髓，迤逦难平。'（《阿尔伯士

雪山》）'鄂君绣被春眠暖，谁念苍生无分。'（《木棉花》）杜陵广厦，白傅大裘，有此襟抱，无此异彩。《晓珠词》中，杰构尚多，'明霞照海，渲异艳，远天外。'（《瑞鹤仙》）尽足资谈艺家探索也。"——"天外明霞焕奇彩"指此。又，吕氏有《信芳集》（词集），书端多有名家硕彦题咏，樊樊山亦亲为之点评，谓其为"南唐二主之遗"，"居然北宋"，又谓"漱玉独当避席，《断肠集》勿论矣"。可谓推崇备至。从《吕氏三姊妹集》看，吕氏不独以词名，其诗亦哀感顽艳，悱恻凄清，如《白秋海棠》云："便化名花也断肠，脸红消尽自清凉。露零瑶草秋如水，帘卷西风月似霜。泪到多时原易淡，情难勒处尚闻香。生生死死原皆幻，那有心情更艳妆。"虽系少作，已具风人深致。

❹ 宗工：即在某一领域中成就突出为众人所推崇的杰出人物。语出《金史·元好问传》："兵后，故老皆尽，好问蔚为一代宗工。"又《曾巩集》卷二十："褒隆旧哲，优异宗工。"

吕碧城摄于美国哥伦比亚大学

朱 英

琵琶一曲赛焦桐❶，赖有诗心夺化工❷。

举世谁人矜此意，蜚声域外振家风❸。

简 传

　　朱英（1889—1954），字荇青，号杏卿。浙江平湖人。曾受教于琵琶名家李芳园，并向李的弟子吴伯均学习琵琶，研究大套古曲 20 余年，技巧纯熟，自成风格。所演奏的《十面埋伏》《浔阳琵琶》等名曲一直饱受听众的激赏。朱氏曾赴美、日演奏，为首位"走向世界"的平湖派琵琶第六代传人。1927 年，上海国立音乐院（1929 年改称音乐专科学校）成立，专任琵琶教员，桃李盈门。抗战时期，创作多种激发爱国热情的琵琶乐曲，如《哀水灾》《难忘曲》《淞沪血战》等；此外，还创作历史题材《秋宫怨》《长恨曲》等琵琶名曲，民乐合奏曲则有《枫桥夜泊》等。抗战胜利后，曾创作《时世行》，愤怒鞭挞黑暗的旧社会，抒发其忧国忧民的情怀。1953 年，被聘为中央音乐学院民族音乐研究所特约演奏员。如今，平湖派琵琶为国家级非遗项目，朱英之子朱大祯被列为国家级非遗项目的传承人。朱氏除擅琵琶演奏外，亦精通诗道，所作甚夥，惜未结集出版。1954 年病逝。（入社号 1080）

注 释

❶ 焦桐：《后汉书·蔡邕传》：“吴人有烧桐以爨者，邕闻火烈之声，知其良木，因请而裁为琴，果有美音，而其尾犹焦，故时人名曰‘焦尾琴’焉。”《南史·王敬则传》：“仲雄善弹琴，江左有蔡邕焦尾琴在主衣库，上敕五日一给仲雄。”亦省称“焦尾”。唐人李颀《题僧房》诗：“谁能事音律，焦尾蔡邕家。”李咸用《山居》诗：“焦尾何人听，凉宵对月弹。”清人顾绍敏《秋日感怀》诗：“中郎应自怜焦尾，巧匠何堪笑断轮。”后泛指好琴。元人石子章《竹坞听琴》第一折：“夜深了也，取下我这焦尾琴来，抚一曲遣我的心闷咱。”

❷ 化工：语本《汉书·贾谊传·鵩鸟赋》：“且夫天地为炉，造化为工。”谓自然之创造力。按，朱氏不惟擅弹，亦能诗，如 1921 年所作《辛酉暮春自京归与胄军游弄珠楼题壁》一诗：“干戈世路几时休，十载吟情客里愁。闻道湖楼尚无恙，归来且与故人游。”再如 1922 年所作《壬戌时历元旦在美京华盛顿感赋》：“异邦谁说是新年，甲子如何暗又添。亲舍白云深处望，客行红豆远相牵。”皆雅音落落，情致在焉。按，朱氏之善弹琵琶，固离不开“技”，然必辅以诗心之灵悟，方能近乎“道”矣。

❸ “蜚声”句：朱英为南社中第一位“走向世界”的平湖派琵琶第六代传人。

朱 骞

楚庄问鼎欲何之❶？白水青山❷系梦思。
怪底钧天❸醉如死，一灯吟碎屈平❹诗。

简 传

　　朱骞（1887—1914），字谨侯。广东梅县人。少年即有志于学，后经业师古直先生介绍加入南社。好读《史记》，又酷爱《诗经》《楚辞》，寝馈其间，陶然自得。曾主持过黄竹小学、潷溪小学，颇见成效。1913年出游汕头，担任古直所办《大风日报》社务，未足一年报社停顿，朱氏无可留滞，返归乡里；但他不甘韬光养晦，时欲振袂而起，为国克尽匹夫之责。翌年春，复游汕岛，目睹袁贼窃国，政黯民怨，悲愤万分；又觉国事不可为，忧心如焚，一夕忽呕血沾地，僵卧不能起床。后虽经医治，奈药石无灵，于1914年在汕岛病逝，年仅27岁。（入社号276）

注 释

❶ "楚庄"句：语本《左传·宣公三年》："楚子伐陆浑之戎，遂至于雒，观兵于周疆。定王使王孙满劳楚子。楚子问鼎之大小轻重焉。对曰：'在德不在鼎。……商纣暴虐，鼎迁于周。德之休明，虽小，重也。其奸回昏乱，虽大，轻也。天祚明德，有所底止。成王定鼎于郏鄩，卜世三十，卜年七百，天所命也。周德虽衰，天命未改，鼎之轻重，未可问也。'"夏、商、周将鼎视为国之重器，国灭则鼎迁。楚子（楚庄王）觊觎王位，试图窃取周的王权，故尔"问鼎"。按，此处借指袁世凯。辛亥革命爆发后，袁世凯在帝国主义支持下，任内阁总理大臣，出兵向革命党要挟议和，他一面威胁孙中山让位，一面挟制清帝退位，窃取中华民国临时大总统职位，在北京建立地主买办联合专政的北洋军阀政权。1913 年密谋暗杀力图以多数党资格组织责任内阁的宋教仁，并在取得"善后大借款"后，发动内战，镇压孙中山领导的讨袁军。后又解散国会，篡改约法，实行独裁专制。1915 年 5 月，袁世凯接受日本提出的企图灭亡中国的"二十一条"，12 月宣布改次年为洪宪元年，准备即皇帝位。

❷ 白水青山：形容山水幽寂。姜夔《湖上寓居杂咏》诗："游人去后无敲鼓，白水青山生晚寒。"

❸ 钧天：天之中央。《吕氏春秋·有始》："天有九野……中央曰钧天。"高诱注："钧，平也；为四方主，故曰钧天。"

❹ 屈平即屈原。

朱少屏

春柳风姿济世才❶，英雄延揽毂中来❷。

同人尽有口碑在，一恸云天万里哀！

简 传

朱少屏（1882—1942），原名葆康，字少屏，后以字行，别号天一、屏子。上海市人。幼时就读南洋中学，后留学日本，1905年在日本参加同盟会。1906年回国，与高旭在上海创办中国公学，专门收容留日回国学生继续深造，后因内部纠纷，与高旭别创建行公学（为同盟会江苏分会之外围组织），以革命读物《黄帝魂》《法国革命史》《荡虏丛书》等为教科书，又秘密发行在东京出版的同盟会机关报《民报》，以及其他革命刊物如《复报》《洞庭波》《鹃声》《汉帜》等。同时担任同盟会江苏分会秘密机关"夏寓"之坐办，主持机关部工作，并与柳亚子合办《铁笔报》《复报》等刊物，宣传民族革命，鼓吹推翻清政

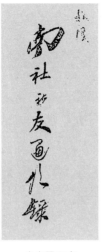

朱少屏手迹

府。1906 年秋，被孙中山召见于吴淞口外的海舶上，共商革命大计。同年底，协助于右任筹备《神州日报》，该报于 1907 年正式创刊，采用公元纪年，以活跃的思想给沉闷的上海舆论界带来一种全新的气息。后又与于右任创办《民呼报》《民吁报》《民立报》，并担任《民吁报》发行人。1907 年冬与柳亚子等酝酿组织南社，以诗文昌言民族革命。朱氏被选为会计员，是南社中最为活跃、与南社社员接触面最广的领导者之一。1909 年，与美人密勒氏及伍廷芳、聂云台、李登辉等在上海组织英文《大陆报》，被举为五华董之一。武昌起义时，与陈其美共同筹备上海起义，攻打江南制造局。1911 年 11 月初，上海光复，协组沪军都督府。南京临时政府成立后，应孙中山之邀赴南京襄组总统府，任秘书。未几，袁世凯窃国，乃回上海，与柳亚子、叶楚伧创办《太平洋报》，组织中华民国全国报馆俱进会，被举为会长。1906 年，被举为环球中国学生会总干事。1920 年，遍游欧美 20 余国，任《申报》驻欧记者凡四年，代表《申报》出席华盛顿太平洋会议和日内瓦国际联盟会。后又任中华全国道路建设协会、中华麻风救济会董事兼名誉秘书、《中国评论周报》社总经理、上海市通志馆副馆长等职。1937 年，与林语堂等同组国际友谊社，联系各国传播媒介，创办《回声》杂志，揭露日军暴行，刊出震惊世界的日军南京大屠杀的罪证照片与目击者的报道文章；为此，日寇大怒，向其居所投掷手榴弹以示恫吓，朱氏遂出走香港。1940 年，任驻菲律宾领事，在华侨中积极组织抗日救亡工作，并募集大宗金钱物质援助国内抗战。日寇慑于华侨抗日激情，将总领事馆全体官员拘囚，软硬兼施，妄图瓦解其斗志，失败后，竟不顾国际公法，于 1942 年 4 月 17 日下午 1 时许，将朱少屏等八人秘密杀害于马尼拉东南郊之华侨义山。（入社号 6）

注 释

❶ "春柳"句：少屏美风姿，濯濯如春日柳。

❷ "英雄"句：按，郑逸梅《南社丛谈》云："南社社友，数以千计，他接触最多，几乎普遍认识，虽陈（去病）、柳（亚子）、高（天梅）也不及他。当时有申晫观其人，为朝鲜独立党巨子。和少屏过从甚密，南社有外籍社友，即从晫观开始。"彀中：原指进入弓箭射程以内。后以受笼络、就范为喻。王定保《唐摭言·述进士》："（唐太宗）私幸端门，见新进士缀行而出，喜曰：'天下英雄入吾彀中矣！'"

朱少屏在菲律宾与林语堂先生合影

朱少屏与其弟朱子湘合办婚礼时的合影，前排右起：朱蔡景明、朱少屏、黄兴、朱王乾龄、朱子湘

朱剑芒

尝于《人鬼》识豪情❶，镗鞳噌吰海岳倾❷。
更与稼轩争气调❸，一诗一镐一弦鸣❹！

简 传

朱剑芒（1890—1972），原名慕家，号仲亢（亦称仲康），笔名天摩、师侠、大赤、古狂等。江苏吴江县黎里镇人。幼年因家贫，随父课读，因刻苦自励，少年即露圭角，被目为"神童"。辛亥革命时，与表叔陈侠孟创办黎里平民小学，加入大同民党，编印《褉粹报》，组织禁烟分会。旋即由陈去病、柳亚子等介绍加入南社。1913 年先后任同邑平望英毅两等学校教师、梅堰第一国民学校校长。1917 年在苏州博文、桃坞中学任教，后因不满帝国主义分子操纵校务，愤而辞职。1919 年赴上海，任环球中国学生会高中部教席，兼竞雄女学和市北中学教职。五四运动兴起后，积极组织学生参加罢课示威游行，因此被解聘。

朱剑芒手迹

1924年任上海世界书局编辑，并由柳亚子等介绍参加国民党，从事反对军阀统治的秘密宣传工作。北伐军兴，他日以继夜，秘密编著一套《三民主义国文读本》，为各校普遍采用，声名大噪。后又编《朱氏初中国文》《朱氏高中国文》，大量选用鲁迅、茅盾、朱自清、叶圣陶等进步作家的作品，并在语法改革方面作出大胆尝试，深受师生欢迎。此外，还考证、校订、编纂《国学丛刊》等十余种辞书。后一度任苏州关监督、浙江禁烟局、南京财政局秘书，目睹官场黑暗，愤而辞职，避难回乡。此间，吴江汉奸曾以伪职作饵，诱其出山，遭到严词拒绝，后因遭日寇宪兵一再恫吓，遂携家逃往上海。后一度在闽南永安主编《长风报》，并撰文揭露国民党反动官僚的种种黑暗内幕；以故，其作品经常被国民党图审处和新闻处扣检。1945年，创立南社闽集，任社长。不久，调上海审计处，任代理处长，上海解放后，因保护档案财产有功，受到上海军管会嘉许，从事文化教育工作。生平工诗词、擅书法，著述颇为丰富，主要有《剑芒诗文杂著拾存》《剑庐词稿》《秋棠室丛话》《春雨楼词话》《复泉居士诗文集》等。（入社号427）

注 释

❶ 《人鬼》：《南社人鬼录》之简称。按，朱氏生前拟以柳亚子《南社姓氏录》为据，向各地调查南社人物，然后编写一部《南社人鬼录》；此书虽一再因循，未能付诸剞劂，精神却洵属可嘉。下面一段话颇能披示邀朱氏编写《南社人鬼录》的契机："并非以现今尚生存的或已经亡故的作为人和鬼的区分，如经过时代动荡和政局变易，能保持正气，没有丧失人格，身虽死亡，可以说精神永远不死，就当称之为人。否则人尚存在，而人格丧失，即无灵魂，就得目之为鬼。"

❷ "镗鞳"句：此句极言朱氏矢志报国的豪情胜概。镗鞳：钟鼓声。陆游《入蜀记四》："旗帜精明，金鼓镗鞳。"嗡吰：象声词，多以形容钟声。司马相如《长门赋》："挤玉户以憾金铺兮，声嗡吰而似钟音。"苏轼《石钟山记》："而大声发于水上，嗡吰如钟鼓不绝。"

❸ "更与"句：稼轩即辛弃疾，南宋伟大的爱国词人。他首次打破"诗庄词媚"之界线，大胆将金戈铁马的铿锵之声融入词中；词风慷慨激昂，苍凉沉郁。气调：气势风格。《颜氏家训·文章》："文章当以理致为心胸，气调为筋骨，事义为皮肤，华丽为冠冕。"钟嵘《诗品》："观此五子（指晋处士郭泰机等），文虽不多，气调警拔。"按，朱氏擅长诗词，集中不乏凌厉风发、慷慨悲壮之作，如《感怀》："曾把人情冷眼窥，芸芸绝似向日葵。江山无主吾身贱，狐鼠成群国事危。剑不诛奸磨亦负，书难济世读何为？怜他屈子遭谣诼，泽畔行吟只自悲。"《客感一律寄亚子》："寸心如沸复如煎，潦倒风尘又一年。世乱厌闻新甲子，酒酣怕检旧诗篇。欲将家国安磐石，肯把韶华付砚田，昨夜梦中呼杀贼，手持利剑扫烽烟。"

❹ 末句：镝：古时一种射出去能发出声音的箭，也叫响箭。弦：弓上用以发箭的牛筋绳子。《史记·李将军列传》："度不中不发，发即应弦而倒。"

朱锡梁

逐臭趋炎剧可憎❶，疏狂万事付沉冥❷。
消忧纵有杜康❸酒，浅醉何由梦大鹏❹？

简 传

朱锡梁（1873—1932），字梁任，号纬军，别号君仇，中岁自号夬膏。苏州吴县人。1899年因撕碎清室赏给其父小汀之诰封，触怒父亲，遂东渡日本，接受孙中山的革命思想，加入中国同盟会，后毕业于东京弘文学院速成科。1903年，组织祝心渊、包天笑、苏曼殊等人去苏州郊外狮子山举行"招国魂"活动。慈禧太后做寿时，因有意素服衣冠而被清吏逮捕，后被误认为是疯子而获释。又景仰章太炎，"苏报案"发生后，常去提篮桥监狱探望。1909年11月13日加入南社，并参加在苏州虎丘张东阳祠举行的第一次雅集。武昌起义后，投身革命军队。"二次革命"失败后，1914年赴广东从事革命活动。1915年至

苏州狮子山旧影

1921 年，先后任上海《商务报》编辑副主任、《民国新闻》报社编辑主任、苏州《正大日报》报社社长。1924 年任南京东南大学教授，1927 年应苏州美专创办人之一吴子深先生之聘，任该校校董兼主金石学讲座。又担任过吴县古物保管委员会委员，江苏省古物保管委员会委员。1932 年 11 月 12 日，与其子世隆一同乘船到甪直参加唐塑罗汉古物馆开幕典礼，中途道出吴淞江覆舟，父子同溺亡。其好友陈去病、柳亚子等 40 人为治丧，《发丧启》云："吴县朱梁任先生锡梁，早岁奔走革命，著声南社，学术湛深，品节端粹。"洵为的评。此前，苏州美专校刊《艺浪》亦称誉梁任先生"学问淹博，才华奇绝，南北推为巨子。所作诗文，传诵艺林，尤邃金石之学，通甲骨文。书法高古，别成一格"。著有《甲骨文释》《草书探源》《词律补体》等书，多散佚。（入社号 53）

注 释

❶ 逐臭趋炎：逐臭：语出《吕氏春秋·遇合》："人有大臭者，其亲戚兄弟妻妾知识无能与居者，自苦而居海上。海上人有悦其臭者，昼夜随之而弗能去。"又，曹植《与杨德祖书》曰："兰茝荪蕙之芳，众人之所好，而海畔有逐臭之夫。"趋炎：语出《宋史·李垂传》："焉能趋炎附热，看人眉睫，以冀推挽乎！"后遂以"趋炎逐臭"谓亲附权势，追随丑恶之人。

❷ 沉冥：汉扬雄《法言·问明》："蜀庄沈冥，……久幽而不改其操，虽隋和何以加诸。"注："晦迹不仕，故曰沉冥。"又据《世说新语·栖逸》载："阮光禄在东山，

萧然无事,常内足于怀.有人以问王右军,右军曰:'此君近不惊宠辱,虽古之沉冥,何以过此.'"

❸ 杜康:曹操《短歌行》:"何以解忧,唯有杜康。"按,朱氏性情狷介,愤世嫉俗,常被人称为"朱疯子""朱痴子",但他仍啸傲诗酒,以此自持。

❹ 末句谓朱氏表面上虽放浪形骸、迹近疯癫,但济世之心綦切,无时不凛然于匹夫之责,渴望洗尽腥膻,恢复中原。兹选录其诗以证之:"年来双鬓二毛侵,壮气蒿莱感不禁。千古江山阅兴废,六朝城郭几消沉。诸公莫堕新亭泪,遗子谁伤故国心?学得屠龙未曾试,休将词赋觅知音。"(《秦淮旅感》,刊于《南社》第七集《诗录》,1912年12月1日)"十月之交招国魂,曾曾小子拜轩辕。黄河两岸遗民泪,赤县千秋奉至尊。纵有胡儿登大宝,岂无豪杰复中原?今朝灌酒狮子顶,要洗腥膻宿世冤。"(《共和纪元第四十六癸卯十月辛亥朔狮子山赋》,刊于《江苏》第9、10期合刊,1904年1月)"归去来兮我国魂,中原依旧属公孙。扫清腥雨膻风日,记取当时一片幡。"(《题招国魂幡》)"编发髡头,受奇辱而今未歇。想当日,辽金余烬,兵戈惨烈。饮恨摩挲三尺剑,流光惆怅一丸月。问吾民可有报仇心?情凄切。神明胄,耻应归,火戎种,理应灭。看中原恢复,金瓯无缺。绝暮黄沙封战骨,维新赤县盟牲血。建东洋自主共和邦,挥钜阙。"(《满江红·和岳鹏举韵》,见《复报》第4期,1906年9月)

朱锡梁手迹

朱鸳雏

名震云间夺锦才❶，愁丝织句郁难开❷。

恹恹争奈近昌谷❸，兰玉弥惊遽化埃❹！

简 传

朱鸳雏（1894—1921），名玺，号孽儿，字以行，笔名银箫旧主。江苏松江县人（今属上海市）人。自幼失怙，由邻里朱姓夫妇收养为子，乃续朱姓。朱父原为苏州莫厘山人，后流寓松江遂隶松江籍。自幼颖悟，后被邑中耆宿杨了公收为义子，于杨了公主办的松江孤儿院鞠育长大。13 岁从泗泾马漱予学诗。15 岁在上海南市一家酒店当学徒，不堪劳累。此时开始从事文学创作，尝向申报馆投稿。不久由杨了公、姚鹓雏介绍加入南社。在《南社丛刻》上发表许多诗词，声名渐噪。未几，胡先骕、闻野鹤、成舍我等人与柳亚子因唐宋之争，大开笔战，朱氏站在宋诗派一面，并撰《斥妄人柳亚子》专文，称道陈三立

“晚节无恙”，郑孝胥在辛亥革命后能“敛迹自好”，攻击柳亚子“状类村落间瘈犬横行，遇人即噬”。亚子一时气盛，将朱氏开除出社，并在《民国日报》上刊登驱逐朱氏之启事。为生活计，鸳雏仍旅居上海，橐笔为生；周瘦鹃对他十分器重，常刊其作品。后因患肺病去世，年仅 27 岁。逝世后，由姚鹓雏等人发起公葬。朱氏擅诗词，爱读林琴南翻译小说，所撰笔记幽倩峭拔，意趣盎然。虽英年早逝，而诗文颇富，时人曾以“短命诗人”黄仲则为喻。又喜戏剧，貌韶秀，登场饰旦角，楚楚有风致。曾与张破浪、陈念慈、沈浸之等创办松江剧社，宣传社教，开风气之先。著有《红蚕茧集》《桃李因缘》（与刘冷铁合作）、《二雏余墨》（与姚鹓雏合作）、《与妇笺》《银箫集》《断肠草》《情诗集》《上海闲话》等。（入社号 569）

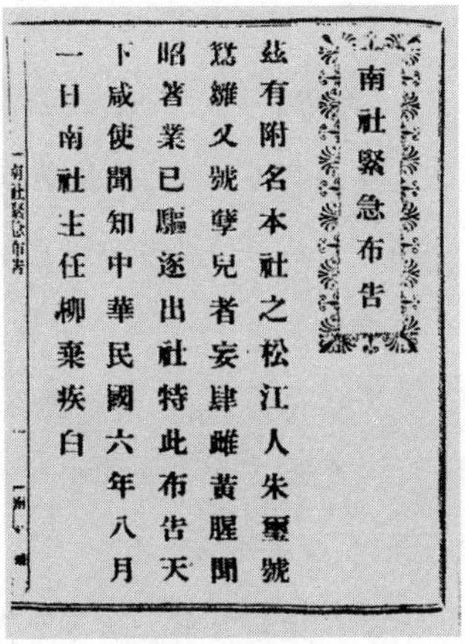
南社緊急布告

茲有附名本社之松江人朱璽號鴛雛又號孽兒者妄肆雌黃腥聞昭著業已驅逐出社特此布告天下咸使聞知中華民國六年八月一日南社主任柳棄疾白

南社开除朱鸳雏的紧急公告

注释

❶ 首句：朱鸳雏曾与姚鹓雏合著《二雏余墨》，人称“云间二雏”。又与姚鹓雏、闻宥并称“云间三才子”。夺锦才：本唐薛用弱《集异记》：“开元中，诗人王昌龄、高适、王之涣齐名。时风尘未偶，而游处略同。一日，天寒微雪，三人共诣旗亭小饮。忽有梨园伶官十数人登楼会宴，三诗人因避席隈映，拥炉火以观焉。俄有妙妓四辈，寻续而至，奢华艳异，都冶颇极。旋则奏乐，皆当时之名部也。昌龄等私相约曰：‘我辈各擅诗名，每不自定其甲乙，今者可以密观诸伶所讴，若诗入歌词之多者，则为优矣。’俄而一伶拊节而唱，乃曰：‘寒雨连江夜入吴，平明送客楚山孤。洛阳亲友如相问，一片冰心在玉壶。’昌龄则引手画壁曰：‘一绝句。’寻又一伶讴

之曰:'开箧泪沾臆，见君前日书，夜台何寂寞，犹是子云居。'适则引手画壁曰:
'一绝句。'寻又一伶讴曰:'奉帚平明金殿开，强将团扇共徘徊。玉颜不及寒鸦色，
犹带昭阳日影来。'昌龄则又引手画壁曰:'二绝句。'之涣自以为得名已久，因
谓诸人曰:'此辈皆潦倒乐官，所唱皆《巴人下里》之词耳，岂《阳春白雪》之曲，
俗物敢近哉？'因指诸妓之中最佳者曰:'待此子所唱，如非我诗，吾即终身不
敢与子争衡矣。'因欢笑而俟之。须臾，次及双鬟发声，则曰:'黄河远上白云间，
一片孤城万仞山。羌笛何须怨杨柳，春风不度玉门关。'之涣即揶揄二子曰:'田
舍奴，我岂妄哉？'因大谐笑。诸伶不喻其故，皆起诣曰:'不知诸郎君何此欢噱？'
昌龄等因话其事。诸伶竞拜曰:'俗眼不识神仙，乞降清重，俯就筵席。'三子从之，
欢醉竟日。"此固传说，古今然疑者皆有之。此处借"旗亭夺锦"事喻朱氏天分
之高。按，鸳雏喜读林琴南所译著小说，尤喜其所著《红礁画桨录》，书末手题"民
国十年三月鸳雏三读"十字，可见其契赏之深。朱氏自己所创作的小说，亦幽倩
峭拔，令人叹赏。其古文义法，则力逼林氏而无愧色;尤其是他所作的《红蚕茧集》，
大似畏庐笔法，被周瘦鹃列入大东书局编辑的"紫罗兰庵小丛书"。

❷ "愁丝"句:朱氏自幼失怙，命途多踬，故其诗文多凄苦之语，如:"不堪王粲又
登楼，极目中原万里秋;荆棘何缘埋洛陌，龙蛇终古起神州。书生挟策成何用，

《朱鸳雏遗著》书影

黎庶亡家负重忧。翻是忘机鸥鸟好，衣食且欲署
无愁。"(《别鹓雏》)"不似闲愁不似欢，樽前忍泪
一相看。避卿无计且低首，门外微风柳浪寒。""数
数肝肠变苦辛，归来又阅几番春。花间情话闲征遍，
尽是离离背凤因。""何须调我到山中，艳骨生春
比酒浓。却替玉儿深婉惜，被人呼作可怜虫。""岂
好醇酒妇人耳，涌起恩仇万叠潮。重以冶游增裁罪，
双鬟按曲是今朝。"(《冶游》)又，驰函夫人许蟾
仙，云:"我虽锢百愁之中，必能自拓一萧闲之境，
以容汝之爱情，俾汝勿忧。""既不得于今人，遂

于古人中求之，则长日以书翰自遣，此外则念我蟾仙时为多。"又，柳亚子将朱氏开除出南社后，颇为悔恨，曾在《越风》半月刊上发表《我和朱鸳雏的公案》一文，内云："这一次的公案，自然鸳雏是最冤枉的了，……鸳雏的出身听说是一个孤儿，经了公先生抚养长大的。但他脱离南社后，好象和杨先生也搅得不好，……这样，闹得四面碰壁，自然他内心也很苦痛，后来便郁郁而亡，年纪好象还不满三十吧。我虽不杀伯仁，伯仁由我而死，我是觉得很痛心的。"——"郁难开"指此。

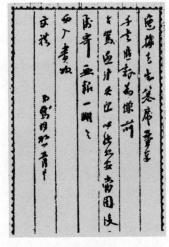

朱鸳雏手迹

❸ "恹恹"句：恹恹：精神不振貌。宋代欧阳修《六一词·定风波》："把酒送春惆怅甚，长恁，年年三月病恹恹。"昌谷：即李贺，中唐著名诗人，因家居河南福昌之昌谷，后人因称李昌谷。少有"擎云"之志，奈才高命蹇，不得应进士试，终身低微，年仅 26 岁便郁郁而逝。

❹ 末句语本钟嵘品谢惠连："小谢才思富捷，恨其兰玉凤凋。"

朱翊新 *

典册编成薪火❶传，斯文留脉傥关天❷。
更同柳叶❸通声气，落落乾坤定孰贤！

简 传

朱翊新（1896—1984）。江苏苏州周庄人。幼承家教，1914 年于江苏省立第
一师范学校（现名江苏省苏州中学）毕业后，担任周庄小学的教员和校长，任
职 5 年。1924 年夏，应上海世界书局之聘请，先后担任该局编译所教科书部编
辑和主任。同年在上海加入革命文学团体新南社，旋又加入改组后的中国国民
党，积极拥护孙中山的"联俄、联共、扶助农工"三大政策，全力投身于教育、
编辑事业。1932 年，《民国日报》改组以后，出任《民报》主笔，仍从事有关教
育和体育的编辑工作。抗战爆发后，因力主抗战，宣传甚力，故遭到敌伪方面
的不断恐吓，并以在信中夹寄子弹相要挟，朱氏毫不畏葸，运用更加积极的方

式宣传抗日。曾编辑出版诸多宣传爱国的通俗小册子，向广大民众晓以抗日大义。抗战胜利后，《民国日报》复刊，乃重回该报社工作，仍主编教育等专版。是年，上海大东书局（当时经理为陶百川）聘任朱氏为编辑部编审，主编中小学知识文库专书。至 1947 年，该文库出版了 200 余种书籍，影响綦巨。1948年，应广大读者之需要，文库又补充增加 100 余种书籍，前后共计 300 余种，深受中小学师生的欢迎。此外，又主编一系列中小学教科书，编成《大众学习词典》《全国中学生优秀作文选评》和《生活知识集成》等书。

朱氏不仅倾力于我国教育出版事业，亦十分关心海外华侨的教育出版工作。中华人民共和国成立以后，曾多次应全国侨联之请，主编供海外华侨子弟学校使用的中小学课本。毕生从事教育、编辑工作，兼擅古典诗词，与柳亚子时相酬唱，逮至 1983 年，犹能赋诗抒怀；六届人大、六届政协首次会议圆满成功后，尝赋诗为颂，可谓壮心不已，为霞满天。

注 释

❶ 薪火：语出《庄子·养生主》："指穷于为薪，火传也，不知其尽也。"原指柴烧尽，火种仍可留传。后喻形骸有尽而精神不灭；亦用来比喻学问和技艺代代相传。按，朱氏于 1919 年进入国立南京高等师范学校学习。在此时期，已先后写作《小学教学法纲要》《国音白话学生词典》等书，由商务印书馆出版，发行到海内外。在民国时期，朱氏往往白天在世界书局主编教科书，晚间则去《民国日报》等机构主编教育新闻，工作至凌晨；然后由小轿车送回家稍事休息，然后再去世界书局上班。在此期间，著有《教育法 ABC》《国语课本》《历史课本》《教师参考丛书》《学生词林》《民众尺牍》《教育概论》《模范学生字典》《中小学教育大全》等等。尤为值得一提的是，《国音白话学生词典》，当时由上海商务印书馆出版后，在国内外广泛发行，竟一连印刷了 13 次之多。1949 年 5 月上海解放后，朱氏立即应

朱翊新所编《初中本国史》课本
书影

上海联合出版社(后归并人民教育出版社)之约，主编了一部分中小学国语课本，以应新中国华东地区中小学教学之急需。又在大东书局主编中小学新知识文库40种，全部彩色精印，以供新中国各地学生作为课外补充读物之用。1959年退休前，还先后编写数以百计的教育出版物，可谓编著等身，如《中学词典》《通信的故事》《少年米三的成长》《新旧社会对比谈》《社会主义制度好》和《学步集》等等。朱氏所主编的《学习词典》，乃一大型工具书，历时数年，完稿之后，柳亚子欣然为撰序文，热情赞曰："旧邦新命，革命功成；文化高潮，媲美建设，此朱翊新兄学习词典所由作也，余识翊新，在二十世纪之二十年代。其时翊新创《蚬江声》及《新周庄》半月刊，欲取风会而更新之，盖犹是亭林氏治始于乡意也。"又云："1950年冬，始自都门言旋歇浦，重与翊新把晤，怀贤悼逝，感慨弥深。翊新方主大东书局编辑事，晨抄暝写，成《学习词典》一书，盖其功有不可没者。"

❷ "斯文"句：取陈寅恪"我侪所学关天意""文章存佚关兴废"之意。

❸ 柳叶：指柳亚子、叶圣陶。按，除柳亚子外，朱氏还时与叶圣陶互通声气，二人原系老学友（江苏省立第一师范学校同学），中华人民共和国成立初期，常有书信来往，交流审读文稿，共谋出版物质量提高之策。如1950年12月1日，叶圣陶曾有一部书稿的样稿专送朱氏审阅，内附一函，内云："翊新先生尊鉴，今检样稿一份附上，如有高见，希尽量开示为祷。匆匆敬颂著安。弟叶圣陶顿首。"字里行间，洋溢着编辑家之间的嘤鸣之意与亲切情谊。

刘 三

亦侠亦儒人景从❶，当年生死两从容❷。

华泾墓❸上红心草，依旧萋萋❹念此公！

简 传

  刘三（1878—1938），原名钟和，字季平，号离垢，又号黄叶老人，自署江南刘三。今上海徐汇区华泾人。1903 年东渡日本，入成城军官学校习骑兵，旋即加入兴中会。其时俄人方有事于东三省，留学生组织拒俄义勇队，相率回国。刘氏于 1904 年初回上海，昌言革命。1905 年 2 月与朱少屏、刘东海等人在上海创办丽泽学院（后更名青年学社），与另一团体爱国学社相呼应。同年，因牵涉万福华枪击广西巡抚王之春案，学堂被封。1905 年冬与费公直密谋刺杀两江总督端方，未遂，为掩护其他同志而被捕。后赖刘子瑜上下疏通并延请西人律师旦文为辩护，历半年始释。"苏报案"发生后，留日同学邹容瘐死狱中，刘

刘三的"黄叶楼"旧址

氏不畏风险，特辟华泾乡地收葬其骸骨，由是声名大振，一时前来凭吊的革命志士者络绎不绝。1906 年任江苏陆军小学教习，二年后转任浙江陆军小学教员。1909 年与陈去病、吴梅等在上海愚园成立神交社。1916 年任北京大学文科教授，又兼北京高等师范学校教授，后应镇江敏成中学之聘，任校长。1924 年任东南大学教授。次年任持志大学教授，又与陈去病主持江苏通志馆。1927 年任长江要塞司令秘书长。次年冬任江苏革命博物馆编纂主任，江苏通志局编纂。1929 年于右任聘其为监察院设计委员，1931 年任监察院监察委员。抗战初，国府西迁，仍滞留沪上，蒿目时艰，"忧闷欲死"，常常纵酒解忧，狂歌当哭，1938 年夏大病，不久去世。为人好义任侠，素有"义士"之称。生性绝聪慧，精于诗文书法，能篆、隶、行三体，尤擅汉隶。著有《拨灰集》《华泾风物志》、《黄叶楼遗稿》（油印本）等。（入社号 640）

注 释

❶ 景（yǐng）从：颜师古注"言如影之随形也"，喻敬重、追随。

❷ "当年"句：指刘三信守盟誓，冒死将邹容烈士遗梓收葬华泾事。按，刘绣、刘缙（刘三之次女、三女）先生在《刘三冒险收葬邹容遗骸史迹的回忆》一文中对此事记之甚详，兹摘其要者如下："……吾父即约一乡亲作伴，去当年提篮桥西牢附近之万人荒冢进行寻觅。……虽连日徘徊其间，究竟孰是烈士遗榇，因无标志，终未能辨认得之。……正彷徨无计中，忽得友人相助，贿通一狱卒而叩询之。据称当

时曾有人在椟前树有石碣一方，上刻周镕二字，但有石碣的不止一处，且大都已为泥土所湮没。故须辞去泥土，或可审视得之。吾父既得指点，……逐一用小铲铲去泥土而审视之。果铲得刻有'周镕'二字的短小石碣一方。……随即袖出手绢一方，塞入石碣背后泥土中而微露一角，备在黑夜来冢地舁举烈士遗骸易于辨认。……既抵家，即将如何寻得盟友邹容遗骸的经过情状具告吾母，并与商定在私有之小量土地中择其比较高亢的约3亩土地，献为营葬革命盟友邹容墓葬之所。计议已定，吾父约来4位亲密乡亲，在所已选定的地上，先期挖掘墓穴，砌以砖椁。1906年4月2日，预雇一艘民船，约定于次日凌晨，亦即烈士邹容死难一周年忌日，随带毡毯、绳索、杠棒等，从水路向上海出发。而吾父则从陆路先到码头等候。比晚，才相与摸黑出发，径趋冢地。经摸索得预埋之手绢后，即舁举棺木，连同石碣，一并移置于两条毡毯之上而包扎之，然后扛之运归华泾事先营造就绪之墓地。时万籁俱寂悄无人影，即将预置于砖椁中之工具取出，将先烈之灵柩安置入椁，再复土加封，仍植下旧有之石碣，诸事既毕，已晨光熹微矣。……"

❸ 华泾墓：即邹容墓。红心草：《异闻录》："王生梦侍吴王，闻葬西施，生应教为诗曰：'满地红心草，三层碧玉阶。春风无处所，凄恨不胜怀。'"

❹ 姜姜：茂盛。

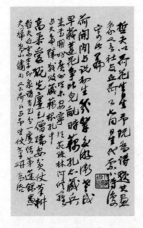

刘三行书手迹

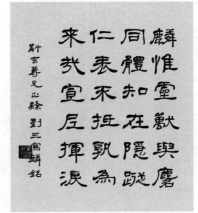

刘三隶书手迹

刘大白 *

投止❶当年百感侵，群才作育绿成荫❷。

更从《旧梦》开新面❸，略领诗人裘厦心❹。

简　传

　　刘大白（1880—1932），著名诗人，原名金庆棪，后改姓刘，名靖裔，字大白，别号白屋。浙江绍兴人。1895 年，赴杭州考科举，为优贡生，还曾膺拔贡，入京谒选。早年留学日本，加入同盟会，1912 年在家乡绍兴主办《禹域新闻》，以诗文反对袁世凯的窃国称帝、倒行逆施。反袁运动失败后，被迫流亡南洋。逮于袁世凯暴亡后，始回绍兴，先后在省立诸暨中学、浙江第一师范、上海复旦大学执教十余年。1919 年五四运动后，作为我国新诗运动的重要倡导者之一，坚定地站在新文化运动的前列，创作了以《卖布谣》为代表的一系列反帝反封建的代表作。1919 年，应经亨颐之聘，在浙一师与陈望道、夏丏尊、李次九一起改革国语教育，被称为"四大金刚"。1924 年任复旦大学、上海大学教授。在此期间，与徐蔚南、陈望道等教员负责编辑《黎明》周刊。刘氏在该刊上发表大量政论性文章，运用"一字之褒，荣于华衮，一字之贬，严于斧钺"的春秋笔法，切中时弊，影响甚巨。同年加入新南社，旋又加入文学研究会上海分会。1928 年 1 月，辞去复旦大学的职务，赶赴杭州出任国立浙江大学秘书长之职。1929 年 8 月 15 日，应新任教育部长蒋梦麟之请，出任教育部常任次长。自 1931 年始，摒除外界干扰，闭门进行写作。1932 年 2 月病逝。主要著作有：《旧梦》（诗集）、《邮吻》（诗集）、《旧诗新话》（诗论）、《白屋说诗》（诗论）、《白屋文话》（杂文）、《卖布谣》（诗集）、《秋之泪》（诗集）、《中国文学史》《文字学概论》、《白屋遗诗》（旧诗）、《中诗外形律评说》（理论）、《刘大白精选集》《刘大白文集》《五十世纪中国历年代编》等。

注 释

❶ 投止：投奔托足；投宿。《后汉书·党锢传·张俭》："俭得亡命，困迫遁走，望门投止，莫不重其名行，破家相容。"谭嗣同《绝命诗》："望门投止思张俭，忍死须臾待杜根。我自横刀向天笑，去留肝胆两昆仑。"按，辛亥革命前，刘氏尝与清末老同盟会会员、光复会会员王世裕合编《绍兴公报》，并且与好友任瘦红在该报共事逾年。1913 年，刘氏东渡亡命日本，在日本东京期间加入同盟会，1915 年公开发表反对卖国的"二十一条"的文章，受到日本警视厅的监视，被迫离开东京，转赴南洋，先后受新加坡、苏门答腊等地的华侨学校之聘请，教授国文，为时一年有余。逮至 1916 年 6 月，袁世凯称帝失败后方从南洋回国，定居在杭州皮市巷三号，在《杭州报》任职谋生。1920 年 6 月，刘大白从杭州回绍兴之后，他往返于杭州、萧山、绍兴等地，先后在崇文、安定、春晖等中学任教。

❷ "群才"句：按，1924 年 2 月底，刘氏由杭抵沪，经邵力子推荐，受聘于上海复

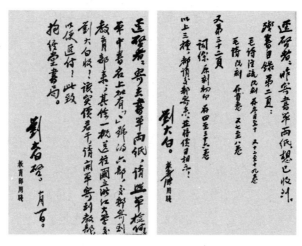

刘大白手迹

旦大学任大学部文科教授，住江湾校舍，后又受聘上海大学，教中国文学。刘氏在复旦大学和上海大学任教后，开始将较多精力投献于学术研究上。孙中山改组国民党后，刘氏为兴办教育事业，与朱少卿一起加入国民党。1928年，蒋梦麟任职浙江教育当局，找到当时在复旦大学任教的刘氏，想让其出任自己的秘书，他对刘氏言道："大白，有人不敢请教你，有人不配请教你，我也敢，也配。你来不来？"刘氏爽快地应道："来。"随即成为蒋梦麟的秘书。后来蒋梦麟升任教育部长，刘氏被任为次长，为振兴教育尽心竭力。

❸《旧梦》开新面：1924年3月由上海商务印书馆出版的刘大白的第一部诗集。该诗集共收597首诗，列入"文学研究会丛书"之一，陈望道、周作人为诗集作序，此为刘氏在1919—1922年新诗创作全盛时期的作品，周作人一向赞佩其古典诗文的深厚功力，在序言中曾表示："刘大白先生富有旧诗词的蕴蓄，却不尽量的利用，也是可惜。"足见其在写新诗时为力求大众化、通俗化所作的努力。刘氏不仅是才华赛举的诗人，其在文学评论方面也有超乎时流的深刻警辟之见地，著有《白屋文话》《旧诗新话》《白屋说诗》等谈诗论文的专集。其中《旧诗新话》共收录60篇诗话，前45篇作于1926年前，堪称为文学革命"呐喊"的文字。作者要

"从古墓中掘出抒情诗来"，以历史中的白话诗为由头，倡白话、反纲常。其诗文不仅学问、见识、性情、才华咸备，且透露着"五四"的热情、凌厉与欢快。若将刘氏上述三本文学论著合而观之，足见其对文学遗产的认识是较为全面深刻的，既不一笔抹杀，亦不盲目崇拜，而是取其精华，弃其糟粕；正是在此认知的基础上，刘氏无论是旧体诗还是新诗创作，皆极少用粉饰之字，镂金错采，敷衍成章，颇能显示其精湛深厚的非凡功力。总之，刘氏作为提倡新文化运动的主将之一、清朝举人，旧学功底甚为深厚；可感激风潮，反对传统文化的情绪亦甚为激烈；他与胡适等人不遗余力地提倡白话写作，并致力于新白话诗的创作，在理论方面也颇有建树，为新文化运动的发展贡献甚巨。

❹ 裘厦心：即流贯在刘氏诗文创作中的强烈的普世情怀与人文精神。语本叶勃璐《读杜白二集》："子美千间厦，香山万里裘。迥殊魏晋士，熟醉但身谋。"按，子美，即杜甫，其《茅屋为秋风所破歌》云："安得广厦千万间，大庇天下寒士俱欢颜。风雨不动安如山。呜呼，何时眼前突兀现此屋，吾庐独破受冻死亦足！"香山，即白居易，其《新制布裘》诗云："安得万里裘，盖裹周四垠，稳暖皆如我，天下无寒人。"

刘成禺

肯把媕媟媚缙绅❶，扬清激浊运风斤❷。

呵天诗史❸南金重，展卷蛟龙❹夐入云！

简 传

　　刘成禺（1876—1953），字禺生，本名问尧，笔名壮夬汉公、刘汉。原籍湖北武昌，生于广东番禺。为容闳弟子。初入武昌两湖书院，后入自强学堂，习美、俄和拉丁文。1901 年因唐才常案被牵连，离鄂赴沪，旋入香港，寓中国日报社，加入兴中会；同年入日本成城陆军预备学校。1902 年与李书城等在东京刊行《湖北学生界》，宣传反清革命，被取消官费。1904 年春赴美国加州大学留学，并加入中国同盟会，经孙中山推荐，任旧金山致公堂机关报《大同日报》主笔、总编辑。1911 年冬回国，历任湖北省参议院议员、北京临时参议院参议员，同年与张百烈等盘入上海集成图书公司，成立民国第一书局。1913 年 7 月"二次革命"

后，被袁世凯通缉，遂遁逃海上。后在沪设"嘉禾居"杂货店，未几歇业。1916年第一次恢复国会时，仍任参议院议员。1917年8月任广州国会非常会议参议院议员，9月被聘为广州大元帅府顾问。1921年5月，孙中山在广州就任非常大总统，被奉派为总统府宣传局主任。1922年归武昌，执教于国立武昌高等师范学校。1923年3月，任广州大本营参议，12月中国国民党改组，被委为临时中央执行委员。1925年秋，回武昌高等师范学校任教。1931年2月，任

刘成禺手迹

国民党政府监察院监察委员。1947年8月，派为监察院粤桂区监察使；同年11月免去其职，任两广监察使职。1949年任国史馆总编修。1950年回鄂，被邀为湖北省人民代表大会代表，同时被聘为湖北省人民委员会参事室参事；8月任中南军政委员会文教委员会委员。1953年在汉口逝世。平生著述宏富，其最为脍炙人口者，为《洪宪纪事诗》《洪宪纪事诗簿注》。另有《世载堂诗》《世载堂笔记》《世载堂杂忆》《太平天国战史》《禺生四唱》《先总理旧德录》《忆江南杂诗注》《容闳辜汤生马相伯伍廷芳外交口授录》《自传》等。（入社号54）

注 释

❶ 首句：隃糜：古县名，在今陕西千阳县城。东汉曾为侯国，晋并入汧县。以产墨著名，后遂以隃糜作为墨的代称。缙绅：语出《汉书·郊祀志上》："其语不经见，缙绅者弗道。"李奇注："缙，插也，插笏于绅。绅，大带也。""缙绅"一词遂为官宦的代称。

❷ 运风斤：典出《庄子·徐无鬼》："郢人垩漫其鼻端若蝇翼，使匠石斫之，匠石运斤成风，听而斫之，尽垩而鼻不伤，郢人立不失容。宋元君闻之，召匠石曰：'尝试为寡人为之。'匠石曰：'臣则尝能斫之，虽然，臣之质死久矣。'"此处借喻刘

成禺文章之精妙。

❸ 呵天诗史：语本钱仲联先生《近百年诗坛点将录》，中云："（禺生）《洪宪纪事诗》，敢于呵天之诗史也。"董必武《杂记·序》云："武昌刘禹生以诗名海内，其脍炙人口者为《洪宪纪事诗》近三百首。"章太炎亦特为撰序，云："……武昌刘成禺者，当袁氏乱政时，处京师久，习闻其事，以为衰乱之迹，率自稗官杂录志之，然见之行事，不如诗歌之动人也。于是为《洪宪纪事诗》几三百篇，细大皆录之。诗成示余，其词瑰玮可观，余所知者略备矣。后之百年，庶几作史者有所撷拾，虽袁氏亦将幸其传也。"（《洪宪纪事诗》三种，上海古籍出版社1983年版。）孙中山在《洪宪纪事诗叙辞》中赞曰："年余，成《太平天国战史》十六卷，予序而行之。今又成《洪宪纪事诗》几三百篇。前著之书，发扬民族主义；今著之诗，宣阐民主主义。鉴前事之得失，示来者之惩戒，国史庶有宗主，亦吾党之光荣也。"（《洪宪纪事诗》三种，上海古籍出版社1983年版）按，刘禹生之《洪宪纪事诗》共计208首，甚具史料价值，兹选录数首，略窥一斑。如"丽宋图书广海藤，萧然高阁类孤僧。诗人证得陈思罪，莫到琼楼最上层。"谓克文惟好书册，不直其父之所为，作《感遇》诗讽之，中有"绝怜高处多风雨，莫到琼楼最上层"二语，为克定所得，告之袁世凯，安置北海，禁其出入也。又如："官内嘲谈竟阋墙，君臣御跛笑升堂。寄言来日聋皇后，胜却徐妃半面妆。"谓洪宪元旦，颜世清趋储官贺太子，行拜跪礼，克定还礼，克定左跛，世清右跛，皆按地良久始立，克文、克良大笑，克定大怒，克良答曰："世岂有跛皇帝、聋皇后耶？"克定妇为吴大澂长女，两耳实聋也。又如："六十分时侍圣躬，一声臣诺一分中。诸公莫笑饶臣癖，分定汾阳王式通。"谓帝制取消日，王式通与张一麔谒项城，张行常礼，王仍拜跪称臣，事毕同出，张谓王曰："汝真有臣癖，谈话不过六十分钟，汝足足称臣六十声。"王曰："今上虽弃皇帝不为，吾与之君臣之分已定也。"南金：《诗·鲁颂·泮水》："元龟象齿，大赂南金。"

❹ 蛟龙：孟郊《题韦少保静慕宅藏书洞》诗："书秘漆文字，匣藏金蛟龙。闲为气候肃，开作云雨浓。"按，孟郊在此以内藏金蛟龙的匣子喻藏书洞，以金蛟龙喻藏书。

刘约真

独立西山❶点点枫，残阳鸦背不成红。

平生血泪知多少？都付延陵❷一剑中！

　　刘约真（1883—1959），名谦。湖南醴陵人。髫龄即从父读四书，稍长入醴陵渌江书院，与同学宁调元、傅熊湘友善，因"时艰孔亟，非力求革新不足以救国"，乃负笈省垣，入湖南长沙优级师范学校，治数学。1907 年，宁调元以谋革命被逮于岳州，解省系狱三年，宁调元在狱中授意刘约真与李隆建组织同盟会湘支部，吸收会员。刘约真曾从各图书馆借书二千余册，以供宁调元狱中著述之需。柳亚子、高天梅在沪组织南社时，刘约真由宁调元之介加入南社。辛亥革命后，袁世凯僭夺国柄，图谋称帝，宁调元密谋七省联合讨袁，至汉口为黎元洪所逮，枪杀于武昌。刘氏闻讯后，即从长沙奔赴武昌，归其枢，葬于醴

刘约真手迹

陵西山，又将宁氏所藏遗著与柳亚子所辑者合列成书，曰《太一遗书》。1912 年，与文斐、傅熊湘等创《长沙日报》，弹劾袁世凯等，触北洋军阀之忌，指使流氓深夜焚烧报馆，刘氏裹被自楼上跃下，幸免于难。军阀混战期间，因家室之累，不得不蓄意韬晦，担任省垣各中学数学教师及科员、秘书多年。鉴于"时局变迁，社事日就衰歇"，与傅熊湘等一道，于 1924 年创南社湘集于长沙，尔后出版《南社湘集》八辑，刘氏与有力焉。1927 年，马日事变后，各县反动势力嚣张一时，农运、工运积极分子大遭搜捕，醴陵进步分子逃往长沙，刘氏常予妥善安置。1930 年，傅熊湘病死于安庆，刘氏守护其梓返乡，并为其编辑《钝安遗集》，筹资印刷出版。抗战军兴，回乡兴办小学、中学，力倡积谷防灾，赞助进步青年筹办醴陵开明中学，并出任该校董事。刘氏又素谙中国医术，尝亲自为农民治病，因深感普及胎产知识之重要，乃著《胎产常识》一书，自费印刷数千册分赠穷苦百姓。1941 年任醴陵县志局编纂主任，重修县志，并在县志中为左权将军立传。抗战胜利后仍回长沙居住，曾与程潜、陈明仁密谈易帜之事，并营救被逮的地下工作党员。解放后，任湖南文史馆馆员。1959 年 5 月殁于上海。著有《戊午集》《醴陵新志》《宁调元革命纪略》《新生室诗稿》等。（入社号 332）

注　释

❶ 西山：刘约真曾负宁调元骸骨，归葬西山渌江书院之侧，并有《哭太一诗》十首，其六云："西山一冢倚长空，薜荔惊秋泣鬼雄。天亦为君留纪念，染枫如血满江红。"

刘氏又有《哭太一诗后十首》，兹选录如下："年年狱里送君归，七字吟成涕雨挥。今日人间又冬至，临风谁更话依依！""贾傅长沙赋鹏余，南幽回忆为停车。前言戏耳偏成谶，狱到共和不可居。""诗魂合伴草堂灵，天醉沉沉唤不醒。两度间关数千里，包胥空自哭秦庭。""临终呼母不呼天，遗语曾凭狱吏传。供养更堪无仲博，行縢记与赍青钱。""居然江夏死祢衡，腥血模糊古寺横。赖有旧人与重殓，佛香漠漠证三生。""招君不返奈君何！热泪潺湲逐世波。从此空山揽蘅若，英灵可为降岩阿？"（《南社》第十三集）

❷ 延陵：指吴季札，吴国公子，封于延陵，故又称延陵季子。典出《史记·吴太伯世家》："季札之初使，北过徐君。徐君好季札剑。口弗敢言，季札心知之，为使上国，未献。还至徐，徐君已死，于是乃解其宝剑，系之徐君冢树而去。从者曰：'徐君已死，尚谁予乎？'季子曰：'不然，始吾心已许之，岂以死倍（背）吾心哉！'"《古诗源》卷一《徐人歌》曰："延陵季子兮不忘故，脱千金之剑兮带丘墓。"后遂用"延陵许剑"表示对亡友的吊唁、追怀及信义。如黄庭坚《李濠州挽词》："挂剑自知吾已许，脱骖不为涕无从。"骆宾王《夕次旧吴》："悬剑空留信，亡珠尚识机。"郭沫若《为鲁迅石膏浮雕像题联》："返国空余挂墓剑，斫泥难觅运风斤。"按，刘约真与宁调元乃同年同月同日生，故后来二人结为庚庚社，情谊甚笃。宁调元因抨击袁世凯称帝而罹缧绁之灾，约真时往狱中探视，有人以冤狱繁兴劝其疏远太一，约真谓："有命在天，弗计明日生死。"宁调元被杀后，约真即将其骸骨归葬西山，并大力搜集太一遗著，刊印成书。屯艮逝世，又为辑《钝安遗集》。——"平生""都传"两句即指此。

刘师陶

芝兰九畹慰平生❶，天地为心裒厦情❷。
但得澍霖能解甲❸，白云来去自轻轻❹！

简 传

　　刘师陶（1876—1935），字少樵，晚年自号沧霞老人。湖南醴陵人，世居邑南泗汾沧霞里。自幼颖悟刻苦，好学不倦。6岁就外傅，稍长肄业渌江书院，每试辄冠其曹。1898年，郡试第一补博士弟子员，供成均，食廪饩。但刘氏无意求功名而取禄位，1905年乃偕弟子宁调元东渡留学，肄业弘文师范大学，专攻教育，以实践其"教育救国"之志。后日本应清政府之请，发布所谓《清国留学生取缔规则》，对留日学生加以种种苛例，师陶大愤，遂率领宁调元等回国。其时，醴陵初设高等小学堂，民智待开，规模草创，遂应县令之聘，主持该学堂，培育人才甚夥。1911年10月，湖南光复后，任郡督府教育司科长。"二次革命"

失败后，湖南反动势力抬头，乃返回醴陵，任县立高等小学堂堂长。1916年，袁家普出任湖南省财政厅厅长，坚邀师陶担任总务科长。师陶就职后，念民困已深，力主约繁就简，裁其不当；他旰食宵衣，尽瘁擘划。遇袁外出，则代行厅长职，悉治机宜，深得上下敬重。袁奉调入皖后，师陶辞归故里，从事地方社会福利及教育事业，多所贡献。1927年，大革命失败后，利用自己的地位和影响力，使许多革命志士得以存活。1929年，袁家普出任山东财政厅厅长，再度邀师陶相助，任省金库库长。任职一年有半，经手库帑不下数百万，一尘不染，声誉更隆。师陶公余有暇，颇爱吟咏，常与海内诗人唱酬，其作品大多散见于南社诸集及明湖唱和集，生平所作诗不下三千首，曾汇成《删余吟草》若干卷，惜为友人借去辗转遗失。其诗多为唱酬题赠之作，但言之有物，落笔传神，工力深厚，风骨峻整。柳亚子在《南社点将录》中，将师陶之诗列为上品。
（入社号331）

注 释

❶ "芝兰"句：芝兰：《晋书·谢安传》："玄少为叔父安所器重，安尝戒约子侄，因曰：'子弟亦何豫人事，而正欲使其佳。'诸人莫有言者。玄答曰：'譬为芝兰玉树，欲使其生于庭阶耳。'"后多以"芝兰"赞美子弟。九畹：《离骚》："余既滋兰之九畹兮，又树蕙之百亩。"畹，十二亩。按，刘师陶先生平生抱定教育救国之宏愿：本其所学，在乡里立堂规、展业务，亲身负责督导，诚信所感，学生咸能奋勉向学。被誉为"谭嗣同第二"的南社烈士宁调元，幼故倜傥，独诚服师陶；其后以节烈文学著，实基于此。其他受师陶启沃者，日后亦多为国家建大勋业之俊才。

❷ 裘厦情即流贯在刘氏诗文创作中的强烈的普世情怀与人文精神。语本叶勃璐《读杜白二集》："子美千间厦，香山万里裘。迥殊魏晋士，熟醉但身谋。"按，子美，即杜甫，其《茅屋为秋风所破歌》云："安得广厦千万间，大庇天下寒士俱欢颜。

风雨不动安如山。呜呼，何时眼前突兀现此屋，吾庐独破受冻死亦足！"香山，即白居易，其《新制布裘》诗云："安得万里裘，盖裹周四垠，稳暖皆如我，天下无寒人。"

❸ 解甲：《易·解》："天地解而雷雨作，雷雨作而百果草木皆甲坼。"汉扬雄《太玄经·释》："阳气和震，圜煦释物，咸税其枯，而解其甲。"

❹ "白云"句：按，何元文先生云：师陶先生"赋性澹泊，不慕荣利，当民国初建，昔年东京旧好，多有在中央或地方居重要权位者，力挽先生出仕，先生概以从事教育婉谢。后来虽一度主湖南财政厅幕及出任山东省金库库长，均系短期内为协助挚友袁家普厅长，整理财政、金融事宜，一经就绪，即飘然引去，还其初服。先生对地方公益、慈善事业，亦向极热心，邑中育婴、济贫、施乐、义仓诸善举，多赖大力倡导，乃能观成。遇有旱涝、兵燹，先生更不忍坐视，筹赈善后，无役不从。公正廉明，民沾实惠，勚勤上达，曾荣获大总统颁授五等嘉禾章，乡里荣之。"（详见台北刊行之《湖南文献〈季刊〉》）。——"白云"句指此。

刘师陶诗稿手迹

刘泽湘

刀绳^❶已具绝堪称，只手鲸波^❷万丈腾。

更划龟山伐柯去^❸，几人豪气逼崚嶒^❹！

简 传

刘泽湘（1867—1924），字今希。湖南醴陵人。早年先后肄业城南、岳麓、渌江诸书院，穷究训诂，博涉诸经，尤擅词章之学。自科举废，毅然留学日本，入东京弘文学院进修师范及警政。在求学期间，结识孙中山先生，并加入中国同盟会。归国后，主教于湖南铁路学校，并在秘密组建的同盟会湘支部中主持文檄。萍浏醴之役，同乡宁太一以革命嫌疑被逮，刘氏具书抗辩请释，得不死。袁世凯谋帝制，太一倡"二次革命"，谋大举讨袁，又被逮入武昌狱，黎元洪承袁意旨，于1912年9月将宁太一杀害。刘氏正继任三佛铁路总办职（此职原由太一担任，泽湘为襄佐），治牍阅到学生太一手迹，往往泪下。不久，即解

刘泽湘常用印章

职归，营钓月山房于荆潭，恒与故人卜吐藩、傅屯艮唱和为乐。友人文斐被诬，搜捕立至，刘氏护往长沙，百计营救，事得大白。1916 年，程潜率护国军驱逐湘督汤芗铭，泽湘任秘书，事定北游。1917 年秋，随护国军入湘，参赞机要，都功成不居。尝以邑经兵燹，继以饥荒，刘氏奔走粤沪燕鲁，募款为赈。县城渌江桥亦因动用部分募集款得以在 1925 年修复。刘氏又揭发榷局舞弊案，直言无忌，急公好义，大率类是。终因长期奔波，积劳成疾，于 1924 年冬辞世。平生工诗，尤擅七言歌行，诗风豪迈，笔墨酣畅，尤长于叙事。又善书法。著有《鞭影楼词》《劫余残泪》等。（入社号 484）

注 释

❶ 刀绳：顾亭林《答甥徐乾学书》有"刀绳已具，莫速我死"之语，以示绝不降清之志。

❷ 只手鲸波：鲸波，鲸鱼兴起之波，谓江海巨浪，杜甫《舟中出江陵南浦奉寄郑少尹》："溪涨鲸波动，衡阳雁影徂。"按，刘泽湘诗，多以长歌行出之，激情澎湃不可羁绊，气势浩荡，读之每感才气横溢，有江河直泻之概。

❸ "更划"句：龟山：蔡邕《琴操·龟山操》："孔丘欲诛季氏而力不能，于是援琴而歌云：'予欲望鲁兮，龟山蔽之，手无斧柯，奈龟山何！'"伐柯：《诗·豳风·伐柯》："伐柯伐柯，其则不远。"

❹ 峻嶒：山势高峻重叠。

刘鹏年

主盟湘集众咸推[1]，百样飘零更助才[2]。

不信请看《涉江集》[3]，翻澜倒峡破空来。

简 传

刘鹏年（1896—1963），字雪耘，自号鞭影楼主。湖南醴陵人。刘泽湘之子。幼颖异，秉承家学，7岁开始发蒙。稍长，入邑东王仙小学，师从名师傅熊湘先生。后入长沙陆军小学，但因体质屡弱，不得已中途退学。1914年10月，入上海中国公学政治经济科求学，经柳亚子介绍，加入南社，年方18岁。入南社后，受诗坛耆宿和父辈、师长的风范熏沐，倾心革命，尝"以词笔代兜鍪"，为鼓吹民主革命、抨击封建专制而呐喊。1924年，加入南社湘集，后被公举为社长。九一八事变，目睹日军旁若无人、长驱直入占领我国东北，怒斥当局不争："空怜折戟沉黄浦，不见征车出白山。"（《和仲询先生原韵》）为给后人存信

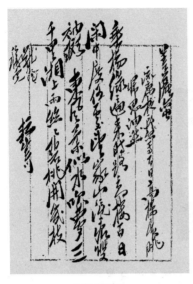
刘鹏年手迹

史，曾逐日记载战争的进展、轭下群黎的惨况，并剪辑报纸，拟为日后编写《抗日战争史》一书之用，但几经战乱，其住宅两度被毁，终未果。长沙沦陷后，刘氏携妻挈女，过衡阳，经桂、黔，一路颠沛流离，逃亡至重庆定居。抗战胜利后，随当时的机关迁移到南京。1948 年末，告老还湘。1950 年随子女旅居北京。1954 年不幸中风，愈后步履维艰，仍勉强握管作诗，写日记。1963 年不慎偶感风寒，转成肺炎不治，于北京城北寓所病逝，享年 68 岁。（入社号 472）

注 释

❶ "主盟" 句：1924 年，傅熊湘以 "提倡气节、发扬国学、演进文化" 为宗旨，成南社湘集于长沙，被推为社长，应者云集。1934 年，傅熊湘病逝后，社友公举刘鹏年继任社长，在刘氏的主持下，定期雅集，以诗文会友，互有倡和，并先后出版《南社湘集》八期，后因抗战爆发，《湘集》被迫停刊。

❷ "百样" 句："二次革命" 后，刘氏曾赋诗寄怀抒愤，直刺袁世凯，其《感事六首》（录二）云："为问龙颜近若何，中原处处哭声多。天恩早颂千人口，底事甘操一室戈？衔石谁填东海水，全躯争避北山罗。不堪毒雾弥漫日，赢得邻邦奏楚歌。""傀儡登场鼓乐喧，钧天沉醉我何言！关山再见红羊劫，江汉还留碧血痕。斑管无端挥泪雨，椒浆何处奠忠魂？倘余寸土容埋骨，便算汪汪圣主恩。"（《南社》第十九集）抗战爆发后，刘氏一改以往的诗风，笔下大多御侮图强、踔厉豪纵之作。如："怒竖冲冠发。最伤心、边疆万里，等闲沦没。"（《金缕曲·闻芦沟桥战讯》）"飒爽

英姿争视，剪凶顽、指麾如意。庸奴叛国，降幡暗竖，大功全弃。五丈沉星，三军浴血，伤心遗志。望云车风马，忠魂万古，洒英雄泪。"(《水龙吟·悼佟副军长麟阁、赵师长登禹》)"看旦暮、捷书层叠。收复河山初发轫，算亡秦、三户非虚说。"(《金缕曲·闻芦沟桥战讯》)随着湘桂战事的节节败退，刘氏慨叹道："失计棋秤一著差，虏兵五道扑长沙。"(《旅途杂咏十六首》)为避难计，刘氏带上妻女，随着逃亡的老百姓开始了他生平最艰苦、也最长久的一次颠沛之旅。"卅年湖海飘零惯，却是兹行最断肠。"(《大塘露宿》)刘氏一家先逃难至衡阳，然后入西南，经桂林而柳州、独山、松坎而重庆。一路备极坎坷，险恶不断，自谓："泪飘八桂三湘外，人自千辛万苦来。"(《柳州作》)

❸《涉江集》：刘氏将抗日战争时期的作品全部收集成册，题为《涉江集》。

许指严

腾实飞声纸价高[1]，饫闻字字胜醇醪[2]。
人书俱死烟桥语[3]，四字真堪为汝褒！

简 传

许指严（1875—1923），名国英，字志毅、芝年、子年、指岩，别署高阳氏
不才子、砚耕庐主、弹华阁主。江苏武进人。出身于官宦之家，幼承家学，后
补博士弟子员。早年执教于常州致用精舍，1899 年与蒋维乔等创办修学社，编
辑实用教材，为普及实用教学不遗余力。1903 年应盛宣怀之聘，掌教上海徐家
汇之南洋公学（即今交通大学之前身），旋受商务印书馆之聘，编辑《中学国
文史学讲义》《国文读本评注》等教科书。此期，曾一度担任《小说月报》编
辑。1912 年，辞去商务印书馆职务，赴金陵高等师范教授国文。1916 年北上任
财政部机要秘书。1917 年 3 月创办《说丛》杂志，任主编。又一度编辑《小说

新报》。1922 年任《商报》总编。次年赴沪任南方大学国文教授，同年 8 月 15 日因急性肝炎突发而逝世。擅掌故小说，书法亦遒秀古逸。平生著述近百种，主要有《天京秘录》《新华秘记》《南巡秘记》《民国春秋演义》《京尘闻见录》《近十年之怪现状》《财神罪恶史》《小筑茗谈》《指严余墨》《许指严说集》《许指严小说精华》等。（入社号 401）

许指严书影

注 释

❶ 首句：腾实飞声：犹言名实俱优。《北史·周宗室传论》："其茂亲则有鲁卫、梁楚，其疏属则有凡蒋、荆燕，咸能飞声腾实，不灭于百代之后。"纸价高：《晋书·左思传》：左思作《三都赋》，"构思十年，门庭藩溷皆著笔纸，遇得一句，即便疏之"，复倩安定皇甫谧为其赋序。"自是之后，盛重一时，……豪贵之家竞相传写，洛阳为之纸贵。初，陆机入洛，欲为此赋，闻思作之，抚掌而笑，与弟云书曰：'此间有伧父，欲作《三都赋》，须其成，当以覆酒瓮也。'及思赋出，机绝叹伏，以为不能加也，遂辍笔焉。"《世说新语·文学》载晋庚阐作《杨都赋》成，"人人竞写，都下纸为之贵"。这里借用此典形容许指严的作品才藻超人，内容赡富，风行一时。按，许氏一生嗜酒，有时阮囊羞涩，只好暂时赊欠。为还酒债，许氏竟与世界书局经理沈方知商议，由他伪造一部《石达开日记》，限时交卷，由书局预付稿酬谢 200 大洋。沈方知预计此书一定畅销，遂慨然预付稿费。许氏乃于公务之余，奋笔疾书，以石达开的生平履历，演绎日记。而世界书局在此期间已登出广告，煞有介事地介绍石达开如何为川军唐友耕所败，如何进至老鸦漩，势穷被缚，以及在狱中所述及天王起事以来，如何与清军相持，并总结其胜败得失。该广告还大肆渲染了觅得此书的曲折过程。结果，此书甫一面世，便大为畅销，竟不断再版。

❷ "饫闻"句：饫（yù）闻：犹言饱闻。韩愈《燕喜亭记》："次其道途所经，自蓝田入商洛……极幽退瑰玮之观，宜其于山水饫闻而厌见也。"醇醪：美酒。按，许氏曾对洪宪称帝前后的闹剧轶闻及袁世凯的私人生活，进行寻访觅踪，在掌握大量真实史料的基础上，撰成洋洋大观的《新华秘记》前后编。又，1917年，徐州辫帅张勋率兵北上，演出一场复辟闹剧；许氏根据当时报刊的相关记载和所见所闻，写出《复辟半月记》，详尽记述了张勋复辟的前前后后。举凡此类掌故小说，均能补史书之阙，且隽雅有味，读之如饮醇醪。

❸ "人书俱死"句：许氏去世后，范烟桥慨叹道："指严死，掌故小说与之俱死。"按，许指严之祖父系宦海中人，习知朝局官场隐秘，故指严年幼时，所闻较多，这些后来都成为他撰写稗官野史小说的重要素材；又，指严幼承家学，精通古文辞，擅史学，故所作掌故小说，文辞典丽，余味深隽，非许指严莫能为也。

许指严诗稿手迹

许康侯

未臻弱冠❶已悬壶，石鼓❷精研竟得珠。
莫道柳书无姓字❸，太丘道广见双图❹。

简 传

　　许康侯（1889—1953），名豫、豫曾，字康侯，也作康由、亢由，号太平，书斋名池上小筑。吴江芦墟人。早年受医德高尚、医术高超的高祖父陈梦琴之熏沐，究心中医，兼擅诗文，又师从同里"吴江文皇帝"金松岑，并与柳亚子订交。1916年芦墟陆鸥安、沈昌眉、沈昌直、董书城等发起成立分湖诗社，许氏积极参加。而立之年后，行医之余搜罗梦琴高祖之遗稿，不遗余力，与其弟半龙一起整理抄写，谋求印行，施惠后人。揆诸其平生，热心文化、教育、卫生等社会活动，性格豪放，激情洋溢，淑世之心綦切。1922年参与筹备《芦墟报》，并出任编辑主任。是年10月1日正式出刊，该报以芦墟、北厍、莘塔、周庄为范围，报道新闻，宣传新潮流，提倡民众文学，出版后颇受地方人士和广大民众欢迎。新中国成立后，许氏已年逾花甲，犹意气风发，豪情不减。1951年初积极参与筹备吴江县芦墟区卫生工作者协会，并兴致勃勃地为协会题写匾牌。1953年因病去世。（入社号不详）

注 释

❶ 弱冠：古代男子二十岁行冠礼，即戴上表示已成人的帽子，表示已经成人，故称"弱冠"。事见《礼记·曲礼上》："二十曰弱冠。"孔颖达疏："二十成人，初加冠，体犹未壮，故曰弱也。"后遂称男子二十岁或二十几岁的年龄为弱岁。左思《咏史》："弱冠弄柔翰，卓荦观群书。"清人袁枚《祭妹文》："予弱冠粤行，汝掎裳悲恸。"
悬壶：在社会上挂牌行医，意即行医。语出南朝范晔《后汉书·费长房传》："市中有老翁卖药，悬一壶于肆头。及市罢，辄跳入壶中，市人莫之见。"按，许氏为芦墟名士许蒿安（雄生）的长子，下有泰增、观曾两位胞弟。许宅坐落于芦墟镇司浜，即原分湖巡检司旧址，宅第宽敞。许康侯11岁时，三弟观曾出生仅一年，慈父病逝，仲弟泰增弱冠之年又遭夭折。许家全仗陈太夫人支撑，太夫人陈文英乃一知书达理之女子，清嘉道年间著名诗人、医学家陈梦琴后裔、晚清名医陈仲威令公长女，陈家世世代代凭高明的医术和敦厚的医德而传承。太夫人含辛茹苦教育儿子，寒灯课子，望子成龙，康侯遵母嘱专心学医，又赖有外祖陈仲威亲自传授，颇有进境，三年后即悬壶开业，诊所设在芦墟镇南栅檀家桥东北塊（即白宅西门），后以妇幼科名于世。

许康侯遗迹

❷ 石鼓：为我国石刻中之最古者，为刻石、为碣。

❸ "莫道"句：许氏与其胞弟许半龙皆为南社社员。据张舫澜先生介绍，1963年3月、1979年6月，他曾分别请教过范烟桥、蔡韶声先生，两位南社老人皆肯定许康侯系南社成员，但柳亚子《南社纪略》一书却漏收其人。郑逸梅在《南社丛谈》的《表录拾遗》中，列有"兄弟同参社籍者"一栏，开首即为"许康侯和许半龙"，只是入社号不详。从许氏的行迹看，他平生喜爱结交朋友，与其最为友善者，如王大觉、凌莘子、范烟桥、蔡韶声、沈文杰、夏应祥、袁镜涵等，皆为南社社友。又，许氏与其胞弟半龙皆与柳亚子相交甚深，在《吴根越角杂诗》中，柳亚子对许氏兄弟分别作评价道："大许（康侯）清狂小许（半龙）迂，若论才笔各于于。盛年不入香奁社，要食豚蹄两庑无。"

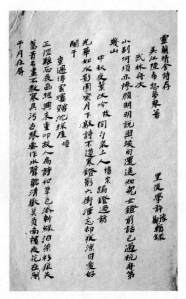

许康侯诗稿手迹

❹ 末句：太丘道广：太丘，东汉陈寔，曾为太丘长，世称陈太丘。其人交游甚广。《后汉书·许劭传》："太丘道广，广则难周。"柳亚子《燕子龛遗诗序》："君谓：'亚子太丘道广，将谓举世尽贤者。'"双图：指《燕筑图》与《寿萱图》。按，1923年，许氏请友人绘制《燕筑图》，广征南社社友与海内知己题咏、写序、作记。该图典出行刺秦王的侠士高渐离。许氏以高渐离自许，意欲凭借自身医术，进入北方政要之宅，乘机行刺。柳亚子观罢《燕筑图》，慨然赋诗《题许亢由〈燕筑图〉》，以寄豪兴。1925年，许氏兄弟共同祝拜慈母五十大寿，开始征集编辑《寿萱图题咏集》，其中有黄宾虹、蔡守、张倾城三位画家的《寿萱图》，以及柳亚子、章太炎、姚石子等人撰写的序言、图记，吴昌硕等人的题辞，金松岑、陈去病、李涤、傅钝艮、王大觉等题赠的诗词。1931年，许氏与半龙经过精心整理，采用宣纸印刷，分赠诸多同好，颇得时誉。

阮梦桃

坠地星辰❶廿二年，淮城揭祎契凌烟❷。

莫公今日东风壮，吹绚繁花各斗妍！

简 传

阮梦桃（1889—1911），讳式，原名书麒，号翰轩，别号汉宣。江苏山阳
（今淮安）人。"生而颖悟"，十岁能文章，自号跅弛狂民。1903 年，肄业于清河
江北高等学校，每试必为"全堂之冠"。因中西书局开设于清河，故阮氏于此际
开始接受新学，民族主义情绪高涨。次年应唐春卿学使岁试，即入县学为秀才。
1906 年考入宁属师范学校，与周实"一见倾心，相得益彰"，一时"白门侪辈，
周阮齐称"。毕业后，受聘于皖南宣城模范小学任教。1909 年受上海《女报》之
聘任编辑。未几，《女报》因经费不济停刊，遂回淮安，先后于淮安敬恭学校、
山阳高等小学校任教。1910 年任上海、香港、鸠兹、宛平诸报社通讯。时南社

社友咸宁李瑞椿创《光复学报》于海上，慕梦桃名，请为学报撰稿。梦桃生平持民族主义甚坚，为文慷慨激昂，遭清政府之忌，在所不顾。1911年6月，周实创办淮南社，约梦桃共掌社事。一时淮上知名之士，奉为依归，纷纷以文字宣扬革命，与海上南社相呼应。闻武昌起义旗，他浮白击节，与周实共谋保障乡里，恢复南都，并创巡逻部，周实为部长，梦桃为副，谋响应武昌。1911年11月14日，山阳光复大会胜利举行，万众欢腾，独清吏山阴令姚荣泽避匿不出，梦桃责

《阮梦桃遗集》书影

以大义，并严厉诘问漕银数目及存放地点，姚荣泽惶惧无以对；梦桃持双管手枪，指姚胸口，姚氏佯允于三日内交清，暗中却定下谋杀之局。11月17日，清参将杨建廷率兵至阮宅，将其劫持至府学。梦桃知遭暗算，痛骂清吏，厉声道："要杀就杀，快刀立断！"清吏使朱二对梦桃剖腹剖胸，肝肠俱出，死状极惨。梦桃擅诗文，工书法。著有《梦桃杂剧》《翰轩丛话》《啼红惨绿馆杂识》《七录山房幽怪记》。阮梦桃就义后，由其胞弟阮式一辑录、编校的《阮烈士遗集》亦在南社社友大力支持下，于1913年在上海印行。（入社号337）

注 释

❶ 星辰：刘禹锡《序柳子厚集》云："粲焉如繁星丽天，而芒寒色正。"此指阮梦桃。柳亚子《阮烈士梦桃传》云："（梦桃）生而颖悟，长负魁奇磊落之才，不屑以雕虫小技自鸣，然下笔千言，纵横辟易，论者辄推为文坛健将云。"殊堪痛惜的是，阮梦桃就义时，年仅22岁。柳亚子在南社同人为周实、阮式二人举行的追悼会上声泪俱下地说道："所痛者，二烈士不死于光复以前，而死于光复以后，不死

于沙场，而死于东市，不死于祈战死，而死于莫须有；不死于青天白日，而死于漫漫长夜。"

❷"淮城"句：揭旆：揭，高举；旆，古时末端形状像燕尾的旗，此处指旌旗。契：铭刻；凌烟：即凌烟阁之省称，封建王朝为表彰功臣而建筑的高阁，绘有功臣图像。庾信在《周柱国大将军纥干弘神道碑》中云："天子画凌烟之阁，言念旧臣；出平乐之宫，实思贤传。"又，《旧唐书·太宗纪》《旧唐书·代宗记》《大唐新语·褒锡》诸书均有记载唐太宗贞观十七年，代宗广德元年绘画功臣像于凌烟阁之事。——此处借指阮梦桃为淮城光复而慷慨就义的精神必将为世人所铭记。

庄 严

弥天劫火护奇珍❶，笔底瘦金谁与伦❷？
白首追怀风雨路，犹堪自慰老宫人❸。

简 传

　　庄严（1899—1980），字尚严、守仁，号慕陵、默如、六一、六一翁，室名有洞天山堂、摩耶精舍等。河北大兴人，出生于吉林省长春市。1916年加入南社。20世纪20年代中期，在北京与沈兼士、陈援庵、马叔平、刘半农等组建北京文物维持会，又继南社社友易孺的冰社之后，在北京成立专事刻印及其理论研究的圆台印社，主要成员有马衡、王福厂、台静农、魏建功、金满叔等人。1924年，毕业于北京大学哲学系，经沈兼士教授推荐，出任北大研究所国学门考古研究室助教，兼任国立古物保存委员会北平分会执行秘书。1925年初，进入刚刚成立的"清室善后委员会"，任事务员。此后，一直供职于故宫博物院古

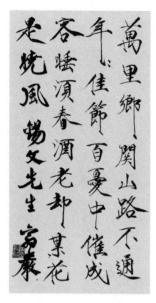

庄严手迹

物馆。平生一本文物乃"学术公器"之理念，黾勉以赴，笃勤匪怠。1926 年春，"入宫"未满两年的庄氏便与同事合作，用故宫特制的纸张与印泥，将故宫内集藏的古代铜印 1295 方，一一手钤，汇编成《金薤留珍》印谱，一共钤拓 26 部。此印谱甫一问世，士林腾誉，尽管售价高达银洋 100 元，仍洛阳纸贵，坊间难求。故宫博物院遂以套版石印之，以应学界之需。直到 1961 年，"台北故宫博物院"应社会需求，始将此印谱再版发行。抗日战争爆发后，庄氏负责押运故宫文物，历尽千难万险，付出常人绝难想象的卓绝努力，保护这批宝贵文物免于受损，在 1948 年底将部分文物安全运抵中国台湾。除供职故宫博物院外，庄氏亦兼在台湾大学任教，1980 年在台北寓所病逝。平生除文物研究外，亦擅书法，勤于著述，除《山堂清话》外，还编辑有《清宫旧藏历代花鸟集珍》等。（入社号 730）

注　释

❶"弥天"句：按，1935 年 6 月 6 日，故宫博物院与河南博物馆、安徽博物馆等单位选出历代文物 1022 件，搭英国军舰"萨福克"号赴英伦举办中国艺术国际展览会。庄氏以中文秘书名义，与 4 位故宫同仁一起押运这批宝物，从 1935 年 11 月 28 日在英国开展，至 1936 年 3 月 7 日闭幕。全部展品由英舰"兰浦拉"号运送回国，1936 年 5 月 17 日抵达上海，其中故宫藏品 737 件又在南京展出 3 周，然后存放于博物院在上海的库房，同年底又运至故宫博物院南京分院之朝天宫库房。1937年七七事变发生后，日本大举侵略中国。为了免遭空袭，以运英展品为主，另加

若干其他珍品，装入 80 只铁皮箱，于 8 月 14 日起航离开南京到达汉口后，换乘火车送至长沙，暂存于岳麓山湖南大学图书馆，同年 12 月又转移至贵州，暂存于六广门蒋介石行营。当时重庆市作为"陪都"、国民政府的办公地，常常遭到日本空军的轰炸，贵阳与重庆近在咫尺，故宫文物岌岌可危。当时的国民党宣传部部长张道藩，系贵州安顺人，建议将全部宝物移送安顺南郊华严洞秘藏。1938 年 11 月，80 箱文物安全运达，故宫博物院安顺办事处随即成立，办事处成员共 5 名，由庄氏负责。这批国宝在秘窟里平安存放了近 5 年之久，迨至 1944 年，日本侵略军沿黔桂路进犯，11 月 28 日进入贵州境内，危及华严洞里的文物。庄氏等人遂借用军用汽车将这 80 只铁箱连夜送离安顺，沿川黔公路运到四川省巴县乡间的飞仙岩暂存，机构则改称巴县办事处。1945 年 8 月 15 日，日本宣布无条件投降；次年 1 月，这批文物从巴县转运重庆。1947 年又由长江运回南京，存放于原先的库房，终于 1948 年底，平安运抵中国台湾。在这次至为艰难的文物押运过程中，庄氏历任科长、馆长，最后出任"台北故宫博物院"副院长。安顺华严洞秘密护宝，是庄氏一生拂拭不去的情结。故在离开贵州多年之后，仍不时提及。在《山堂清话》中，庄氏曾多处记述这段难忘的经历。其后，庄氏经过酝酿，请人绘制《华严洞读书山图》，并征集多家墨迹，其中诗词题跋应有尽有。他本人亦曾赋诗一首云："我与青山结宿缘，岩居招隐四十年。此日披图重太息，何时归卧故乡山。"寄慨遥深，俱见乎辞。

❷ "笔底"句：按，庄氏既是学者、诗人，又是著名的书法家。其好友台静农曾经叙述过庄氏学书的经历。其学书从楷书入手，初学薛稷，进而研习褚遂良、赵孟頫，之后转向《好大王碑》，好作榜书，隶书为体，篆书为用，字体在篆隶之间，方正拙朴，圆浑而敦厚，间有楷书韵味。晚年喜北齐《唐邕写经碑》，所作行楷书骨法通达，意态奇逸，尤其是行书信札，直逼六朝，笔法跳跃，点画峻厚，气贯神凝，潇洒不拘，整个字幅血肉丰美而富有古趣。而最可称道的，则是他独创的"瘦金书"，其门生蔡秋来评为"独步天下"，盛赞此乃数十年来艺林一绝，我国书法中的奇葩，堪与宋徽宗、金章宗合称"瘦金三巨擘"。据台静农先生介绍：

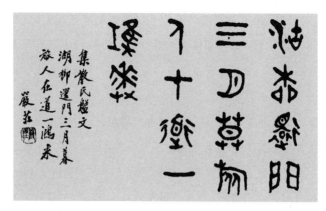

庄严篆书手迹

庄慕陵执笔书写瘦金书，悬笔高，下笔疾，轻骑快剑，一往无前，这种境界绝不是一般书家所能达成的。晚年错综各体，随手挥洒，更是自出手眼，奇趣横逸。

❸ 老官人：按，1925年初，庄氏进入刚刚成立的"清室善后委员会"，任事务员。自此便尽瘁于故宫博物院古物馆，直至1969年退休，历时整整45年！庄氏晚年回顾自己从"入官"时的一名小事务员到副院长荣休的漫长岁月，尝自称乃"从一而终"的故宫"老官人"，不无自慨自豪之意。不过，庄氏平生亦有两大憾事，一为不能目睹迁台文物重返故里；二为不能亲眼看到"三希堂法帖"再次聚首。早在《山堂清话》里，庄氏便记叙其与《中秋》《伯远》二帖的遇合。1933年，庄氏在收藏家郭葆昌家中，观赏到《中秋》《伯远》两件珍稀，郭葆昌当着庄严、马衡和徐森玉三人的面，明告其子郭昭俊道，自己百年之后，将把这"二希"无条件归还故宫，让《快雪》《中秋》和《伯远》"三希"再聚一堂。1949年底，郭昭俊曾携《中秋》与《伯远》赴台，欲履行其父的宏愿，让"三希"聚首。由于郭昭俊甫至台湾，经济拮据，希望能够得到一点报酬，再作捐赠。可当时台湾财政紧缺，无力支付。其后，郭昭俊持此"二希"到香港，此事为周恩来总理获悉，遂以较高的价格认购下来，归由北京故宫博物院收藏。

庄通百

醉余灵感正歊熏❶，人号钟王识异群❷？
雅集当年腾俊采❸，此风消歇半缘君❹。

简 传

庄通百（1882—1965），名先识，字士器，又字恫百或通伯，以字行。江苏
武进人。著名古文家庄清华之子。附贡生。郎中衔，候选县丞。早年受日本维
新教育影响，弃制举文攻新学。1904 年入日本弘文院留学，两年后毕业回国。
在同族庄蕴宽等资助下，于青果巷赁屋创办粹化女校。1908 年，与妻陈警在麻
巷创办常州最早的幼儿园——涤氛蒙养院。1912 年，粹化女学易名武进县立女
子师范，庄氏出任教员。1915 年离开常州，为常州近代新式教育的开创者之一。
后历任苏州东吴大学、省立第二女子师范等校教员。1933 年，被教育部聘为特
约编审员，负责教科书的审查。抗战胜利后，在上海任善后救济总署专员。新
中国成立后，任上海文史馆馆员。学识渊博，精古文，擅诗词。1965 年病逝。
主要著作有《亦聊簃谜宫》《有性情簃词箧》《知夜长斋诗简》六卷、《怀湘居文
簏》《唱歌襦录》《景湘学舍试艺》《惜花竹堂诗词丛话》《惜日短室文集》六卷、
《恫百廛书籀》十卷、《庄庄诗话》四卷。（入社号 565）

注 释

❶ 歊煜：向上升貌。班固《宝鼎诗》："岳修贡兮川效珍，吐金景兮歊浮云。"

❷ "人号钟王"句：钟王：诗钟之王的省称。所谓诗钟，又有"诗畸""羊角对""雕玉双联""诗唱"之别称，初为文人游戏之资，互斗尖叉，各逞智巧。白居易所言"寸铁金为句，双雕玉作联"，即本乎此。若究其源起，似当肇自清代，初起于闽，继传诸省。倘迹其名称之由来，盖古人于拈题时，须系寸许香，缀线之缕，下承铜盘，香炷线坠，声锵锵然，用作构思之限，与击钵、刻烛催诗之意相仿佛。至若其格式则大抵有嵌字与分咏之别。嵌字分"正格"（所谓"凤顶""燕颔""鸢肩""蜂腰""鹤膝""凫胫""龙尾"是也）、"别格"（所谓"魁斗""蝉联""鼎足""鸿爪""双钩""五杂俎""四五卷帘""鹭拳""流水"是也）；分咏则分"合咏""笼纱单咏""晦明"。又，诗钟别名曰改诗，取古人诗与吾嵌字合者，就其上下句中字，点窜组构缩成七字，故谓之改诗，此乃诗钟之祖，厥后脱离古句，以己意隶事遣辞。易顺鼎尝谓诗钟派分闽、粤，闽尚性灵，粤尚典实，各擅胜场，未可强为轩轾。惜乎迫至于兹，厥艺几成绝响。按，庄通百善射文虎，亦擅制谜。诗钟尤为敏捷，为当时著名诗钟组织聊社、秋声社的巨擘；不论分咏还是嵌字，皆快捷惊人，一如良驹追风，不待鞭影，故同人一致推尊他为"钟王"。又，庄氏一生作诗甚多，常以"诗囚"自命。尝赋诗自道行藏："苦不长吟不肯休，天荒地老一诗囚。茶可涤烦何必酒，药难疗病况于愁。人生百岁如朝露，会拟辞家作远游。"识异群：庄氏尝作《读书有感二首》："穷日穷年惟考据，销磨精力复劳形。焚书莫怪秦皇虐，误尽英雄是《六经》。""所贵读书明大义，纷纭聚讼是何因？后儒议论多穿凿，万语千言转失真。"（《南社第十七集》）识见如此，足觇所尚。

❸ 俊彩：语出《滕王阁序》："雄州雾列，俊采星驰。"

❹ "此风"句：按，庄氏太丘道广，广结善缘。自任上海文史馆馆员后，尝组织海滨耆老会，此中有诗人、书画家、医师、教授、前清太史公等，月必数集，极一时之盛。后庄氏一病骤衰，足不出户，因召集乏人，群龙无首，遂不复有往日的盛况。

任鸿隽

致知格物独凭栏❶，作始❷由来心力殚。

道术叹为天下裂❸，兼通文理此才难。

简 传

任鸿隽（1886—1961），字叔永。四川巴县人。为晚清末科秀才。后就读于重庆府中学，再考入上海中国公学，1908 年东渡日本，考入东京高等工业学校应用化学科，其时章太炎正在日本举办"国学讲习会"，从其学习国学，深受其革命思想影响。1909 年加入同盟会。武昌首义后归国，任孙中山临时总统府秘书。因愤于袁世凯窃国称帝，弃官去美求学，1913 年考入美国康奈尔大学文理学院，主修化学和物理学专业。1914 年夏与同学赵元任、胡明复、周仁等联合发起成立科学社，集资创办《科学》月刊。次年，中国科学社正式成立，被推举为董事会董事长和中国科学社社长。1916 年，于康奈尔大学毕业，获得学士学位。随后又考入哥伦比亚大学攻读化学工程专业，1918 年获学硕士学位，于同年秋返国。1920 年应北京大学校长蔡元培之聘，赴北京大学任化学系教授。1925 年，因不满学校新旧两派斗争愤而辞职，闭门著述《科学概论》一书。该书作为中国科学社丛书之三，由商务印书馆出版。1935 年，被委任为四川大学校长，为改善校园建设、厘定课程，延聘教授，整顿学风等多所擘划，贡献至巨。后经多方努力，取得全校师生和当时教育界以至蒋介石的支持，筹备 300 万元建筑费，遂立即组织实施。1936 年辞去中基会干事长职务，专心从事四川大学的校务和建设，期望经三五年的努力，使该校跻身于全国著名学府之林。1937 年 6 月被迫辞去四川大学校长职务，仍回中基会并从事编译工作。抗日战争爆发后，不辞艰辛，倾力配合蔡元培领导中央研究院及所属各所开展工作并克服万难，因陋就简，使科研工作得以正常进行。1941 年冬，中国科学社和中基会转移至重庆北碚。因其在中国科学社事业上的成就卓著，自 1942 年直至 60 年代初中国科学社结束工作为止，始终担任中国科学社社长。

中华人民共和国成立后，中央人民政府及科学界，对任氏的功绩给予充分肯定。1949 年，作为特邀代表出席第一届中国人民政治协商会议，参与共商建国大计。此后，热忱参加人民政权的建设，尤其在科学教育事业方面，贡献綦巨。历任中央文化教育委员会委员、华东文化教育委员会委员、上海市人大代表、第二和第三届全国政协委员、全国科联常务委员、上海市科联主任委员、上海市科协副主席、上海科技图书馆馆长和上海图书馆馆长等职。1961 年 11 月 13 日病逝于上海。著有《科学概论》《最近百年化学的进展》《近世化学家列传》《科学与工业》《科学与教育》《发明与研究》《科学之应用》《科学与近世文化》《科学与社会》《大宇宙和小宇宙》《爱因斯坦与相对论》《最近百年化学的进展》。（入社号 440）

任鸿隽中年像

注 释

❶ 首句：致知：致，求得；知，知识。即"获得知识"之意。《礼记·大学》："欲诚其意者，先致其知；致知在格物。"东汉郑玄注："知，谓善恶吉凶之所终始也。""此致或为至。"南宋朱熹注："致，推极也；知，犹识也。推极吾之知识，欲其所知无不尽也。"明王守仁谓"致"即行，以论证其"致良知"和"知行合一"。格物，意为穷究事物的道理或纠正人的行为，"格"在这里有"穷究"的意思。格物致知是中国古代儒家思想的一个重要概念，最早出自于《礼记·大学》，后来成为认识论的重要问题。按，《大学》中提出的格物、致知、诚意、正心、修身、齐家、治国、平天下八条目，成为南宋以后理学家基本纲领的一部分。独凭栏：按，任氏在国外留学期间，立足于中西文化比较的视角，深切地认识到中国最缺"科学"，由此在留学生中发起"科学救国"运动；并以此为目标，进一步探索中华民族走向新生而应确立的价值观念，率先擎起"民主"与"科学"这两面现代化旗帜，成为神州大地上在新文化运动惊雷乍响之前悄然绽放的第一枝报春花。

❷ 作始：语出《论语》："始作俑者，其无后乎！"按，任氏一向认为："现今世界，假如没有科学，几乎无以立国。""所谓科学者，非指化学物理学生物学，而为西方近三百年来用归纳方法研究天然与人为现象而得结果之总和。……欲效法西方而撷取其精华，莫如介绍整个科学。"为了实现科学救国的理想，1914年夏，与同学赵元任、胡明复、周仁等联合发起成立科学社，集资创办《科学》月刊。次年，中国科学社正式成立，任氏被推举为董事会董事长和中国科学社社长。该社是中国最早的综合性科学团体。同年，以阐述"以传播世界最新科学知识为帜志"的《科

任鸿隽中年像

学》月刊正式问世，公开出版，其后，中国科学社又编辑发行了《科学画报》《科学译丛》等刊物，在各地成立图书馆和研究所，成为20世纪前半叶覆盖面最广、参加人数最多的科学团体，在科学知识的普及和科技事业的发展方面，颇具奠基之功，贡献綦巨。

❸ "道术"句：按，任氏学贯中外，文理兼通，知识渊博，著述赡富，一生撰写论文、专著和译著300多篇（部），内容涉及化学、物理、生物、教育、政治、文学、科学思想、科学组织管理和科技史研究等多方面。他早年撰写《科学概论》，旨在向国人介绍埋在各个"学科"之中的"整个科学"。"科学"一词，自1897年由康有为把日文汉字转变为中国文字之后，经由任氏的诠释才得以正名，并赋予其科学的意涵。抗战时间，任氏利用转移到乡村躲避日军对昆明进行空袭的时间，翻译《科学史及其与哲学宗教的关系》一书。该书于1946年3月以《科学与科学思想发展史》为名在重庆初版。同年6月由上海商务印书馆再版。总之，任氏文理兼融的学术思想和对科学精神的守持，至今仍为学术界所推崇。

1914年中国科学社部分成员在美国合影（前排左三为任鸿隽）

孙竹丹

遍地腥膻未弭兵❶，凤麟作醢恨难平❷。
英魂应化狂涛返❸，以代军中刁斗❹鸣！

简 传

　　孙竹丹（1882—1911），名铭，字竹丹，讳元，别号同仁，以字行。原籍
江苏上元（今江宁县），其先人迁安徽寿州，遂为寿州人。1901年入江南陆师
学堂，隐然以革命自任。既东渡入日本振武学校，所志益坚。1905年中国同盟
会于日本成立，曾参与枢密，并任皖分会会长。1906年与孙毓筠等归国，谋划
江南起义，事泄后复赴日本以图再举。又与钱兆湘等人谋划解决军实不足问题。
1909年春，熊成基自长春往访，竹丹醵金助其资斧，成基返国，竹丹亦返北京。
不料熊成基被奸人臧冠山出卖，遭杀身之祸，株连竹丹，幸赖友人程家柽密告
始得脱。初居天津日租界，后再度赴日，杜门不出，每日以读《周易》自娱；

《孙烈士竹丹遗事》书影

或从事翻译，以供旅费。但此时有忌恨竹丹之人，大造谣言，谓其为清人侦吏，熊氏之狱，祸首亦为竹丹。及至与竹丹日相往来之王坚、宋教仁、钱兆湘相继返国后，忌恨竹丹者更无所顾虑，乃诱之对弈，竹丹正凝思以图取胜，伏者突起于身后，持铁锥猛击其颅，立死，时为1911年6月，年仅29岁。1912年，柳亚子、宋教仁、刘揆一等12人发布公启，以白其冤。有《孙烈士竹丹遗事》。（入社号132）

注 释

❶ 弭兵：罢兵。

❷ "凤麟"句：凤麟：凤凰和麒麟。这两种动物相传为灵兽神鸟。《礼记·礼运》："麟凤龟龙谓之四灵。"后多以凤麟比喻超侠绝伦之人。柳亚子在《为孙君竹丹昭雪启》中，对孙竹丹烈士评价甚高："竹丹江左名流，富春华胄。伯符英锐，早怀逐鹿之心；士雅激昂，每欲闻鸡而舞。"又，柳亚子在《孙竹丹后传》中，曾慨乎言道："兰以芳自摧，膏以明自煎。君负英挺之才，而居污浊之世，宜其死也。顾既杀其身，复污其名，夫己氏之用心，亦太酷矣！"所谓"恨难平"即指此而言。醢：剁成肉酱。

❸ "英魂"句：孙竹丹烈士被害后，复被仇家肢解遗骸，沉入大海。

❹ 刁斗：古代军中用具，铜质，有柄，能容一斗。

孙雪泥

妙手权奇敌化工❶，梅花知己一飞鸿❷。

恩仇历历底从诉？独把铦毫作缴弓❸！

简 传

  孙雪泥（1888—1965），名鸿、杰生，字翠章，号枕流居士。江苏松江（今属上海市）人。性聪慧，5岁即能剪纸，16岁始习画，临线装版画及图案。山水画继承云间画派，花果则宗明代孙克弘。所作风景和蔬果小品淡雅秀逸，饶有韵致。曾应包天笑之邀，为文明书局之《小说大观》作画；又应冠生园之招，任广告宣传员。1917年在上海创办生生美术公司，编辑《世界画报》，后自任编辑主任，出版《笑画》等许多美术杂志，颇负声誉。1928年，采用新制版工艺印刷《良友画报》，甚为精美，风传一时。同年任中国画常务理事。1931年赴日本考察，回国后又创办图画书局，出版儿童读物，同时首创绢扇面彩色胶印工

孙雪泥所绘果蔬

艺，为印刷国画团扇，设团扇制造厂。1935 年编刊《俱乐部杂志》，国民党审查机关以该刊侮辱"党国要人"为由，下令禁止。中华人民共和国成立后，为中国美术家协会会员及上海分会理事，上海中国画院画师，上海中国书法篆刻研究会会员，上海市文史研究馆馆员，中国农工民主党成员。1965 年 7 月 4 日在上海病逝。平生具郑虔三绝之才，画梅尤擅胜场。著有《雪泥诗集》《雪泥画集》等。（入社号 1013）

注 释

❶ 首句：权奇：奇特而陷于谲诡。化工：大自然化生万物的神功。

❷ "梅花知己"句：梅花知己：孙雪泥擅画梅，尝有诗云："春来不惜磨穿砚，借尔风光换酒钱。"飞鸿：指孙雪泥。雪泥名鸿，取苏东坡"人生到处知何似，应是飞鸿踏雪泥"之诗意。

❸ 缴（zhuó）弓：《汉书·苏武传》："武能网纺缴，檠弓弩，于靬王爱之，给其衣食。"

注："缴，生丝缕也，可以弋射。"按，孙氏为南社中胆识过人之画家。曹锟贿选大总统时，他绘制一画，画面为圣诞老人带着许多外国猪仔来到中国做投机生意，显然是在鞭挞那些贿选的"猪仔议员"。又，1935年，孙氏绘制一幅《树倒猢狲散》，画面显著部位为一棵大树，树枝上攀满了许多猴子般的小人物，作捐枪架炮开车驰船状。权桠间有一亭，中坐两人，一男一女，一望可知其为何人。树根畔，有一人身着和服木屐，正作挥斧砍伐状。国民党当局认为此画是故意侮辱"党国要人"，查令严禁。

孙雪泥画作

前排左起：孙雪泥、赵少昂、陈荆鸿、黄少强、陆丹林、黄宾虹；后排左三起：钱瘦铁、张韦光、贺天健，左九郑午昌，1934年摄于上海。

孙世伟

俗意年来笔尽删❶，几回挥麈❷看云山。

当其下手风雨疾，日月星辰未许闲❸。

简 传

孙世伟（1883—1961），字儆仁，一字俶仁，号儆庐，别署瓦鸣，取屈原《卜居》"黄钟毁弃，瓦釜雷鸣"之意。浙江绍兴人。早年毕业于日本法政大学，获法学学士学位。回国后，在清政府法部任职。1912年出任浙江都督府秘书；1913年2月，任浙江省实业司司长；9月出任内务司司长，旋加入南社。1914年6月，出任浙江瓯海道尹，不久又调任福建汀漳道道尹。1917年6月，出任河南省政务厅厅长。1928年3月，出任直隶省省长，逮至同年6月去职。后曾任浙江实业银行监察人及杭州分行经理。平生擅诗，工书。1961年病逝。（入社号278）

注 释

❶ "俗意"句：按，孙氏亦为南社中善书者，惜乎存世之遗墨不多。仅从目前所发现的摹品《西岳华山庙碑》（简称《华山碑》，郭香察书，东汉延熹八年立，原碑

在陕西华阴西岳庙中）看，结体精严，风神朴厚，用笔古拙，藏露为用，凝重沉雄而不失灵动飞扬之势，了无庸笔俗意，颇得原碑"方整、流丽、奇古"三者兼备之神韵，洵可宝也。

❷ 挥麈（zhǔ）：麈，麈尾，即拂尘，用麈（一种似鹿而大的动物）的尾毛制成，魏晋人清谈时所执之物。欧阳修《和圣俞聚蚊》云："抱琴不暇抚，挥麈无由停。"宋人秦观词："雅燕飞觞，清谈挥麈，使君高会群贤。"

❸ 末句化用韩愈《赠贾岛》："孟郊死葬北邙山，从此风云得暂闲。天恐文章浑断绝，更生贾岛著人间。"按，孙氏亦为南社中擅诗者，其诗驱遣万物，独悟神理，雅音落落，允称作手，如："淮表风雷开物远，闽南花木占春多。功名四十惊人早，直道千秋与世磨。定有灵光岿异代，欲抛残梦避诸魔。那堪独醒观天醉，菊酒今朝亦暂酡。"（《和静初四十三岁初度诗》）"行行却曲怯前征，歧路多歧误半生。不道寸长兼尺短，惊心渊默在雷声。依巢危燕飞何去，感物秋虫诉不平。冰雪竟难消内热，且逃东海结鸥盟。""南游同是苦蓬征，杯酒何堪话此生。满地沧浪随濯足，暂时风雨过无声。百川东到天涯远，五岳归来山意平。回首素心人已去，瑶华端不隔诗盟。"（《次小柳和朴安韵以抒近感》）高情逸韵，令人神远。

孙世伟手迹

杨了公

妙手天成匪琢雕❶，解衣般礴❷惯逍遥。

行看身背夕曛去，吟影横铺过野桥。

简 传

　　杨了公（1864—1929），讳锡章，字子文，别署几园，江苏松江（今属上海）人。清季任宝山县教谕，痛恨太守贪赃枉法，称之为"伸手包龙图"，讥讽其外清而内浊，并上书巡抚告发，不意巡抚受贿，了公反被革职，遂于乡间创办孤儿院，自作一联云："革去宝山县学正堂，升迁孤贫儿院校长。"辛亥革命，于乡间首揭义旗，群情景从，事乃大定。功成不居，翛然物外，鬻书自给。1927年任奉贤县长，仅数月，便以"书生作吏，如坐针毡，罗掘皆空，补苴无力"为由辞呈告谢，侨寓沪渎，鬻书维持生计。因其所居在沪市东新桥畔，为烟花之窟，乃榜其斋名为"藕斋"。生平擅书法，工诗词，为人玩世不恭，为东

杨了公诗稿手迹   杨了公联语手迹

方朔、淳于髡一流人物。尝于报上自登作古告白："了公于正月二十一日子时无疾而终，其时独宿空房，家中人全然不晓，但见枕边有二十一日子时死亡字，并有自挽联云：'哀哀孤儿，又弱慈父一个；寥寥吊客，只有词人两三。'今日是二十日，准否尚未可知。"时为 1917 年，见者无不为之喷饭。实则杨了公之死，是在 1929 年 3 月 5 日，真假两死期，洵为千古奇闻。著有《梅花百咏》《杨了公先生墨宝》。（入社号 175）

注 释

❶ "妙手"句：杨了公先生所作诗词不拘恒格，往往率意为之，却隽雅自然，妙趣横生。如《赠金山张云林》云："翩然有客到松江，共对闲鸥酹一觞。此去青溪须记取，柳阴深处沈东阳。"（自注："瘦东先生不可不去一访。"）《龙华看桃花》："两岸桃花齐欲笑，欢迎车上一诗翁。可怜无限胭脂好，染到仙心总不红。"《西泠》："山

杨了公篆书手迹

楼隔雨一樽开,看我轻摇双桨回。静对微风先欲醉,为它吹过酒旗来。"《梅花》:"西风猎猎万山愁,正是寒梅得意秋。谁把冷香和雪咽,词人侧帽酒家楼。""君是梅花吾是香,寒光那得比春光。有时欲借春光暖,时与梅花略一商。"所作大都如此随意,不求工而自工。姚鹓雏曾为杨了公撰墓碑,谈及了公诗词,云:"(了公)于诗词为板桥、随园,理趣风发,不矜格调,晚弥刻意,骎逼宋人,后山、剑南,时时而遇。尤喜倚声,近模疆村,远窥片玉,若夫乘兴挥洒,遗落一切,固自有其独至,未易以迹象寻矣。"洵为的评。又,杨氏亦为南社中善书者,其书法取法于颜筋柳骨,参以"苏米"笔法,同时又融入魏碑的古拙之趣,自然入妙,洵为大家。

❷ 般礴:箕踞。伸开两腿坐,谓不拘行迹。语出《庄子·田子方》:"宋元君将画图,众史皆至,……有一史后至者,儃儃然不趋,受揖不立,因之舍。公使人视之,则解衣般礴,臝。君曰:'可矣,是真画者也。'"

杨性恂

欲抵黄龙❶饮一缸，头颅万里❷孰能降？
德公此去谋何断❸，凄绝招魂易水泷❹！

简 传

  杨性恂（1870—1913），名德邻，以字行。湖南长沙东乡高侨人。早年与黄兴同主由胡子靖创办之明德、经正两学堂讲席，以种族思想灌输青年。1905 年夏，作为湘中派遣的留学生，东渡日本研习政法，并借他人名义发行多部自己所译书籍。三年后返国，北游京师，任《中央日报》编辑。不久，应奉天民政司长张元奇之聘，襄理地方自治筹备会，卓有成效。1909 年，被举为湘省谘议局议员，对湘省利弊，提出若干意见，因未被当局采纳而毅然辞职。武昌起义时，与蓝天蔚、吴禄贞奔走北方，谋图直捣北京。事泄后，禄贞被害，性恂几遭不测，潜走沪上。民国改建时，应黄兴之聘，任南京留守府秘书，与黄兴筹国民捐以济中央之急。1913 年，宋教仁被袁世凯暗杀，杨氏慷慨激昂，大发演说，必欲拿办罪魁祸首方肯罢休，深遭袁氏之忌恨。"二次革命"时，与谭石屏举行湘省独立，事败后，汤芗铭来湘查办，不幸被捕入狱，越四日，即被杀，时为 1919 年 11 月 13 日，年仅 43 岁。著有《国民之声》《锦笈珠囊笔记》等。（入社号 257）

注 释

❶ 黄龙：《宋史·岳飞传》："金将军韩常欲以五万众内附。飞大喜，语其下曰：'直抵黄龙府，与诸君痛饮尔！'"后遂用"饮黄龙"表达克敌制胜的豪情壮志。赵翼《岳祠铜爵》诗："壮怀未饮黄龙酒，故物如传白兽樽。"柳亚子《为王卓民题扇》诗："痛饮黄龙终有愿，会教沧海变桑田。"

❷ 头颅万里：典出《三国志·袁尚传》："尚、熙与乌丸逆军战，败走奔辽东，公孙康诱斩之，送其首。"注："熙、尚入，康伏兵出，皆缚之，坐于冻地。尚寒，求席，熙曰：'头颅方行万里，何席之为！'遂斩首。"

❸ 谋何断：语出新旧《唐书》房杜传、《资治通鉴》第一百九十三卷。唐太宗的宰相房玄龄善谋、杜如晦能断，人称"房谋杜断"。

❹ 末句：招魂：召唤死者之魂。古人认为，将死者之衣升屋，北面三呼，即可招回死者之魂。但"招魂"一词在历代使用者的辗转使用、转述过程中，这种原初意义已日益淡化；诗人们只是将其作为一种极易激发读者悲哀情绪的"现成用语"来使用。易水：典出《战国策·燕策》和《史记·刺客列传》。战国末年，卫国人荆轲被燕太子丹尊为上卿。太子丹派他去行刺秦王。赴秦时，太子丹与宾客白衣白冠相送荆轲于易水之上。高渐离击筑，荆轲和歌："风萧萧兮易水寒，壮士一去兮不复还！"

杨杏佛

撞钟伐鼓拯黔黎❶，剑火篇篇唱晓鸡❷。

此去黄垆❸天亦怒，万千强弩射潮低❹！

简 传

　　杨杏佛（1893—1933），名铨，谱名宏甫，以字行。江西清江人。早年就读于上海吴淞中国公学。1911年8月入河北唐山路矿学堂预科；同年10月赴武昌参加民主革命，并加入中国同盟会。1912年任南京临时政府总统府秘书处收发组组长。1913年10月，因不愿在袁世凯政府为官，赴美国入康奈尔大学习机械工程，毕业后复入哈佛大学攻读工商管理经济学和统计学，获商学博士学位。1915年参与发起以"联络同志，研究学术，以共图中国科学之发达"为宗旨的中国科学社。1918年回国，曾任南京高等师范学校教授、东南大学学科主任。1925年任孙中山秘书，随孙北上。孙中山逝世后，为总理葬事筹备处总干事。

杨杏佛诗稿手迹

"五卅惨案"后，创办《民族日报》，同年9月参加中国济难会发起工作。1927年任清查整理招商局委员会委员；10月任大学院教育行政处主任。1928年大学院改为中央研究院，任总干事。1929年6月，派为总理陵园管理委员会委员。1931年连续撰文，公开向国际国内报道红军情况。次年初，创建技术合作委员会，对军队后方技术工作进行援助，同时开办后方伤兵医院，从事伤兵救护工作。同年底，参与筹备组织中国民权保障同盟，并任副会长兼总干事，反对国民党独裁统治，争取民主权利。1933年筹组中国民权同盟北平分会，积极奔走于民主斗争前线，设法营救被国民党政府关押的"政治犯"。1933年6月18日被国民党蓝衣社暗杀于上海。6月20日，宋庆龄、鲁迅等亲往万国殡仪馆送殓。

著有《杨杏佛文存》《战争与科学》《电学略史》《康桥集》《代议制与中国之乱源》《思想界与中国今日之祸乱》《杨杏佛演讲集》等。（入社号229）

注　释

❶ 首句：撞钟：《墨子·非乐（上）》："然即当为之撞巨钟，击鸣鼓，弹琴瑟，吹竽笙，而扬干戚。"伐鼓：《诗·小雅·采芑》："伐鼓渊渊。"（《笺》："谓战时进士众也。"）"钲人伐鼓。"后多以"伐鼓"作为进攻的信号。黔黎：黔首、黎民的合称。潘岳《河阳县作》诗云："黔黎竟何常，政成在民和。"

❷ "剑火"句：杨杏佛的诗词，大多凌厉飘发，充溢着剑与火的抗争雄气，如《贺新凉·题亚子分湖旧隐图》："一勺分湖水，问年年、扁舟选胜，俊游能几？乱世不容刘琨隐，

中国民权保障同盟合影（右一宋庆龄、二杨杏佛、四林语堂、五胡愈之）

杨杏佛词稿手迹

满眼湖山杀气。更谁辨、渔樵滋味。莫便声声亡国恨，运金戈、返日男儿事。风
与月，且丢起。征尘黯黯中原里，四千年、文明古国，兴亡如此。燕子东飞江潮哑，
儿女新亭堕泪。何处是、扶危奇士？不畏侏儒能席卷，怕匹夫、不解为奴耻。肩
此责，吾与子！"又如《贺新凉·吊季彭自溺》："九地黄流注，叩苍穹沉沉万象，
当关豺虎。呕尽心肝无人解，惟有湘灵堪语。忍独醒呻吟终古。眼见英雄成白骨，
好头颅未易苍生苦。心化血，血成雨！一泓浊井埋身处，赋招魂胥潮呜咽，蜀鹃
凄楚。河汉精灵归华岳，谁向清流吊取？但冉冉斜阳西去。试向中原男子问，有

几人不欲臣强虏？生愧死，死无所！”此外，如《贺新凉·送芾煌返蜀》《感事十绝集定庵句》，皆嶔奇磊落，苍凉激越，显示出诗人排击黑暗的郁勃襟怀和呼唤光明的精神力量。

❸ 黄垆：犹言泉下。《世说新语·伤逝》：“王濬冲乘轺车经黄公酒垆，顾谓后车客：‘吾昔与嵇叔夜、阮嗣宗共酣饮于此垆，自嵇生夭阮公亡以来，便为时所羁绁。今日视此虽近，邈若山河。’”

❹ 末句用“钱王射潮”事，施元之注苏轼《八月十五日看潮五绝》引宋孙光宪《北梦琐言》：“杭州连岁潮头直打罗刹石，吴越钱尚父俾张弓弩，候潮至，逆而射之，由是渐退。”事亦见于刘一清《钱塘遗事》。后多以“射潮”喻豪迈勇武之举。此处形容杨杏佛的被害，必将进一步激起全国民众对国民党政府独裁统治的愤怒抗议。

杨杏佛手迹

杨天骥

"四杰"❶声华独冠首，神光流美岂虚誉❷。

荷衣❸回首风云路，进退雍容葆厥初❹。

简 传

　　杨天骥（1880—1958），原名锡骥，后改天骥，号千里，别署骏公、茧庐、天马、东方、闻道等。江苏吴江人。幼承家学，1899 年，入上海南洋公学读书，1902 年推为壬寅科优贡。"苏报案"发后，参与营救章太炎，积极声援《苏报》，倡言舆论自由，并与父亲杨敦颐合著《满夷猾夏始末记》，控诉清政府残民罪行。又与柳亚子、金松岑等人资助邹容出版《革命军》一书。苏州仓米巷党团案发后，曾求助于蔡元培先生，为营救遭国民党逮捕的陈廉贞等进步青年，不遗余力。1904 年任上海澄衷学堂国文教员，在课堂上讲述《天演论》适者生存的道理，学生胡洪驻由此改名为胡适，字适之。胡适晚年仍认定杨天骥为澄

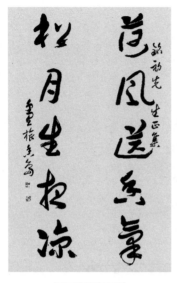

杨天骥联语手迹

衷学堂最好的老师。一度任蔡元培主办的《警钟日报》编辑，愤然揭露、抨击帝国主义列强侵凌中国的罪恶，又与于右任一起创办《民呼报》，（《民呼报》被清政府勾结租界强行封闭后，又与于右任共同创办《民吁报》《民立报》，为《民立报》之中坚），被清廷列为重点搜捕对象。武昌起义后，积极参加陈英士所领导的进攻江南制造局及道台衙门的战斗，旋又出任《申报》与《新闻报》主笔。因傲视执掌报业实权的美国人福开森，被迫停职，杨氏付之一笑，扬长而去。后赴南京政府从政，任教育部参事、秘书等。1917 年，赴广州任护法国会参议员，1920 年任北京政府国务院秘书，1921 年任中国代表团谘议，参加太平洋会议。1923 年起任国务院王宠惠的秘书。1925 年 10 月至 1926 年 2 月任江苏省无锡县县长，反对军阀统治，主张自治，为"苏浙皖三省联合会"事奔走呼吁，遭直系军阀通缉、追捕，只好暂返吴江，旋赴浙江助北伐军攻江苏，攻下吴江后，1927 年 4 月，任吴江县临时行政委员会主席，1929 年 7 月至 1930 年 5 月任吴江县县长。历任国民政府财政主事、佥事、秘书、教育部视学、交通部秘书、监察院监察委员等。抗日战争时期以经济委员会委员身份，赴香港协助国民党海外部部长吴铁城主持港澳地区的党政工作。抗战胜利后，淡出政坛，寓居上海。1946 年任吴江旅沪同乡会理事长。新中国成立后，由柳亚子介绍加入"民革"，任华东文物管理委员会特约顾问、徐汇区政协委员。后去香港，1958 年病逝。著有《茧庐吟草》《茧庐印痕》《茧庐长短句》《茧庐治印存稿》、《满夷猾夏始末记》（与父亲合著）。（入社号 66）

注 释

❶ "四杰"：清末民初，吴江文化名人中有"四杰"（"杨、柳、松、柏"）之称。"杨"即为杨天骥，为费孝通之舅父。

❷ "神光"句：按，天骥读书用功，袭承父学，善于撰写各种诗词文章，尤其擅长书法和篆刻。所书对联文采飞扬，书法出神入化，所治印章精妙绝伦。现柳亚子纪念馆和吴江博物馆藏有他的 30 多件对联、屏条、立轴，皆为精品。

❸ 荷衣：传说中用荷叶制成的衣裳。亦指高人、隐士之服。《楚辞·九歌·少司命》："荷衣兮蕙带，儵而来兮忽而逝。"《文选·孔稚珪〈北山移文〉》："焚芰制而裂荷衣，抗尘容而走俗状。"吕延济注："芰制、荷衣，隐者之服。"唐人钱起《送邬三落第还乡》诗："荷衣垂钓且安命，金马招贤会有时。"明人高启《归吴至枫桥》诗："寄语里闾休复羡，锦衣今已作荷衣。"清人龚自珍《己亥杂诗》之二八五："白头相见山东路，谁惜荷衣两少年？"按，杨氏一生，虽有短暂的从政经历，但始终未脱书生本色，故曰"荷衣"。

❹ "进退"句：语本龚自珍《己亥杂诗》："进退雍容史上难，忽收古泪出长安。"

李叔同

金缕歌残火作莲❶，悲欣❷谁解个中玄？

跏趺❸公亦无言说，一偈南山一月圆❹！

简 传

    李叔同（1880—1942），幼名文涛，又名广侯，别号息霜，法名弘一、演音，晚年又号晚晴老人。原籍浙江平湖，生于天津。幼时天资颖慧，喜爱诗词、书法和篆刻。早年敬仰康有为，曾自刻一印曰"南海康君是我师"。1898 年加入城南文社，研讨儒学诗赋。戊戌变法失败后，被人指为康梁同党，寡母恐遭祸殃，乃偕叔同南下，移居上海。1900 年入上海南洋公学，受业于蔡元培。1905 年东渡日本，进上野美术专门学校，研习绘画、音乐、戏剧艺术，主编《音乐小杂志》。1906 年加入同盟会；同年，与曾孝谷等创立春柳社于东京，为中国早期话剧（新剧）的第一个演出团体。1907 年起，在日本公演《茶花女》《黑奴吁天录》《热血》等剧，轰动一时，在留日学生中引起强烈反响。1910 年回国后，加入南社，以新剧同志会、春柳剧场等名义在上海、无锡、长沙等地公演《社会钟》《家庭恩怨记》等，反映出对民族独立与民主革命的强烈愿望。辛亥革命时，填《满江红》一阕以表激奋之情。中华民国成立后，任浙江两级师范学校音乐、美术教员，并与柳亚子等创办"文美会"，主编《文美杂志》，相期以文艺为武器，共图革命大业。1918 年在杭州虎跑寺从了悟和尚出家，翌年在灵隐寺受具足戒，弘扬南山戒律，创设南山律学院，并提出"念佛不忘救国，救国不忘念佛"之主张。1934 年在南普陀创办佛教养正院。抗战期间，保持民族气节，

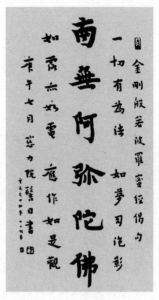

弘一法师手迹

在福建等地传经。1942 年 10 月，圆寂于泉州温陵养老院，终年 63 岁。主要著作有《四分律比丘戒相表记》《南山道祖略谱》《在家律要》《四分律含注戒本讲义》《李庐诗钟》《护生画集》等。编撰有《南山律宗传承史》《寒笳集》等。（入社号 211）

注 释

❶ 首句：金缕：指李叔同早年创作的《金缕曲·留别祖国，并呈同学诸子》全词如下："披发佯狂走，莽中原，暮鸦啼彻，几枝衰柳。破碎山河谁收拾，零落西风依旧，便惹得离人消瘦。行矣临流重太息，说相思，刻骨双红豆。愁黯黯，浓于酒。漾情不断淞波溜。恨年来絮飘萍泊，遮难回首。二十文章惊海内，毕竟空谈何有？听匣底苍龙狂吼。长夜凄风眠不得，度群生那惜心肝剖？是祖国，忍孤负！"淑

世报国之情，溢于言表。火作莲：火，火宅。佛教将人世间比作起火之屋。《法华经·譬喻品》："三界无安，犹如火宅，众苦充满，甚可怖畏。"莲：佛教传说，释迦牟尼本是天上的菩萨，下凡降生到迦毗罗卫国净饭王处。他降生前，净饭王的宫廷里现出八种瑞祥，……四季里的花木同时盛开，尤其是池沼内突然开放出大得像车盖一样的莲花。……释迦牟尼后来得道，每当他传教说法时，坐的是"莲花座"，坐姿也成"莲花坐势"，两腿交叠，足心向上。又，莲花本身出于污泥而不染，洁身自处，傲然独立的特性，与佛教所主张的出世人格，有着天衣无缝的契合，莲花遂成为东方佛教文化的象征。——那种不受污染、超凡脱俗、净清无碍、宁静和谐的"莲花"境界，正是每个苦心修炼的佛教徒所向往的。

❷ 悲欣：1942 年九月初一，弘一法师书"悲欣交集"四字，与侍者妙莲，是为最后之绝笔。九月初四日午后 8 时作涅槃卧，安详圆寂于泉州不二祠温陵养老院晚晴室。叶圣陶先生《悼弘一法师》诗云："悲欣交集，遂与世绝。悲见有情，欣证禅悦。"按，李叔同曾是一个才情过人，对生活充满激情的进步青年，却在 39 岁那年毅然出家，这似乎是一个难以洞悉的生命之谜。李叔同的契友夏丏尊先生认为："他的出家，

李叔同手迹

他的弘法度生，都是夙愿使然，而且都是希有的福德。"丰子恺认为："弘一法师的'人生欲'非常之强！他的做人，一定要做得彻底，他早年时对母尽孝对妻子尽爱，安住在第一层（物质生活——引者）中。中年专心研究艺术，发挥多方面的天才，便是迁居在二层楼（精神生活——引者）了。强大的'人生欲'不能使他满足于第二层楼，于是爬上三层楼（灵魂生活，指宗教——引者）去，做和尚修净土，研戒律，这是当然的事，毫不足怪的。"亦有论者认为李叔同皈依佛门是由于政治理想的破灭，众说纷纭，迄无定论。

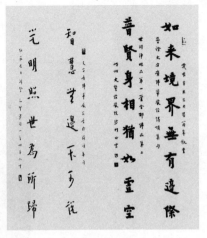

弘一法师手迹

❸ 跏趺："结跏趺坐"之略称，亦称"加趺坐"。佛教中修禅者的一种坐法，即双足交叠而坐。白居易《在家出家》诗："中宵入定跏趺坐。"

❹ 末句：弘一法师"临灭遗偈"云："君子之交，其淡如水。执象而求，咫尺千里。问余何适，廓尔亡言。花枝春满，天心月圆。"南山：指南山律。弘一法师剃度后，苦心探究佛学，阐发精义，编著《南山律在家便览》等佛学专著，使七百年已失真脉的南山律宗重新兴起。

李根源

荜门❶一去梦为空，龙虎当年万骑从❷。

莫道晚年成朴学❸，断碑古冢托行踪❹！

简 传

李根源（1879—1965），字雪生，又字养溪、印泉。云南腾冲人。1898年参加永昌府试，中秀才。1904年考取留日官费生，进入东京振武学校。1905年加入同盟会，翌年春被推举为云南留学生同乡会会长，并担任《云南杂志》社经理。1909年归国任云南陆军讲武堂监督兼步兵科教官，后任总办。1911年改任云南督练处副参议官。武昌起义后，与蔡锷、唐继尧等共谋云南独立，奋力作战。1911年11月1日，云南军政府成立，任军政部总长兼参议院院长。嗣因大理起义军与永昌起义军发生武装冲突，蔡锷任李氏为陆军第二师师长兼国民军总统。1913年1月，被选为众议院议员。袁世凯曾以高官厚禄进行拉拢，李氏

峻拒，并参加癸丑讨袁之役，失败后亡命日本，入
早稻田大学政治经济科。1915 年返国，策动广西
陆荣廷独立讨袁；同年底，任护国军驻粤港代表。
1916 年 7 月被黎元洪任命为陕西省省长。1918 年
1 月应岑春煊等电邀，到广东参加护法斗争，2 月
中旬被任命为驻粤滇军总司令。1923 年 10 月曹锟
贿选得逞，李氏遂闭门读书，与陈石遗、章太炎等
成立"国学会"。抗战时期，在苏州与马相伯等创
议组织"老子军"，致力抗战。抗战结束后，被国
民党政府聘为国策顾问，他力主和平，要求蒋介石
停止内战。1949 年在昆明营救被捕的中共地下党
及进步人士。新中国成立后寓居北京，任西南军政

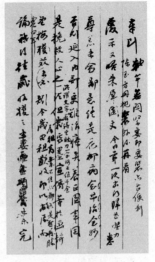

李根源行书手迹

委员会委员。1953 年后，历任全国政协第二、三届委员。1965 年 7 月 6 日于北
京逝世。平生勤于著述，著作甚夥，主要有《吴郡西山访古记》《荷戈集》《曲
石文录》《曲石诗录》《雪生年录》等。又辑有《河南图书馆藏石目》《云南金石
目略》等。（入社号 670）

注 释

❶ 葑门：苏州地名。辛亥革命前后，李氏乃一叱咤风云的人物；可他目睹军阀混战，
　 政黯民怨，遂激流勇退，奉母赴苏，在葑门十全街购买一所园林式的旧住宅，命
　 名"阙园"。

❷ "龙虎"句：《后汉书·耿纯传》："大王以龙虎之姿，遭风云之时，奋迅拔起，
　 期月之间兄弟称王。"后遂以"龙虎"喻英雄豪杰。李白《登金陵冶城西北谢安
　 墩》诗："沙尘何茫茫，龙虎斗朝昏。"按，此处指李根源。万骑：极言李根源

1964 年元旦，朱德与老师李根源交谈

麾下的军队之多。

❸ 朴学：本指上古朴质之学。《汉书·欧阳生传》："（倪）宽有俊材，初见武帝语经学。上曰：'吾始以尚书为朴学，弗好，乃闻宽说，可观。'乃从宽问一篇。"后来泛指经学为朴学。清代以来，乾嘉学者继承汉儒学风，致力治经考据，注重名物训诂考证，以区别于宋儒性命之学，亦称朴学。此处所谓"朴学"，便是在这一意义上使用的。

❹ "断碑"句：按，李氏曾参加吴荫培主持的保墓会。他好古成癖，不惮劳苦，四处寻访古代名人墓穴，一一为之封植。又扶筇戴笠，登阜陟岭，每见残碑断碣，辄摩挲辨认，走笔录存。这种"与冢中枯骨为伍"的生命存在方式，恐怕也是李氏所志不遂的一种无可奈何的选择吧！

李澄宇

入梦未忘舟在壑❶，龙文❷赢得布衣尊。

壮怀更有惊心句❸，落日谁人敢与吞❹？

简 传

李澄宇（1882—1955），字吉初，学名李寰，号瀛北，笔名李洞庭。湖南岳阳人。性聪颖，幼年即毕读经史百家，为清庠生，颇露圭角。清废科举后，入湖南优级师范学校，毕业后，入长沙陆军学堂，旋入湖南讲武堂。1906年从名儒吴獬游，诗文名噪一时，与傅熊湘、姚大慈、姚大愿、谢晋合称"湘中五子"。曾先后加入南社及傅熊湘组织的湘籍南社。武昌首义后，岳阳光复，李氏遂发起创办《岳阳日报》，以彰赞成共和之意，并直言讽谏政界措置之失当。因拒绝刊登岳州筹饷分局关于筹饷的公文，奋笔撰写社论《阅岳州筹饷分局公拟办法章程之诤言》，对章程中"无论贫富值十抽一"一条予以严辞批驳，惹恼当

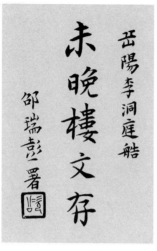

《未晚楼文存》书影　　　　　　　　李澄宇诗稿手迹

局，报馆因之被查封，李氏亦被知府拘捕。后湖南省政要迫于舆论压力，电饬岳州知府将其释放，但"不准李再充主笔"。1914年出任段祺瑞设立的督办参战事务处秘书。后历任北京督办参战事务处高级参谋，广东参谋本部行营秘书长，移沪（护）国会参议院秘书长，国民革命军第四十四军秘书长，累功为陆军少将。1922年任总统府江西行营秘书，曾随参谋长李烈钧北伐。1927年，国共合作破裂，李氏鉴于国事难为，遂息影乡里，筑楼名"未晚"，取"年过四十，犹未为晚也"之意。号其室为"未晚楼"。后历任湖南省政府秘书、湖南民众参议会参议、湖南省政府设计委员、南岳国立师范教授、私立民国大学教授、国学馆教授、中国大学国文教授、湖南大学国文教授。抗日军兴，任湖南省政府主席何键秘书。张治中接掌湘政后，被推为民众参议会参议，除参加会议外，曾赴各县发动游击战。抗战胜利后，萧翼屏主岳阳县政，拟重修岳阳县志，并聘请李氏为主编，后因岳阳经济拮据未果。1949年出任湖南省政府秘书长。解放前夕，湘军政首领程潜、陈明仁等召集各界知名人士商讨"和""战"问题，李氏疾声道："为国为民，揆时度势，和平之举，谁曰不然？"掷地有声，和议遂定。新中国成立之初，柳亚子在北京电邀李氏北上，未从，仅应程潜之聘任湖南省省文物保管委员会委员。1952 年 5 月 20 日任湖南省文委会委员；其间曾到岳阳楼调查，提议重加修葺，设专人管理。1953 年，任湖南省省文史馆馆员。1955 年 4 月 4 日病逝于湖南长沙李公馆，享年 74 岁。省府备船，将其遗骨迎回故里，安葬于故里岳阳周家岭。其主要著作有《未晚楼诗话》《未晚楼文存》《未晚楼联话》《未晚楼续文存》《未晚楼书牍》《万桑园诗存》《易经释要》《春秋三传》《二十五史蠡述》等。（入社号 669）

注　释

❶ "入梦"句：语本《庄子·大宗师》："夫藏舟于壑，藏山于泽，谓之固矣。"藏舟于壑，意谓深自隐晦，此亦《易·系辞》："君子藏器于身，待时而动"之意。此指李氏胸怀韬略，等待施展之机，故曰"入梦未忘"。

❷ 龙文：喻雄健的文笔。语出唐人韩愈《病中赠张十八》诗："龙文百斛鼎，笔力可独扛。"明人夏完淳《题王叔明〈柴桑图〉》诗："只今江左成龙文，卜历重光启中叶。""赢得布衣尊"：按，李氏博雅好文，不屑为官。1938 年抗战爆发后，湖南省政府迁入耒阳，要他填写官职铨叙表，李氏愤然掷表于地，谓："国事如此，有什么级可叙！"又，李氏虽以布衣自许，却颇具理政之才，兹举一例：1914 年，国民政府决定继续修建粤汉铁路。粤汉铁路勘线定界时，湖南浏阳人孔昭绶主张线路经平江、浏阳走长沙，并打下桩界线。李氏则力主线路适宜途经岳阳城区，并就地理环境、自然资源、路线远近、开凿难易、耗资少多、交通运输之主次等方面，条例成文，言之凿凿，足可息争。此洋洋万言长书呈送到民国政府国务院后，经慎重复议，权衡利弊，终于采纳李氏之建议，改线路途经岳阳。李氏故有"我于斯道孰铮臣"之句传世。事实证明，李氏此一提议，确有放眼千秋的远见。

❸ "壮怀"句：按，南社另有慈利李洞庭，四川李洞庭，有人劝他改笔名。他却说："同在大气之中，生幻万物为一体，死幻一体为万物。此生百十寒暑，此地百十方里，

果执何者为我有，何者为非我有乎！执何者为我有为非我有且不可，矧复有同异乎！然有远道相访者，讯市人以洞庭或澄宇，告之北不误之南也。有所邮付于我者，但署洞庭或澄宇，付之北不误之南也，是则即执何者为我有何者为非我有，固无害天地之大也。任之而已。继此以往，吾有与人同焉者，同焉可也。有与人不同焉者，不同焉可也。恶乎同，恶乎不同，亦任之而也。"其豪壮旷放如此，故笔下时有惊警之句，洵不足怪。

❹"落日"句：按，李洞庭将其诗作结集为《万桑园诗》，此中多有奇警之作，如"落日当筵红可吞"一句，落想惊人，豪纵在骨，令南社诸子读罢为之敛手，故有"李落日"之称。

潇湘雅集合影（前排右一为李澄宇）

吴 梅

国粹飘零若捣心❶，骊珠独摘九渊深❷。
盘盂❸千载光芒在，汤沈❹焉能擅士林。

简 传

　　吴梅（1884—1939），字瞿安，一字灵䰞，晚号霜厓。江苏长洲（今吴县）人。1901年应童子试，以第一名补长洲县学生员。1903年赴金陵应江南之试，因卷中未避"武圣"关羽之讳而被革除，遂不复图取功名，转而肆力于古诗文词，并励志词曲，曾受教于唱曲名家俞粟庐、诗人陈三立、词家朱祖谋等。后赴上海东文学社习日语。1905年秋任教于东吴大学，为《武艺通报》《中国白话报》《二十世纪大舞台》撰稿，名声渐彰。1915年与庞树柏、叶楚伧等在上海组织春音词社。1907年，参加在上海愚园举行的神义社雅集，旋又加入南社。1910年，由内兄推荐去开封河道曹载安处做幕僚，时仅半年而返。1911

吴梅手迹

年，应陈去病之邀，完成歌颂秋瑾的杂剧《轩亭秋》。曾先后在东吴大学、存古学堂、南京第四师范、上海民生中学任教；此间，曾与柳亚子等在上海组织复社。1917 年，蔡元培偶读吴梅所著《顾曲麈谈》，大为赞赏，时值陈独秀主持北大文科，特出面礼聘至北大任古乐曲教授。后又先后在广州中山大学、上海光华大学、中央大学、金陵大学任教。1926 年春，与东南大学部分爱好词曲

《顾曲麈谈》书影

的学生成立潜社，取"潜心学术"之义。抗战爆发后，举家内迁，经武汉、长沙，至湘潭遇弟子李一平，应其邀请，至云南省大姚县李旗屯疗养，终因生活、卫生条件太差，导致喉病复发，于 1939 年 3 月 17 日去世。平生擅曲学，尤精昆曲，朱自清、田汉、郑振铎、齐燕铭、梅兰芳、俞振飞等著名人士，皆出其门下。著述甚丰，主要有《霜厓文录》《霜厓诗录》《霜厓曲录》《霜厓四剧》《词学通论》《曲学通论》《南北词简谱》《顾曲麈谈》《中国戏剧概论》等。（入社号 236）

注释

❶ 首句：国粹：指我国传统文化中的精华。捣心：《诗·小雅·弁》："我心忧伤，怒焉如捣。"

❷ "骊珠"句：谓吴梅先生苦心孤诣，不畏艰难，使千年绝学得以传扬。骊珠：语出《庄子·列御寇》："河上有家贫恃纬萧而食者，其子没于渊，得千金之珠，其父谓其子曰：'取石来锻之。夫千金之珠，必在九重之渊，而骊龙颔下。子能得珠者，必遭其睡也。使骊龙而寤，子尚奚微之有哉？'"

❸ 盘盂：《墨子》："琢之盘盂，铭于钟鼎，传于后世。"此谓吴梅先生之道德文章将垂诸不朽。按，1927年，吴梅先生曾应张菊生之请，由涵芬楼影印了所藏善本从散曲到传奇的金、元、明三朝名著，迄于清代乾嘉，为《奢摩他室曲丛》，由王季烈、任二北先生作序。任序云："先生之书，皆积自劳苦脩脯，不足则裘钏常捐，乃不私其所得，发为此辑，以饷世人。"王序则指出印行此书之三善："远者不遗蒙古，近者选止乾嘉，选择之精，一善也"；"凡过曲犯调之易混淆，衬字正文之难辨，是编楮墨精良，丹黄矜慎。兼有图画，更无误字，刊印之良，其善二也"；"是编不求善价，以速流行，是曰取值之廉，其善三也"。吴梅先生在此书自序中则明示其发愿研究曲学之契机："俾七百年文人学士之心力不至湮没坠地。"

❹ 汤沈：指汤显祖、沈约。

吴梅手迹

吴 虞

独标叛帜骇迂儒❶，发冢❷谁人据六书？

叱起蛟龙惊大梦❸，九州以外有耶卢❹！

简 传

吴虞（1871—1949），原名永宽，字又陵、幼陵，号爱智，笔名吴吾，别署吴山人，饮水居士、黎明老人等。四川新繁（今新都）人。1891 年入成都尊经书院，戊戌以后兼习新学。1905 年留学日本法政大学，主编《醒群报》，开始批判孔学，提倡新学。1907 年回国，任成都府立中学教员，一度主编《蜀报》。1910 年发表《辨孟子辟杨墨之非》，指出君主专制、教主专制为天下两大祸患，后以"反对儒教及家族制度"罪名被清政府地方政府通缉。辛亥革命后，一度担任《西成报》总编辑、《公论日报》主笔、四川《政治公报》主编，反对尊孔复古；又公然将父亲逼死生母后纳妾的家丑揭橥报端，实行"家庭革命"，被父亲及教育界顽固势力攻击为"名教罪人""士林败类",政府亦"移文各省逮捕"。新文化运动时期,为《新青年》主要撰稿人之一,曾连续发表《吃人与礼教》《家族制度为专制主义之根源论》等文章,大胆抨击封建文化与孔子学说,被胡适誉为"中国思想界的一个清道夫"。1917 年 3 月,吴氏经老友谢无量及素未谋面的柳亚子介绍,加入南社。对社事活动积极支持,不遗余力。1918 年起,先后在四川法政学校、四川外国语专门学校及国学专门学校等校任教。1921 年,北京大学沈尹默以国文系学风

《吴虞文录》书影

陈腐,提议聘请吴氏前来任教,刺激系内思想,吴氏遂被聘任为北京大学教授。到任不久,他的《吴虞文录》便由上海亚东图书馆于 1921 年 10 月出版,此书收有吴氏反封建、反儒家思想的重要文章,胡适在书序中竭力向读者推荐这位"四川省只手打孔家店"的"老英雄"。盛名之下,选读吴氏开设的"诸子文"和"国文"两科的学生为数甚多。1923 年柳亚子发起成立新南社,吴氏亦踊跃参加。1925 年后在成都公学、四川大学等校任教。1931 年,成都大学、四川大学、师范大学三校合并为国立四川大学,由于内部派系斗争,身为成都大学校长的张澜被排挤离校。1933 年吴氏因遭尊孔复古派的排斥与打击,被迫去职,过隐居生活。晚年丧偶,后沉溺女色,日趋消极颓唐。1949 年在成都病逝。著有《吴虞文录》《吴虞日记》《吴虞文续别录》《秋水集》等。(入社号 834)

注 释

❶"独标"句:按,吴虞曾被称为"成都言新学之最先者",早在辛亥革命时期就打出"反孔非儒"的义旗,单枪匹马与封建势力交锋;其时所作的《中夜不寐偶成

吴虞晚年像

八首》诗中，有"圣贤误人深""孔尼空好礼"之句。——"独标叛帜"句即指此而言。

❷ 发冢：《庄子·外物》："儒以《诗》《礼》发冢，大儒胪传曰：'东方作矣，事之何若？'小儒曰：'未解裙襦，口中有珠。《诗》固有之曰：'青青之麦，生于陵陂。生不布施，死何含珠为？'按其鬓，压其颏，而以金椎控其颐，徐别其颊，无伤口中珠。"庄子在此深刻揭露了"儒者"既要名又要利、打着诗、礼的招牌进行肮脏勾当的卑恶嘴脸。"发冢"句借指那些极力反对新文化运动的封建文化骸骨迷恋者。

❸ 大梦：《庄子·齐物论》："方其梦也，不知其梦也，梦之中又占其梦焉，觉而后知其梦也。且有大觉，而后知其大梦也。"庄子在此显然是借"梦"比喻那些昧于道者，此处借喻有待觉醒的民众。

❹ "九州"句：吴虞《读庐骚小传感赋》云："冶佚猖狂第一流，能招诽谤亦千秋。人皆欲杀真名士，别有空华境自由。""挫折平生志益坚，何妨激诡动当年。英雄睥睨空千古，自养终须数亩田。""苍茫政学起风涛，东亚初惊热度高。手得一篇民权论，瓣香从此属离骚。"又，吴虞有《辛亥杂诗九十六首》，颇有说大人则藐之之气象，兹录数首，以见一斑："不使民知剧可伤，恰如行路暗无光。秦皇政策愚黔首，黔首愚时国亦亡。""河伯犹能叹望洋，蟪蛄全不解炎凉。广从世界求知识，礼教何须限一方。""平等尊卑教不齐，圣人岂限海东西。若从世界论公理，未必耶稣逊仲尼。"

吴虞印

吴虎头

豪情岂让酒千杯，锋发韵流❶桴鼓催。

此去襟期殊未了❷，悬门抉目❸起惊雷！

简 传

　　吴虎头（1876—1914），名鼎，字慕尧。贵州黎平人。父为前清进士。幼绝聪颖，年甫 16 岁，应童子试，得学识严修赏识，补弟子员。越年拔优等，援例报捐教职，授读山训导。1908 年，由贵州德政中学，考送京师大学，未卒业。后任天津《国风报》编辑，时有讽刺作品，为当局所忌恨。袁世凯谋图帝制时，他愤然予以抨击，且有"袁大总统对外奄奄无生气"一语，最为袁氏所忌。又著《民国还魂记》，痛诋袁氏叛国之罪。迨至南北战起，袁氏侦骑四出，封闭报馆，遂避走沪上，与姜靖丞谋划讨袁之策，又联络同志，拟共举大事，不意密函为奸人所获，告发邀功，遂被逮送京城，于 1914 年 12 月 24 日英勇就义。平

吴虎头手迹

生慷慨激昂，一掷千金毫无吝色。亦擅诗，宗法东坡、山谷，然诗文大都散佚，仅留《绝命诗》十首。（入社号 45）

注 释

❶ 锋发韵流：谓锋芒发露而文辞谐畅。刘勰《文心雕龙·体性》云："安仁（潘岳）轻敏，故锋发而韵流。"按，吴氏早年离乡投奔革命时，曾破指滴血入酒，当众以诗立誓道："列强入寇国遭殃，满贼专横天不光。为拯神州于水火，敢将铁骨碰刀枪！"

❷ "此去"句：吴氏临刑前，犹从容告行刑者曰："予死，吾党必有继来者，请告之以吴某不屈状。"并赋《绝命诗》10首，其一曰："慷慨挥椎博浪沙，丹心一片照中华。男儿一死无他恨，大千世界是吾家。"

❸ 悬门抉目：《史记·吴太伯世家》：吴王夫差非但不听子胥忠言，反信谗而赐之死，子胥将死，曰："树吾墓上以梓，令可为器。抉吾眼置之吴东门，以观越之灭吴也。"此处借用此典，喻吴虎头虽已被杀，其魂魄却化为厉鬼，以助党人杀贼。

吴恭亨

灵奇联语叹如神❶，皓首沧桑已厌陈。
且向墓铭听大唱❷，平生自谥曰诗人❸！

简 传

吴恭亨（1857—1937），字悔晦，号岩村。湖南慈利人。近代古文家、诗人、南社社员。以游幕、教读为业，擅诗文、工联语，尤好作碑传铭志之文。曾任进步党慈利县主任干事、《慈利县志》总纂。辛亥革命后，曾任湖南特别省议会议员。所著《对联话》，上承梁章钜《楹联丛话》，保存道光年间至民国初年诸多名人之联语，史料价值较高。另有《悔晦堂对联》《悔晦堂丛书》等。又，平生喜刻书，搜得《北岳越游日编》四卷，谓"其文苍劲，出《日知录》上，不为之刊印，不毋可惜。"1937年病逝。（入社号782）

注 释

❶ "灵奇"句：按，吴氏善制联语，颇为南社同人所叹赏。兹举数则，以窥一斑：如"一亭雄楚望；百里见潇湘。"（题湖南省长沙望湘亭）"茹澧百派合；太华一峰高。"（再题湖南省慈利渔浦书院）"许我读崔赓五千卷；随人吊汉景十三王。"（题湖南省长沙定王台）"师旷之聪，公输之巧；范围不过，曲成不遗。"（吴恭亨、田金楠合撰题湖南省常德师范学堂）"一览众山，空无所依傍；千秋万岁，最苦此夫妻。"（题湖南省澧县嘉山孟姜女祠）"厥功首功，武昌响，长沙应；今日何日，专制死，自由生。"（题湖南省长沙光复纪念会）"龙得云斯灵，道在通权达变；潭之水不涸，学须穷委究源。"（题湖南省湘潭龙潭书院嵌字联）"昨送一年去，今迎一年来，法天布新除旧；我尽几分心，人蒙几分福，折狱非佞惟良。"（1914年司法署撰春联）"世界已非唐虞，近接丛祠，生喜有邻傍舜妇；英雄不及儿女，虚传疑冢，死怜无地葬曹瞒。"（题湖南省岳阳小乔墓）"撰出一篇文配享此山，当日功臣，应推桃花渔父；耻为五斗米臣事异姓，先生晚节，合谥禾黍顽民。"（题湖南省桃花源靖节祠）"俾人间薪突无忧，巍巍成功，于国为捍大灾，御大患；与天下文明应象，赫赫专祀，愿神永光此土，膴此民。"（题某火神庙）"流血武昌，喋血亦武昌，革命后先，庚子七月，辛亥八月；殉名烈士，无名尤烈士，成仁彪炳，苏州五人，长沙九人。"（题湖南省慈利县烈士祠）"瀑从何来！人言较冀盘山，越天台，赣匡庐，其倒海翻江尤诡；楼不在大？我愿携晋庾亮，齐谢朓，唐崔颢，为赋诗载酒之游。"（再题福建省永定望瀑楼）"古人舞台与今人舞台都应作如是观，唤甚么本头，任列位想想；喋血革命不流血革命恰已成昨日事，扮出些角色，请当场看看。"（1913年又题湖南省长沙光复会演剧戏台）"但愿和合千百万岁；为歌窈窕一二三章。"（贺汪吉占结婚）"耻帝秦，效鲁连蹈东海；俾戬穀，赓天保寿南山。"（贺李懋吾六十一岁寿诞）"饮酒读离骚，也算屠门大嚼；和羹调鼎鼐，不如左手持螯。"（题湖南省长沙饮和餐馆）"酿酒寿公，我所思多收数斛麦；提刀杀贼，儿之功隐若一长城。"（贺贺龙之父贺士道六十岁寿诞）"布衣名闻四海，著书风靡五洲，此

为儒效；学说深印洞庭，哭声上薄衡岳，吾与招魂。"（挽王闿运）"死沙场是男儿善终，手提头颅，前军忽陨百夫特；举汉帜为种族革命，为扼喉吭，后劲还推三户雄。"（再挽刘玉堂等烈士）"创共和似华盛顿，善战阵似拿破仑，遥遥东西，生见英雄造时势；椎祖龙惊博浪沙，造罗马惊嘉富珥，赫赫声绩，死为人类壮模型。"（代段荃第挽黄兴）"生难逐一日欢，死偏后一日归，综亿万数世界无母之人，恨奚似我，痛奚似我；朝出听孤儿哭，暮入看孤儿长，绎三百篇鸱鸮毁巢所咏，恩实如天，勤实如天。"（挽其素母王太孺人）"使项城先我公亡，则无洪宪，或我公先项城亡，亦无共和，稍缓须臾，洪宪不生，我公不死；缺英雄为中国哭，故盼伟人，救中国为英雄哭，又盼改制，都辜愿望，伟人之殒，中国之衰。"（挽蔡锷）"革满清之命，为成功英雄，续革袁氏之命，为失败英雄，失败旋成功，算我公造因，众人食果；与专制同生，痛过去中国，不与共和同生，怅未来中国，未来将过去，付铜像表德，石柱铭勋。"（挽黄兴）运典工切，造语灵奇。且吐属浑雅，气格高华，迥异常人，洵近世制联巨手也。

❷ 大喟：喟，慨叹。

❸ "平生"句：按，吴氏生前，曾自作墓表，述其生平曰："吴悔晦，慈利人。少年称生员，读书应举，为功名人。喜言利害兴革，抵隙贪官污吏，是为畸人。清庚子，牵连陷狱，是为党人。坐狱用智逸去。晚年见忮军将，至出兵围其舍，又逾垣走，是为逃人。辛亥反正，被推湖南省议会议员，是为法人。其岁，从门弟子唐牺支攻荆州，受降，总幕府文书，是为军人，亦官人。就养居长沙，印所著书都三四十万言，归又总纂县志，亦附为传人。凡所称功名人、畸人、党人、逃人、法人、军人、官人、传人，诸荦荦大者，于其诗集考之，一一有日月可见，故预题墓曰诗人。诗人吴氏，名恭亨。有三子、八孙。自题墓之岁，年六十六，县志再杀青前一月也。"谥：君主时代帝王、贵族、大臣等死后，依其生前事迹所给予的称号。自谥，即自称。

苏曼殊

櫻花橋畔弄簫回❶，便有詩名說異才❷。
萬慮攖❸心誰會得？天涯一雁酒醒來❹！

简 传

　　苏曼殊（1884—1918），名戬，字子谷，后更名元瑛，法号曼殊，笔名苏湜、印禅等。广东省香山县（今中山市）人。出生于日本横滨。父亲苏杰生为横滨英商茶行的买办，母亲若子并非苏杰生的合法妻妾，而是一日本女子。生下曼殊未足 3 月，便遣归日本乡里，曼殊转由义母河合仙抚养。作为"私生混血儿"，故常有"身世之恫"。6 岁随嫡母黄氏回归原籍，13 岁随姑母去上海学习中文与英文。1898 年（15 岁）得到表兄林紫垣的资助，东渡日本横滨大同学校读书，后又入东京早稻田大学预科及成城学校学习。大约 17 岁时，擅自西归广州蒲涧寺削发为僧，不久又还俗。1902 年冬，加入革命团体青年会。1903 年 4

月加入拒俄义勇队和军国民教育会。因积极参加革命
活动，遭表兄林紫垣的极力反对，被迫回国，继续从
事革命活动。1904 年春，愤于保皇党猖獗，决心暗杀
其头目康有为，被陈少白力阻。同年春末，得亲友资
助，自上海启程历游暹逻、锡兰，经越南返国。过越
南时，再度受戒。1907 年在日本与章太炎、陈独秀、
刘师培等组织亚洲和亲会。同年又与鲁迅筹办《新生》
杂志，未果。辛亥革命后归国，1912 年 4 月初抵上
海，填写南社入社表，在《太平洋报》发表《南洋话》
《华洋义赈观》等文。1913 年 7 月，代十方法侣发表
《讨袁宣言》，历数袁氏窃国之罪恶。随后又东渡日

苏曼殊手札

本，服务于中华革命党的机关刊物《民国杂志》。当居觉生起护国军振师讨袁时，
他闻之甚喜，亟欲探视；但由于长期颠沛流离，病魔缠身，加上纵饮暴食，自我
戕伐，终因肠胃病不治而去世，年仅 35 岁。平生著述甚丰，惜大多散佚，主要
有《曼殊全集》《曼殊遗墨》《潮音》《汉英三昧集》等等。（入社号 243）

曼殊僧装像　　　　　　　曼殊大师塑像

注 释

❶ 起句本曼殊著名诗篇《春雨》："春雨楼头尺八箫，何时归看浙江潮？芒鞋破钵无人识，踏过樱花第几桥。"

❷ "便有"句：按，曼殊《春雨》诗自《南社》第一集（1909 年 12 月）发表后（当时题为《有赠》），便博得南社诗人的同声赞誉。于右任称其"在明灵境中，尤入神化"（《独树斋笔记》）。杨德邻赞曰："不著迹相，御风冷然。"（《锦笈珠囊笔记》）"便有诗名说异才"句指此。异才：语出《三国志·魏志·王粲传》："（蔡邕）闻粲在门，倒屣迎之。粲至，年既幼弱，容状短小，一坐尽惊。邕曰：此王公孙也，有异才，吾不如也。"按，曼殊虽倾向革命，但就其一生来看，主要的还不是一个革命活动家，而是一个天才的作家。他具有多方面的才能，诗、文、小说、绘画无不精通，又深谙中、日、英、法、梵五种文字，精于翻译，洵为近代作家中不可多得的"异才"。

❸ 撄：纠缠；扰乱。

❹ 末句本曼殊《吴门依易生韵》诗："年华风柳共飘萧，酒醒天涯梦六朝。猛忆玉人明月下，悄无人处学吹箫。"

苏曼殊《白马投荒图》

何香凝 *

投艰❶许国有三仁，共济同舟历劫尘❷。

梅萼凝香傲冰雪❸，看含神血作秾春。

简 传

    何香凝（1878—1972），起初取名谏，亦名瑞谏，写诗作画时常署"双清楼主"。原籍广东南海县棉村（今广州市芳村区海南乡棉村）。自幼聪颖好学，性格倔强。1897 年 10 月底，与廖仲恺在广州结婚，感情甚笃。为筹足廖仲恺东渡留学的费用，不惜变卖妆奁，以成其愿。旋亦东渡日本，初入补习学校攻习日语，次年考进女子师范预科，后又入目白女子大学。中国同盟会在东京成立后，为第一批加入的唯一女会员。其时，孙中山因国内组织武装起义需要起义的军旗和安民布告、告示的式样、军用票的图案等，何氏遂改学美术。1907 年

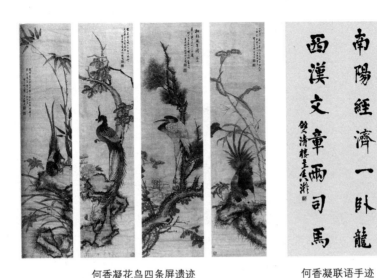

何香凝花鸟四条屏遗迹　　　　　　　　何香凝联语手迹

入东京本乡美术专科学校。1914 年加入中华革命党，积极参加孙中山领导的护国斗争。1916 年 5 月返沪，继续协助孙中山进行革命活动。1917 年，在上海从事海军家属的发动工作。随后与廖仲恺一起，南下广东参加护法斗争。作为孙中山指定的三位女代表之一，何氏在中国国民党第一次全国代表大会上积极提出建议，并与中共代表及其他国民党左派人士一起，挫败了国民党右派反对国共合作的阴谋，为促成首次国共合作作出了贡献。1924 年 8 月，被推举为国民党中央妇女部部长。此后，与共产党人蔡畅、邓颖超等一起精诚合作，为开拓妇女运动的新局面，贡献甚巨。1925 年 8 月 20 日，廖仲恺被刺身亡，何氏毅然将"精神不死"四字贴在门上，决心奋战到底。"中山舰事件"发生后，何氏不顾全城戒严，冒险通过岗哨找到蒋介石，加以痛斥。又愤然反对蒋介石在国民党二届二中全会上抛出的"整理党务案"。四一二反革命政变后，与宋庆龄等人发表《讨蒋通电》，掀起声势浩大的讨蒋运动。九一八事变后，在沪举办《救济国难书画展览会》，筹款支持抗日。1932 年 10 月 8 日，与柳亚子联名发表《国难救护队后方理事会募捐启》，向海内外各界募集捐款，支援东北义勇军抗日，并力促抗日民族统一战线的形成。1934 年 4 月与宋庆龄等人签名公布了中共提出的《中国人民对日作战基本纲领》，要求发动抗日救国的民族自卫战争。全面抗战开始后，亲任中国妇女抗敌后援会常务理事会主席，发动募捐，组织慰劳队、救护队赴前线，全力支持抗战。"皖南事变"发生后，痛斥国民党中央的罪行。抗战胜利后，奋力呼吁国内和平，坚决反对蒋介石卖国、独裁、分裂的政策。1948年元旦，中国国民党革命委员会在香港正式宣告成立。何氏任中央常委。中华人民共和国成立后，历任中央人民政府委员会委员、政协全国委员会副主席、华侨事务委员会主任、中国美术家协会主席、中华全国文学艺术界联合会副主

宋庆龄与何香凝（右）

席、中国国民党革命委员会主席、中华全国妇女联合会名誉主席、全国人大常委会副委员长等多种职务。何氏还是我国侨务工作的奠基人，素有"华侨慈母"之称。1958年作《遥念台湾》诗三首，表达出渴望台湾早日回归祖国的愿望。1972年9月1日在北京病逝。遵照何氏遗嘱，遗体安葬于南京孙中山陵侧，与廖仲恺合墓。

注 释

❶ 投艰：赋予重任。语出《书·大诰》："予造天役，遗大投艰于朕身。"孔颖达疏："投掷此艰难之事于我身。"周秉钧易解："投艰，谓任以难事。"明王廷相《慎言·保傅》："或问持盈之要，曰：'苞桑之戒，投艰之忧，心日兢兢也。'"清王夫之《宋论·度宗》："且夫拔起而登天位，遗大投艰于眇躬，亦甚难矣。"按，廖仲恺与何香凝留学日

何香凝联语手迹

本之日，正值留学生中革命与保皇政治上分野日益明朗之时。他们一开始就受到革命风潮的影响，积极投身拒俄运动，又为学生军捐款。何氏还是中国女界爱国运动的积极鼓吹者，1903 年 6 月 25 日，发表《敬告我同胞姊妹》一文，号召"急宜破女子数千年之黑暗地狱，共谋社会之幸福，以光复我古国之声名"。1903年 9 月，回东京聆听孙中山的演说，系何氏踏上革命生涯的重要界碑，自此她矢志追随孙中山先生，义无返顾地开始了投身许国、历尽惊涛的漫长一生。"三仁"："国党三仁"之省称，指宋庆龄、何香凝、柳亚子。毛泽东曾高度评价何氏道："先生一流人继承孙先生传统，苦斗不屈，为中华民族树立模范，景仰奋兴者有全国民众，不独泽东等少数人而已。"

❷ 劫尘：谓兵火战乱之余烬。元人耶律楚材《过沁园有感》诗："垣颓月榭经兵火，草没诗碑覆劫尘。"

❸ "梅萼"句：何氏善画，山水、动物兼擅，亦爱绘梅。尝赋诗道："结交从古重黄金，贫贱骄人感慨深。写幅岁寒图易米，坚贞留得万年心。"（《卖画》）

余十眉

洒落襟怀水镜❶清，侧身❷天地岂沽名。

寻诗一棹斜阳影，红破鸳潮几树莺！

简 传

　　余十眉（1885—1960），名其锵，字十眉，号秋槎，以字行。浙江嘉善人。幼承庭训，遍览经史，又酷嗜词章。1903 年县试中式后，蒿目时艰，即放弃学业，改入浙江两级师范攻读，立志兴学救国。卒业后，历任本邑及柘湖等校教职。1912 年始与柳亚子、陈去病等人游，旋参加南社，并投入讨袁、护法诸役。1921 年，应徐自华之聘，离家赴沪，在竞雄女校、南洋女师任教，后任南社书记处书记。五四新文化思潮兴起后，柳亚子等深感旧南社已不能适应新潮流，遂与叶楚伧、胡朴安等发起，将旧南社改组为新南社，于 1923 年 10 月宣告成立，余氏任新南社书记处书记。公余之暇与陈巢南编订《南社丛刻》第 22

余十眉手迹

集。抗战军兴，返归故里，后应嘉兴女师之聘前往执教。嘉兴沦陷以后，辗转迁避。抗战胜利后重返嘉兴，即任嘉中教职。新中国成立后留任，并一度任嘉兴市图书馆馆长及市政协委员，毕生尽瘁教育事业达 50 年。1954 年退休后，息影鸳湖，颐养天年。为人崇尚气节，不务虚名。工韵语，著有《寄心琐语》《神伤集》《灵芬馆诗集笺注》等。1960 年病逝。（入社号 480）

注 释

❶ 水镜：语本《世说新语·赏誉》："卫伯玉为尚书令，见乐广与中朝名士谈议，奇之，……命子弟造之，曰：此人，人之水镜也。见之若披云雾，睹青天。"后多以水和镜的清明喻人的识见清明，性格爽朗。如苏轼《分类东坡诗》卷四《次韵僧潜见赠》："道人胸中水镜清，万象起灭无逃形。"

❷ 侧身：犹言厕身。杜甫《杜工部草堂诗笺》卷二十一《将赴成都草堂途中有作，先寄严郑公五首》之五："侧身天地更怀古，回首风尘甘息机。"按，余氏《海上示湘儿》云："休将彩笔赋鹦哥，名士声华不足多。作气山河儿黾勉，侧身天地我蹉跎。须知沧海千家泪，莫羡淞江一剪波。三尺青萍光淬砺，灯前看汝舞婆娑。"

余 湘

磊落英奇对酒初❶，蜩螗羹沸❷恨何如。

不堪宵梦尘劳❸续，一跃常流万虑祛❹。

简 传

　　余湘（1907—1997），字选初，号小眉，世居浙江嘉善西塘，乃一诗书世家。1912 年入西塘求益国民小学读书，毕业后又转入嘉兴省立第二中学。年甫 14 岁便加入南社。1923 年，柳亚子、邵力子等发起新南社，时在上海竞雄女校任教的余十眉担任书记处书记，余湘随父加入新南社。1925 年入上海大同大学求学；由于"江浙战争"波及上海，大同大学停课。余氏辗转到南京，入中央大学商学院银行系。1927 年从中央大学肄业。1928 年，在友人的介绍下，赴南京女中担任英语教师。1930 年又漂泊到无锡女中谋求教职。1932 年在浙江省立民众教育学校教书。1933 年，应省立第五中学之聘，移家绍兴。1935 年再次赴

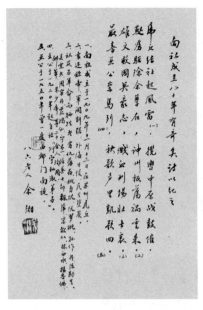

余湘手迹

南京谋职。1937年，重回绍兴中学，继续教学生涯。1939年5月，日寇飞机轰炸绍兴，省立五中被迫迁到兰亭、诸暨一带，后来又辗转嵊县、东阳、缙云、丽水、天台等地，师生颠沛流离而弦歌不断，直到1946年才回到绍兴。余氏为避战乱，携妻将雏跟随学校跋山涉水。后因与学校失去联系，流落于松阳、建德等地，漂泊无以为计。抗战胜利后，通过公务员考试在盐政界供职，勉强度日。1949年，调入宁波盐政局工作，从此将家安在宁波。1949年5月，宁波解放后仍任产销科科长原职。

革命底定，百废待兴。此时余氏热情勃发，席不暇暖，身赴宁波的各大产盐区、盐场、海滩实地考查。为了能在象山建造新盐场，1950年几乎一年蹲点在石浦，在海风中忘我工作。1951年回宁波参加宁波专区在职干部的"镇反"学习，因在旧政府中担任过公务员，遂被打成"历史反革命"直接关押，开始了为期五年的铁窗生涯。1957年出狱回家，因失去工作，炊爨难继，且为派出所的重要监控对象。妻子洪碧如因受不了巨大的精神压力，提出分手。年逾半百的余氏遂开始颠沛流离、漂泊无依的苦难生涯。1958年，去街道办的"华伦纸箱厂"糊纸盒，赚10元一月的工资。遭此厄难，仍忘我地吟诵莎士比亚、惠特曼、雪莱的诗句。"文化大革命"期间，因不堪批斗凌辱，决意自杀，幸被人发现而未遂。1976年退休。因收入微薄（每月仅17.40元）难以度日，在一家印刷厂做校对工作，勉强糊口。1978年，长期强加在余氏身上的"历史反革命"罪名终于被彻底洗清，奇冤昭雪，生活待遇亦大有改善。为发挥余热，曾积极为宁波政协文史研究会撰写文史资料，所作《我和天一阁》《记一次在西塘的南社雅集》《柳亚子轶事》《记柳亚子先生给我的题赠》等回忆性文章陆续在《团结报》《国际南社研究丛刊》发表，颇受好评。1982 年，经毛翼虎先生推荐，担任天一阁藏书的编目与抄录工作，为核对天一阁的历代书目，考辨天一阁藏书的变迁情况尽心肆力，贡献綦巨。1997 年 2 月 25 日，因不堪家庭变故与病魔折磨，投水自沉。（入社号 838）

余湘 1992 年 2 月 21 日致函笔者手迹

注 释

❶ "磊落"句：1920 年冬，柳亚子之族弟柳公望先生在故乡吴江芦墟结婚，余氏之父余十眉与嘉善的众多社友前去观礼。芦墟离西塘仅数十里水路，一帆可达，在余十眉的邀请下，柳亚子将此次南社雅集安排在西塘。余十眉在自家的"仁荣堂"设筵，又邀南社诸贤在自家的客厅探珠吟社联句助兴，极一时之盛。翌年，南社社员们再度来到西塘举行雅集，在"乐国酒家"放歌纵酒，柳公竟至醉倒。此次雅集，年仅 14 岁的余湘与同庚的柳无忌，在柳亚子的介绍下，先后加入南社。及以至是，柳氏、余氏两对父子同为社友，一时成为诗坛佳话；也就是在此次雅集期间，柳亚子郑重地为余氏写了那首著名的题赠诗：

> 当年蒙叟赞端哥，几复人才后起多。
>
> 久与尔翁成沆瀣，崭然如汝未蹉跎。
>
> 兰芽早茁阶前玉，赤帜终扬海底波。
>
> 磊落英奇归一辈，不须老眼厌摩挲。

蒙叟，为钱谦益晚年别号；端哥，为夏完淳乳名。柳亚子借夏完淳以誉余湘，足见其对余氏寄望甚殷。

又，亚子此诗一出，众皆唱和，十眉见南社诸贤如斯盛赞其子，殊觉欣慰，亦即兴题赠一首，中有"要知沧海千家泪，莫羡淞江一蕢波"之句，亹勉勖励，情见乎辞。

❷ 蜩螗羹沸：语本《诗经·荡》："如蜩如螗，如沸如羹"，意谓身逢乱世之人，其悲叹之声如蜩螗之鸣，忧乱之心如沸羹之热。按，余氏的至交毛翼虎在《悼念余湘先生》一文中称余氏"耿介拔俗，有箕山志，为彬彬君子人。偶涉国事则慷慨激昂，不可一世，其人又如班超、荆轲者矣！"然身于乱世，久蒙奇冤；作为在命运巨轮碾压下的活人之一，余氏那种深哀巨恸，非目击身经者是绝难体识的——"恨何如"指此。

❸ 尘劳：佛教用语。谓种种烦恼劳乱身心。《无量寿经上》：散诸尘劳，坏诸欲堑。《楞

严经》卷四："劳久发尘，自相浑浊，由是引起尘劳烦恼。又众生迷闷，背觉合尘，故发尘劳，有世间相。"按，余氏一生命途多舛，几欲自残。逮至晚年，奇冤终于昭雪。蒙友人推荐，担任天一阁藏书的编目与抄录工作。"吾今来胜地，不负度残年。"（余湘句）古老的藏书楼以林泉雅洁、缥缃盈架抚慰着余氏历尽沧桑变幻的灵魂。入阁后，余氏以斯文自任，不敢稍自纵逸。他深知天一阁四百余年来曾编有多部目录，但由于材料散佚，有关范氏藏书情况已难俱考。有鉴乎此，余氏甫一入阁，便罄力于查核天一阁的历代书目，追寻天一阁藏书的变迁情况。为此，余氏作了几千张卡片，补阙拾遗，逐渐恢复了范氏原藏的初始状貌。余氏在故纸堆里的生活并非人们想象的那样枯淡，因有三五素心人可谈经论道，相处甚得，并时相唱和，颇不寂寞。如，骆兆平先生的《天一阁丛谈》在中华书局出版后，余氏便赋诗申贺，中有"公莅书楼三十载，我为誊录万千张""十年一觉缥缃梦，或拜春风雨露恩"等语，南社流风，犹余嗣响。除编目工作外，余氏还以他所专擅的行楷，抄录了《天一阁书目》（介夫抄本）、《李氏萱荫楼藏书目录》《别宥斋书目》等。已年届耄耋的余氏，颇以垂暮之躯犹能发挥余热，贡献学术为慰。与此同时，余氏的家庭生活也大大改善。那时，他住在宁波碶石街的一间小屋子里，长女吉仪时时去看他，暌隔了40年的弟弟建扈亦重新聚首，余老在晚年得享天伦之乐，至慰老怀。惜乎这种"好景"并未持续多久，或许是疾病的折磨（余老患有骨质增生、坐骨神经痛及多种老年病）让他难以忍受，或许是女儿的遭遇让他忧心忡忡（1996年底，吉仪出了车祸），总之，忧虑和思念加重了他的病情，双重磨难更使他了无生趣，遂有大解脱的念头。生死，他怕是早已勘破了。1995年，《团结报》上刊登了对他的悼念文章，他一笑置之；1996年，他两度写下遗嘱，自知"寿终之期，揆诸自然规律，当不远矣"，并不时发出"予生渺渺，谁与为欢"的悲叹。——"不堪"句指此。

❹ 末句：常流：犹言长流。语出司马迁《屈原列传》："宁赴常流而葬乎江鱼腹中耳，又安能以皓皓之白而蒙世俗之温蠖乎！"祛：摒除。

余天遂

远堞❶悲笳日欲曛，横刀草檄系千钧。

可怜十载泮宫❷里，遁此屠鲸劓❸虎人！

简 传

余天遂（1883—1930），名寿颐，字祝荫，号荫阁、大遂、大颠、颠公、放鹤、疢侬，别署三郎、伊僧、效鹤等，江苏昆山人。早年醉心革命，民国元年与柳亚子一起赴南京充任孙中山临时大总统府秘书。北伐时佐姚雨平戎幕。后任《太平洋报》新闻专栏编辑。又在上海参加春音词社。1916年春，应上海澄衷中学之聘，移家虹口周家嘴路普爱坊，主澄衷中学教席，历十余载，晦明风雨，讲授不辍，终以劳瘁患咯红症，于1930年5月21日逝世。余氏天资颖悟，才艺出众，除诗文外，还精通医术、音律、鸡颖，并擅长金石书画，尤以书写擘窠大字著称。平生著述大多散佚，有《余天遂遗稿》。（入社号63）

分湖旧隐图墨迹

注 释

❶ 堞：城墙上"几"字形的矮墙。

❷ 泮宫：古时诸侯之学宫。《礼记·王制》："大学在郊，天子曰辟雍，诸侯曰頖宫。"据《史记索隐》，辟雍周围有水环绕；頖宫水只半匝，所以也叫泮宫。曲阜城内东南角有古泮池，池东即古泮宫，俗称钓鱼台，相传鲁僖公的泮宫即此地，亦为孔子及其弟子课余游憩之所。

❸ 劓（zì）：用刀刺入。按，余天遂逝世后，胡寄尘曾作一首悼诗，云："这个穷书生，本是革命党。民国二三年，奋笔诛操莽。此后十余载，匿迹绝声响。愿作老教员，余生足自养。岂知今年夏，一病竟长往。"按，余天遂晚年常以鬻书补贴生计，柳亚子曾为其代订润例。又，一向自负的晚清遗老郑孝胥，在书道上对余天遂的书法甚为推许，《南社丛刻》第 19 集封底扉页上刊有《余天遂先生润格》，即为郑孝胥所代拟，足见其对余天遂书法的拳拳服膺之情。余氏尝谓自己碑帖兼治，博采汉魏晋唐百家之长而又有所创发；从余氏现存书法作品看，此语洵非虚言。

余天遂手迹

狄 膺

曾接清芬❶励厥忠，可怜心事鸟惊弓❷。

晚来羁旅孤屿上❸，梦里犹燃榴火红。

简 传

狄膺（1895—1964），原名福鼎，字君武，号雁月。江苏太仓人。1908 年以第一名成绩考入太镇高等小学堂，同年冬改入上海龙门师范学堂。1913 年加入南社，与柳亚子过从甚密。1914 年师范毕业后，任昆山县第二高等小学校教员，1916 年报考北京大学，以国学"特优"录取文科入学，与顾颉刚、傅斯年同学，时相探讨学问，讨论国是。"五四"期间，以无派系个人身份，加入北大学生会组织。在游行示威中倡议印发《北京学界全体宣言》，大获全国各界之支持。1919 年，毕业于北京大学文科哲学系，至江苏省立第二师范学校任舍监兼教员一年半。1921 年赴法国里昂中法大学留学，入里昂大学研究院，选读社会学、心理学、哲学、法科行政法、政治经济学等，并利用假期考察市政，尝赴巴黎、柏林、布鲁塞尔、力日、里昂、史太师堡等市政厅各科、局、所实习、劳动，以工补学。是年，由吴稚晖、张静江介绍，加入中国国民党。1925年9月学成归国，其在国民党政坛上漫长的从政生涯自此开始，先后历经国民党中央政治会议秘书、立法委员、中央监察委员会候补委员、国防最高委员会第三处处长、中央执行委员，兼中央监察委员会秘书长等职。1937年，因坚决主张抗日，与中央政治会议主席

狄膺手迹

汪精卫多次发生冲突，愤而辞去秘书职务。汪投敌后，是非彰明，后复职。1946年当选制宪"国大"代表，1948年当选第一届立法院立法委员。1949年，曾申请辞去中央监察委员会秘书长职务，未被批准。同年12月，只身赴台，妻儿均留在大陆。1950年8月，任台湾国民党中央改造委员会纪律委员会副主任委员。1952年改任党史编纂委员会副主任委员，后当选为国民党中央第七、八、九届中央评议委员。1964年3月15日，在台北病逝，终年69岁。著有《晓汀诗稿》《莲庵诗稿》《学书自叙》《狄君武先生墨迹》等。（入社号394）

注　释

❶ 清芬：喻德行高洁。晋人陆机《文赋》："咏世德之骏烈，诵先人之清芬。"唐人黄滔《书怀寄友人》诗："常思扬子云，五藏曾离身，寂寞一生中，千载空清芬。"唐人李白："高山安可仰，徒此把清芬。"（《赠孟浩然》）按，狄氏在火烧赵家楼斗争中不畏强暴，被捕羁押；后以学生代表名义去杭州迎候北大校长蔡元培回校，因而得到蔡元培

的青睐。

❷ 鸟惊弓：语出《战国策·楚策四》；《晋书·王鉴传》："黩武之众易动，惊弓之鸟难安。"按，狄膺自谓："余家上代多诗人，余秉遗传，任事不够紧张，勇气亦缺乏，对人太直率，处繁剧变化之场合，易受挫折。"表现在政治上，狄氏对某些复杂问题多患得患失、优柔寡断，往往回避斗争，持明哲保身的态度。如柳亚子在重庆发表"世界的光明在莫斯科，中国的光明在延安"等进步言论后，他急赴柳府极力劝阻。马寅初在重庆演讲，公开责骂四大家族大发国难财，被当局以"送西康考察"为名实行监禁。狄氏得知后，尽管对马氏备极敬仰，仍保持缄默。1948年秋，其子在北京参加进步学生运动，被特务殴打，狄氏虽忧虑不安，也只是忍气吞声。1949年，人民解放战争取得决定性胜利，国民党大势已去，他在一次家属至亲临别聚谈时表示，准备取道广州去香港看望柳亚子后，再定行止。但传闻柳亚子已离开香港，遂独自飞往台湾。对其摇摆不定的政治立场，曾有作者在《新华日报》上指名批评。——缘于以上种种，故曰"鸟惊弓"。

❸ "晚来"句：按，狄膺平时交往多南社文友，喜与二三知己，遍访名园，赏梅看花，寄情兴怀。尝于居处辟一小屋，喜独自饮茶读书，客来则谈论文艺，兴至则作诗写字。狄氏雅擅书法，10岁开始练字，前后临摹欧体、颜体多宝塔碑、赵书道教碑、虞书孔子庙堂碑、怀素自叙帖、虞褚行书、魏隋唐墓志等。曾藏有碑帖3000余件，中西图书5000余册，惜在抗日战争时期散佚。又，狄氏于去台后，生活孤独，

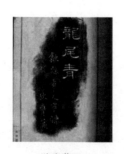

狄膺藏砚

政务之外，积极参加台北粥会、北大同学会、苏松太同乡会等联谊活动，借以消磨时光，自寻乐趣。在台湾曾写有《羁旅》一诗："离家知几日，梦寐若为情。气候不相若，悠悠万里行。昔我悲歧途，荆棘今纵横。风尘两鬓丝，名利伤我生。三春双燕飞，乃秋孤雁鸣。旧居故尚在，栖迟归不成。感彼北邙土，啾啾好鬼声。"苦闷、寂寥与怀土思乡，俱见辞乎。

邹 鲁

似剑哀嗷割大心❶，风云壮志逼嶽鋈❷。

但当攘袂❸挥戈去，底事中流辍越吟❹？

简 传

邹鲁（1885—1954），原名澄生，字海滨，别署亚苏、阿苏。广东大埔人。1903年考入潮州韩山书院学习。后曾创办乐群中学。1905年参加革命团体中和堂，同年加入中国同盟会。1907年在广州创办潮嘉师范，旋考入广东法政学堂。1911年参加黄花岗起义，失败后逃往香港。武昌起义后，与姚雨平等在广东组织北伐军，任兵站总监。翌年在广东任官银钱局总办，并任袁世凯政府众议院议员。1913年北上出席国会，以刺杀宋教仁和擅借外债两案，弹劾袁世凯。"二次革命"失败后，袁世凯下令解散国会，缉捕国民党议员，遂逃至日本，入早稻田大学。1914年加入中华革命党，任《民国》杂志编辑，寻归国，从事反袁

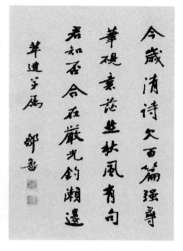

邹鲁联语手迹 　　　　　　　　邹鲁手迹

活动。1917年南下护法，任护法军政府财政次长。1922年以大总统特派员身份策动桂军讨伐陈炯明。1923年任广东省财政厅厅长，后又任广东高等师范校长。1924年6月任广东大学校长。1924年当选为中央执行委员，兼任青年部部长。孙中山逝世后，公开反对"联俄、联共、扶助农工"的三大政策，于1925年11月与张继等在北京西山非法召开国民党一届四中全会，通过"反共"决议，成为西山会议派的骨干分子。1926年1月，遭国民党二大弹劾，被开除党籍。同年3月，"西山会议派"非法召开国民党二大，当选为中央执行委员。1927年后与蒋介石合作，不久又与汪精卫、胡汉民等联合反蒋。1932年任广州中山大学校长，主张尊孔读经。抗日战争时期，先后任国防最高委员会常委、国民党政府委员、国民党中央委员和中央常委。1949年去台湾。次年任国民党中央评议委员、台湾"总统府"资政、"监察院"监察委员。1954年2月13日在台湾病故。著有《中国国民党史稿》《日本对华经济侵略史》《邹鲁文存》《澄庐诗集》等。（入社号758）

注 释

❶ 大心：《管子·内业》："大心而敢。"

❷ 嶔崟：形容山势高峻。张衡《思玄赋》："嘉曾氏之归耕兮，慕历阪之嶔崟。"此处作名词用。

❸ 攘袂：谓奋起之状。《文选·三国名臣序赞》："然而先贤玉摧于前，来哲攘袂于后，岂非天怀发中，而名教束物者乎？"

❹ 末句：底事：底，犹言何，什么。范成大《双燕》诗："底处飞双燕，衔泥上药栏。"中流辍越吟：用鲁迅先生《无题》诗成句。中流：原指河流中间。《史记·周本纪》："武王渡河，中流，白鱼跃入王舟中。"此处指半路。辍越吟：《史记·陈轸传》："陈轸适至，秦惠王曰：'子去寡人之楚，亦思寡人不？'陈轸对曰：'王闻夫越人庄舃乎？'王曰：'不闻。'曰：'越人庄舃仕楚执珪，有顷而病。楚王曰：'舃，故越之鄙细人也，今仕楚执珪，贵富矣，亦思越不？'中谢对曰：'凡人之思故，在其病也；彼思越则越声，不思越则楚声。'使人往听之，犹尚越声也。今臣虽弃逐之楚，岂能无秦声哉。"王粲《登楼赋》："钟仪幽而楚奏兮，庄舃显而越吟；人情同于怀土兮，岂穷达而异心。"按，越国人远离越国犹唱越国之歌，表示心存故国。

邹 遇

纵情骂座❶足风流，濩落❷年年何所求？

行看屐痕湖海上❸，奚囊❹诗好自轻侯。

邹遇（1881—?），字忍伯，号秋士，江苏宜兴人。家世诗礼，未弱冠即读
等身书。性早慧，为文饶有奇气，每操觚辄令宿儒惊异。奈屡次应试皆不中，遂
愤而专攻诗词，尝与柳亚子、陈筱舫等相唱和。又善游，所至之处，必流连其
中，付诸吟咏。性情狷介，"与人交，不以贫贱易观念"，唯深嫉攀龙附凤的宵小
之徒，往往使酒骂座，无所顾忌，"故誉者半，毁者亦半焉"。晚年执笔游四方，
竟一无所遇，尝自叹曰："不自处于不才，不视人之尽才，落落寞寞，聊适天
机。"因更号为悔悔生，并作《悔悔生自传》。逝世后，遗稿散佚。（入社号 474）

注 释

❶ 骂座：用灌夫事。典出《史记·魏其武安侯列传》："灌夫为人刚直使酒，不好面谀。
贵戚诸有势在己之右，不欲加礼，必陵之，诸士在己之右，愈贫贱，尤益敬与钧。"

灌夫与丞相田蚡有隙，在一次列侯宗室为田蚡贺寿的酒宴上，使酒大骂临汝侯（灌贤）和程不识以泄怒。田蚡"乃麾骑缚夫置传舍，召长史曰：'今日召宗室，有诏。'劾灌夫骂座不敬，系居室。"后遂以"灌夫骂座"喻刚正不阿、不事权贵之士。

据邹秋士《悔悔生自传》云：平生"深嫉夫婀娜取容阴险倾人者，好使酒骂座"。

❷濩落：韩愈《赠徐州族侄》诗："萧条资用尽，濩落门巷空。"白居易《问秋光》："自适颇从容，旁观诚濩落。"引申为廓落无用。按，邹秋士《悔悔生自传》有言："年逾壮而无闻，尚蹩躠而靡所骋，提笔四顾，俯仰古今，吾无惭乎。壮不如人，高卧北窗，庶几全名，且以永朝夕，且以乐吾心。"

❸"行看"句：秋士性好游，足迹尝至崇川、秣陵、武林、京口、沪渎、袁浦、鸠江、朗陵，所至必凭吊古今，尽情咏叹。

❹奚囊：犹言诗囊。《新唐书·李贺传》："（贺）每旦日出，骑弱马，从小奚奴，背古锦囊，遇所得，书投囊中。"

邹遇用印

邹 铨

仔肩❶敢息鬠青青，却叹忧深酒不灵。
一暝终成千载恸❷，凭谁黯夜唤风霆？

简 传

　　邹铨（1887—1913），字亚云，一作亚雄，又字秉衡，别署民铎、天一（天一子）。上海市青浦县练塘镇人。自幼失怙，家境清寒，为人沉静好学。1904年春，进吴江同里自治学社（相当于高小班）读书，与柳亚子同学，师事著名学者、诗人金松岑（鹤望）。受江南民主革命浪潮之影响，初萌反清革命之志。1909年入杭州浙江高等学堂，得到陈巢南的器重，为其入室弟子。目睹清廷颓败，国事日非，邹氏以扶危救弊为职志，常著诗文抨击时弊，昌言革命。旋加入南社。辛亥革命爆发后，正于浙江高等学堂理科学习且毕业在即的邹氏，当即舍学赴沪，在《天铎报》报社协助主编陈畏垒（布雷）担任编辑。感激于日益高涨的革命风潮，邹氏伏案撰文，意气风发。《天铎报》的《号外》以及时报道革命军战斗情况和各地光复的消息而大受人们的欢迎，邹氏厥功甚著。与此同时，还将清皇室福晋与京剧演员杨小楼的秘事，写成《杨白花传奇》在《天铎报》上连载。民国元年，孙中山就任临时大总统，邹氏约柳亚子、陈陶遗、叶楚伧等在南京集会庆祝，然后登雨花台，过桃叶渡，买醉酒家，极一时文酒之乐。回到上海后，恰巧陈畏垒有事回慈溪，邹氏遂介绍柳亚子到《天铎报》代替陈主操笔政。翌年深秋，受南社社友高天梅、赵厚生、庞树松、庞树柏、朱叔源等人之邀，同游吴门，极诗酒流连之乐。讵意在苏州突然病足，不能行走，旋卧病于苏台旅馆，又咯血盈盎，遂移居沧浪亭。终以药石无灵而辞世，年仅26岁。（入社号40）

注 释

❶ 仔肩：所担负的任务；责任。语出《诗·周颂·敬之》："佛时仔肩。"郑玄笺："佛，辅也；时，是也；仔肩，任也。"宋人叶适《贺叶丞相》："未能独任，容有累于设施；命以仔肩，固显示于德行。"郑观应《盛世危言·书吏》："君临天下，勒政治民，仔肩至重，奚能独任？"

❷ "一暝"句：邹氏与南社同人游苏，尝作《灵隐道中》一诗："乘轿出郭门，原野餐秀色。和风动芳澳，微阳璐林薄。晴烟滞梵响，清流咽烟石。花飞春有声，云去山无迹。岚光浮空明，木芰晕新碧。风定籁归寂，鸟来松自落。径砚涉迢递，限澳行通窄。危压静入定，劳我远行脚。"风华宕逸，足觇雅怀。一日，忽病足，社友胡寄尘特为致诗以慰："邹郎一月无消息，问我相思谁得知？折足孙膑还是福，此时天与著兵书。"讵意遽尔撒手人寰。邹氏英年早逝后，南社社友至感震悼，纷纷撰文以致哀悼：柳亚子为其搜罗诗文杂作，刊为《流霞书屋遗集》，《杨白花传奇》附于后，封面题签系昆山余天遂手笔。邹氏生前着手编纂的《章

练小志》尚未完成，后由老师万以增（继长）续成，柳亚子撰序，共 4 卷 26 目。陈巢南撰有《邹生传》，高天梅撰有《哭邹亚云文》，柳亚子亦作《邹亚云传》，庞树松作《亚云忆语》。无锡蒋万里（同超）挽诗为："珠玉宁无价，文章自有神。斯人不可作，千古此离群。心血呕如许，风徽渺若尘。锦囊佳句在，读罢泪沾巾。"

南社第二次雅集，1910 年 4 月 10 日于杭州西湖唐庄举行
（前排右三为柳亚子，后排右三为邹铨）

汪 东

堂堂笔阵擅风流❶，天籁声声出梦秋❷。

扬扢❸骚坛宗大雅，千章琬琰❹孰赓酬？

简 传

汪东（1890—1963），原名东宝，初字叔初，后改名东，改字旭初，号寄庵，别号寄生、梦秋。江苏吴县人。早年于上海震旦大学肄业。1905 年赴日本留学，于东京早稻田大学毕业。在东京参加同盟会，追随孙中山从事革命活动，并任同盟会机关报《民报》编辑、主编，宣传民主革命。1908 年回国后，加入南社，又参加辛亥革命，任上海《大共和日报》总编辑。1913 年起，任大总统府政法谘议，内务部编订礼制会员，政事堂礼制馆嘉礼主任等职。1917 年起，南下浙江，先后出任象山、於潜、余杭等县知事。1923 年 9 月，与章太炎等创办《华国月刊》于上海，宣传国学，识者谓其精神不下于《国粹学报》。1927 年

汪东手迹

8月，东南大学改组为中央大学后，任文学院中国文学系教授兼系主任。后又任文学院院长，仍兼中文系主任。抗战军兴，中央大学迁至重庆。汪东于1938年离开中大，改任国民政府监察委员。1947年任国史馆纂修。其时，上海《新闻报》附刊连载刘成禹《世载堂杂忆》完毕，编者以读者欢迎掌故笔记为由请汪东执笔，遂排日撰《寄庵随笔》，随写随刊，凡一百余册，内容丰赡，笔墨隽雅，大受读者欢迎。新中国成立后，曾任上海市文物保管委员会委员，当选为苏州市人民代表、人民委员会委员，出任苏州市政协副主席，江苏省政协常务委员，民革中央团结委员，民革江苏省委员会副主任、民革苏州市委主任委员等职。1963年6月13日，因患癌症逝世。生平对音韵学、文字学、训诂学诸方面均有精深造诣，尤工诗词、书画。被誉为"近代词学大家"。著有《词学通论》《梦秋词》《寄庵诗》《法言疏证别录》《吴语》《唐宋词选》等。另有《汪旭初先生遗集》行世。（入社号234）

注 释

❶ "堂堂"句：汪东早年任《民报》撰述，与立宪党人的《新民丛报》公然对立，鼓吹种族革命；曾署名寄生，发表《论支那立宪必先革命》、《正明夷》（明夷即康有为之化名）等重要作品，影响甚大。汪东所撰《法国革命史论》在当时更是广为传诵。汪东在《寄庵随笔》中云："《民报》始于建国前七、八年，月刊一册，历二年余始罢，鼓吹革命，风靡海内，清庭虽忌之甚，然竟无如何也。当全盛时，执笔者皆一时才俊之士。"

❷ 梦秋：指汪东的词集《梦秋词》，经五十余年，共二十卷，存词1380余阕。功力深厚，"小令尤胜"，被誉为"近代词学大家"。

❸ 扬扢：扬，显露，扢，磨刮。语出龚自珍《己亥杂诗》："扬扢千秋儒者事。"

❹ 琬琰：《书·顾命》："赤刀、大训、弘璧、琬琰在西序。"《金楼子·立言下》："殷亡，焚众器皆尽，唯琬琰不焚；君子则唯仁义存而已矣。"《楚辞·远游》："吸飞泉之微液兮，怀琬琰之华英。"

汪东联语手迹

汪东遗墨

汪 洋

帽落龙山❶雅可知，贝加湖月梦迟迟❷。

如何绿耳❸志千里，一傍云根❹便似痴！

简 传

　　汪洋（1878—1921），字子实，号影庐。安徽旌德人。幼年寄寓扬州，尝为小学教员，后投沪上报界，曾在奉先（今沈阳）主持《东三省日报》，鼓吹反清革命。1911 年赴上海，任《中华民报》总编辑，兼编电报。辛亥革命后，加入中国国民党。又一度任上海电报局局长。1913 年 3 月，"宋教仁案"发后，力主讨袁，频频为之发表激烈之演说。未几，应许世英之邀，赴闽任教育科科长。段祺瑞组阁后，许世英入总交通，汪氏任上海电政局监督。后为卢永祥聘为秘书。1921 年患病，误于庸医，卒年 43 岁。性喜游，行踪颇远，曾出西伯利亚，至圣彼得堡，渡贝加尔湖，过马拉山，又曾去台湾、日本游历。善集邮，又工

汪洋诗稿手迹

诗文，著有《甚生杂记》《息影枝谭》《西湖四日记》《台湾》《病榻支离记》等。

（入社号 230）

注　释

❶ 帽落龙山：晋代孟嘉为征西大将军桓温参军，九月九日桓温游龙山，宾僚咸集，皆戎服，有风将孟嘉之帽吹落，孟嘉初不觉，桓温令孙盛作文以嘲之，孟嘉立时以答，四座嗟服。事见《世说新语·识鉴》注引《孟嘉别传》。此处借用孟嘉事以喻汪洋风雅无匹。

❷ "贝加湖月"句：贝加：贝加尔湖，亦称北海，为苏武当年牧羊之地。汪洋《辛亥秋八月夜渡贝加尔湖》诗云："偶从林际见湖光，道是滔滔北海长。绝域何人谈往事，中原有客老斯乡。数声汽笛惊栖鸟，几点渔灯落晓霜。欲借扬州二分月，

凌波微步水中央。"梦迟迟：极言汪洋对湖山爱恋之深。白居易《长恨歌》："迟迟钟鼓初长夜，耿耿星河欲曙天。"

❸ 绿耳：古骏马。《淮南子·主术》："夫骅骝绿耳，一日而至千里，然其使之搏兔，不如豺狼，伎能殊也。"

❹ 云根：深山高远，云起之处。《文选·杂诗》之十："云根临八级，雨足洒四溟。"（张景阳）杜甫《杜工部草堂诗笺·瞿塘两崖》："入天犹石色，穿水忽云根。"按，汪洋素有烟霞之癖，在南社社员中亦属罕见，兹录其所著《西湖四日记》有关文字具徵之，文云："儿时即闻西湖之胜而慕之，卒卒三十七年，始一至其地，亦生平快意事之一也。初余将辞江苏电局事，拟一辞职之呈文，即以游览西湖为辞职的理由，非矫情，乃记实也。友人某君以为不合官文书之惯例，于是改之病辞。其实余虽病，病不自今始也。初稿附录于此，以志斯游之缘起。'某某鉴：夙闻西湖山水之胜，十年奔走，未得一游，际此春光明媚，花鸟撩人，敬请准予开去某某职务，以资游赏，乞迅速派员接替，实为公便。'"

南社第七次雅集，1912 年 10 月 27 日于上海愚园举行（第二排左起第一人为高天梅，左起第三人为柳亚子，第一排右起第四人为汪洋）

汪兰皋

龙战玄黄❶倦倚栏，曩时❷意气没遮拦。

西风半暝湖吹雨，渐有轻寒上钓竿❸。

简 传

汪兰皋（1869—1925），名文溥，字兰皋，号忏庵，别署北海后身，以字行。江苏常州人。早年任湖南醴陵邑宰，但思想进步，迥非一般僚属，故陈蜕庵及诸革命党人纷为幕客，大遭袁世凯之忌，旋被革职。广州黄花岗之役，拟率兵乘机起事，未料因奸人告密于满吏瑞澂，捕系狱中，赖陈蜕庵等人多方营救，始得脱身。出狱后，在家中私设祭坛，祭黄花岗七十二烈士。武昌起义后，从陈蜕庵之劝，往说湘督焦达峰，乞兵与刘玉堂援鄂，奈以谭延闿策动新军管带梅馨发动政变，焦达峰被害，未果。又参加湘桂援鄂联军，因司令沈秉坤缺乏毅力和远志，遂离军回沪。1912年2月，《民声日报》在上海创刊，总编宁调元奔丧回湘，汪氏慨然继任，言辞激烈，颇有影响。1913 年 6 月 26 日，宁调元被黎元洪逮捕，汪氏上书黎元洪，要求黎大赦党人，自谓有意秣马实弹，为讨袁贼前驱。汪氏晚年意志日渐消沉，常常出入梨园，借聆歌以遣愁怀，因心倾梅兰芳、陆子美，尝编《梅陆集》。又曾编《中华实业丛报》《苏报》。除参加南社外，又参加民社、鸥社。擅诗文，尤工联语，亦精于书法。著有《汪文溥日记》《桃源痛史》。编有《宋台集》等。（入社号 252）

注 释

❶ 龙战玄黄：谓群雄争夺天下。《易·坤》："龙战于野，其血玄黄。"杜光庭《虬髯客传》："欲以此世界求事，或当龙战之二十载，建少功业。"

❷ 曩时：以往，从前。

❸ 末句：汪氏《题亚子分湖旧隐图》诗云："前游往事总成尘，萧瑟江关有几人？皋壤寓言等摇落，中原何处著吟身。呜呼！吾乡县区好云壑，他日从君买山约。斗酒双柑快听莺，扁舟一棹闲放鹤。湖水无情日夜流，莼鲈寥落不胜秋。溪山倘得菟裘老，一瓢一笠复何求。"

汪兰皋题《南社十六集》书影

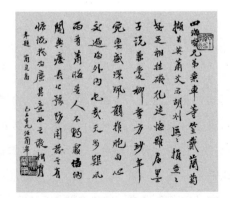

汪兰皋诗稿手迹

汪精卫

大奸附逆天难应，椎敌当年效聂荆❶。

笔削尼山❷历历在，由来衮钺❸最无情！

简 传

    汪精卫（1883—1944），名兆铭，字生新、季恂，号精卫，以号行。原籍浙江山阴（今绍兴市），生于广东三水（今番禺市）。1901年应番禺县试，中秀才。后应广东水师提督李準之聘任家庭教师。辛丑和约后在广州组织群益学社。1903年赴日本留学，入法政速成科。1905年7月加入中国同盟会，8月任同盟会评议员；11月《民报》创刊，与胡汉民、章太炎等先后任主编。1906年随孙中山赴南洋，筹建同盟会新加坡、槟城分会。旋赴越南设立同盟会分会，并任南洋《中兴日报》主笔。1910年3月谋刺摄政王载沣，事泄被捕，判为终身监禁。1911年11月获释出狱。后与杨度联合发起国事共济会。南北议和时，

汪精卫手迹

任南方总代表参赞。1912 年 8 月辞职赴法国学习文学。1913 年 6 月回国参加讨袁。"二次革命"失败后再赴法国，1917 年回国参加护法运动。1921 年任广东教育会会长、教育委员会常务委员。1922 年陈炯明叛变后随孙中山寓居上海，其间参与起草国民党改组宣言。1924 年当选为国民党中央执行委员，并任宣传部部长；同年 11 月随孙中山北上。1925 年初，孙中山逝世，弥留之际代拟遗嘱，同年 7 月任广东国民政府主席兼军事委员会主席、黄埔军校政治部主任、党代表。1926 年 1 月当选为国民党二届中央执行委员会主席；三二〇事件后，因遭蒋介石排挤，辞职赴法。1927 年 3 月任武汉国民政府委员会委员。1927 年 4 月回国，与陈独秀联名发表《汪陈联合宣言》，7 月在武汉发动七一五反革命政变，实行"分共"，反对革命。1928 年后与蒋介石争夺"法统"。1930 年 11 月国民党召开三届四中全会，被开除党籍。1931 年 5 月，在广州召开国民党中央执委、监委非常会议，另组广州国民政府，与南京国民政府对峙。九一八事变后，再度与蒋介石合作。1932 年出任南京国民政府行政院长、国民党中央政治会议主席，1933 年兼外交部长，并暂兼铁道部部长。因主张"一面交涉，一面抵抗"的对日政策，于 1935 年 11 月遇刺受重伤，旋赴德国就医。1937 年回国，任国民党中央政治会议主席、国防最高会议副主席。1938 年 3 月当选为国民党副总裁；6 月任第一届国民参政会议长，兼署外交部部长，同年 12 月 18 日与陈璧君等由重庆飞往昆明，19 日逃往河内，29 日发表艳电，公然叛国投降日本。1939 年 8 月在日本支持下于上海召开伪国民党第六次全国代表大会，当选"中央执行委员会主席"；12 月与日本签订《日华新关系调整纲要》《秘密谅解事项》。1940 年 3 月在南京成立伪国民政府，任"代主席"兼"行政院长"，发表《国民政府政纲》《还都宣言》，强调与日亲善和确立"和平、反共、建国"的反动方针；11 月与

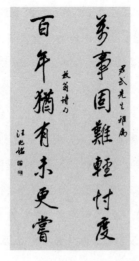

汪精卫联语手迹

日本签订汪日伪《共同宣言》，出卖中国的领土和主权。1941年3月兼任"清乡委员会"委员长；9月任汪伪中央陆军军官学校校长。1943年1月任汪伪中央政治委员会最高国防会议主席；5月任汪伪苏北绥靖主任公署主任，10月与日本签订《日本国与中华民国同盟条约》及《附属议定书》等卖国条约。1944年3月赴日本治病，同年11月10日因多发性骨髓肿痛医治无效，死于日本名古屋帝国大学附属医院。著有《双照楼诗词稿》《南社诗话》《狱中笔札》《汪精卫演讲集》《汪精卫文存》等。近发现1940年至1944年1月的《汪精卫日记》。（入社号260）

注 释

❶ "椎敌"句：椎敌：典出《史记·留侯世家》，张良求客刺秦王，为韩报仇，"得力士，为铁椎重百二十斤，秦皇帝东游，良与客狙击秦皇帝博浪沙中，误中副车。秦皇

帝大怒，大索天下，求贼甚急，为张良故也。良乃更名姓，亡匿下邳。"《汉书·张良传》亦记此事。后遂用此典表达刺杀强敌、以报国仇的豪壮之情，如李白《经下邳圮桥怀张子房》诗："沧海得壮士，椎秦博浪沙。"柳亚子《吊刘炳生烈士》："尚有椎秦遗恨在，闻鸡起舞亦因缘。"聂荆：指聂政、荆轲。聂、荆二人皆为战国时著名刺客。荆轲曾受燕太子丹之命，持秦逃亡将军樊于期的首级和夹有匕首的地图作为进献秦王之礼物。献图时，图穷而匕首见，刺秦王而不中，被杀死。聂政因严遂和相国侠累（即韩傀）争权结怨，遂为韩严入相府刺死侠累，然后自刎。——按，汪氏早年颇具革命思想，曾以一腔孤愤，甘冒白刃以行之，暗杀摄政王载沣，失败后乃作《被逮后口占四绝》，云："衔石成痴绝，沧波万里愁。孤飞终不倦，羞逐海鸥浮。""姹紫嫣红色，从知渲染难。他时好共发，认取血痕斑。""慷慨歌燕市，从容作楚囚。引刀成一快，不负少年头。""留得心魂在，残躯付劫灰。青磷光不灭，夜夜照燕台。"

❷ 笔削尼山：《史记·孔子世家》："至于为春秋，笔则笔，削则削，子夏之徒不能赞一辞。"尼山，即孔子，因孔子父母祷于尼丘而生孔子，故名。

❸ 衮钺：谓历史的评判。《春秋序》云："夫子因鲁史之有得失，据周经以正褒贬。一字所嘉，有同华衮（古代皇帝及上公的礼服——注者）之赠；一言所黜，无异萧斧之诛。"

沈镕

吟毫作健颂元戎❶，四海争传作嫁❷功。
纪历攸关国运史❸，沧桑回首溯前踪。

简 传

　　沈镕（1886—1949），字伯经，因生于农历六月六日天贶节，故自号天贶生。浙江吴兴人。幼从王均卿、张蓂荪两先生学习诗古文词及演算之术。聪敏好学，颇得张、王两先生赞许。因倾心革命学说，无意科举，考入南洋法官养成所习法政，昌言革命。尝绘制漫画，如"爱国纳捐""外债亡国"等在《民权画报》发表，颇具鼓动民气之功。旋膺上海国学扶轮社之聘，先后担任该社及中华书局、大东书局等编辑多年。王均卿主编《历代古文评注读本》及《历代诗选》，沈氏与王建民、郭希汾（名绍虞，吴县人）襄助编纂并为诠注，该书曾风行一时。性耽吟咏。少年时参加率真社，中年加入南社，晚年在故里又与同人创办愚社。除吟咏外，亦兼擅书画篆刻。酒酣命笔，不求其工而趣味盎然。抗战军兴后，江南一带沦于敌手，沈氏虽闲居故乡，仍思报国，尝创设时化补习学校，课徒为生。时日伪教育会有甄别教师之举，沈氏认为奇耻大辱，有来询者，辄遭峻拒，并填《满江红》词以示怀道："羞曳裾，侯门侧。懒长揖，将军客。但杜门兀坐，醉醒皆得。五斗何如归去好，一瓢差胜嗟来食。视不义如浮云，寥天一。"其时物价飞涨，米珠薪桂，虽遭解聘，恝然不顾。1948年冬，病重卧床不起，犹嘱长子大卫代记日记，不久即辞世，年六十有三。著有《天贶生遗诗》，辑有《中华新字典》《中华万字字典》《虚字指南》等。（入社号558）

注 释

❶ 首句：作健：谓奋发称雄，成为强者。语出《乐府诗集·横吹曲辞五·企喻歌辞一》："男儿欲作健，结伴不须多。"南朝宋刘义庆《世说新语·轻诋》："殷颛、庾恒并是谢镇西（谢尚）外孙，殷少而率悟，庾每不推。尝俱诣谢公，谢公熟视殷曰：'阿巢（殷颛小字）故似镇西。'于是庾下声语曰：'定何似？'谢公续复云：'巢颊似镇西。'庾复云：'颊似，足作健不？'"清人吴伟业《哭志衍》诗："男儿须作健，清谈兼马稍。"元戎：元帅。按，民国肇建，沈氏奋然思有所作为，尝为诗歌颂孙中山、黄克强，并对为革命牺牲的烈士致以思慕之忱。又，沈氏在民国二年《庆双十节》一诗中写道："革命功成岁一周，普天同庆载歌讴。君威消灭咸阳火，民气涌如扬子流。此日彩旗翻五色，当年白骨有千秋。自由花发方萌集，灌溉殷勤后起求。"抗战爆发后，沈氏尝赋诗明志："焉知亡国病，端在民性劣。哀莫大心死，此语闻先哲。我人殊庸庸，谋生安鸿拙。不和尘世光，而抱孤芳洁。舍己以从人，期期日不屑。"抗战胜利后，吴兴县各界公祭抗日阵亡将士，沈氏为撰联致唁："丈夫立志报国，前者仆，后者继，浩气长存，定为厉鬼杀贼；同志齐心努力，整尔戈，

修尔矛，大仇未报，难慰先烈忠魂。"一片丹忱，跃然纸上。足可使顽廉懦立矣。

❷作嫁：谓替别人操劳。语出唐人秦韬玉《贫女》诗："苦恨年年压金线，为他人作嫁衣裳。"按，沈氏在中华书局供职期间，深感自吴楚材之《古文观止》而后，尚未有适合中等学校教课用之古文选本，遂助王均卿选辑《续古文观止》《笔记小说大观》诸书。又，伯经供职中华书局时曾与四川谢无量共事。其时，谢无量正编著《中国大文学史》，几案间图书纷陈，挥笔疾书，日数千字。谢氏豪于饮，每邀沈氏等同饮，微醺，即纵谈天下事。朋辈戏谓谢曰："饮酒无量，钞书无量，真可谓名副其实矣！"其时，郑振铎、叶圣陶、陈乃乾等均在上海从事著译出版事业，沈氏常与往还。与陈乃乾交尤密。沈氏于文学外亦留意科普知识及法律，尝为书局编辑有关小丛书多种。在编写《谈燐》一书告成时，漫题一律，有句云："教育至今难普及，民风终古是顽嚚（音银）。欲申苦口菩心意，不避连篇累牍陈。"用心至此，可谓极矣。此外，沈氏还辑有《中华新字典》《中华万字字典》《虚字指南》等书，均为便利中小学生读书而编。《虚字指南》一书证引繁富，且文白话对照，使读者开卷了然，这种宁可自任其劳而使人受其逸、自居其难而使人乐其易的精神，在沈氏身上是一以贯之的。《虚字指南》一书出版后，蔡元培为之题签，王建民为之作序：从语言与文字发展历史，阐述文字自秦而还虽已统一，语言则古今既有变化，又受地区之限制，依然分歧。五四后感激风潮，大倡白话文，视文言文如洪水猛兽，及以至是，我国几千年之历史记载，大部分人将无法阅读。割断文化统绪，唯欧美是师，实弊多利少。文言文之不易解，其关键在于虚字，倘能掌握虚字之用法，古籍当不难读懂。此皆从实际教育经验所得出之结论。伯经深韪其言，亦深慨于近世纪以来，学校教育之重理轻文，"有大学生不能记伙食账、作简明书札者"。而王建民所著《日用名物辑略》，将备用杂字，分类罗列，详明出处，大有裨于幼学。王、沈二人对文言文教学之必不可废，观点基本一致。建民曾独力创办菁莪学社于南浔仓潭。伯经赋诗为赠，中有"童蒙求我包蒙吉，此道而今大可行"之句，足瞻所尚。

❸"纪历"句：按，自辛亥革命（1911 年）后，沈氏坚持日记写作，历 30 余年从未间断。

1948 年冬，沈氏知将不起，犹嘱长子大卫代记日记。沈氏在日记中，除简短记录日常戚友间交际酬酢、函札往返外，所为诗文大抵随手录于日记中。对国家政局演变和地方变迁，间亦有所记载。例如：民国肇建之初，国旗式样与后来之"青天白日满地红"不同，多角星和蓝色小块系镶于国旗下端。日记中附有图样。又如：抗战初期，浔镇沦陷。驻防日军一度撤离，四乡国军游击队纷纷进镇，国军朱希部队为避免与太湖地区之田文龙部队发生冲突，主动引退。未几，日军重至，有给养艇三艘自运河中由西而东，在便民桥境为国军阻击，其中一艘被击沉，毙日军曹和士兵三人，另两艘逃逸。沈氏在日记中记述较详，颇具史料价值，可备修志者参考。沈氏殁后 42 年，故人之子王瑜孙从其家借读全部日记，从中摘录所为诗，成《天贶生遗诗》一卷，授其孙嘉允收藏。

沈太侔

月光如水水悠悠，似可乘槎❶槎外游。

一曲落花❷人不见，空教吟影淡于秋。

简 传

　　沈太侔（1857—1926），名宗畸，取"庄子侔天畸人"之意。广东番禺人。幼年随宦扬州，诗名驰誉大江南北。为人风流倜傥，潇洒不羁，"澹然于尘嚣之外"（胡寄尘语）。尝于"月明时节，携姬人，取玉笛，至廿四桥头吹梅花三弄，人闻之莫不曰，此沈诗人笛声也。且邗江为千古佳丽地，于春日约二三知己，出绿杨城郭，至小秦淮，平山堂，饮酒看花，留恋竟日，夕阳西坠，犹徘徊不忍去"。其姬人名拜鸳，"姿容明艳，能诗、工词、善画，辑有《拜鸳楼小品》四种，皆手所抄录者"。（戚牧《绿杉野屋诗话》）惜乎拜鸳不寿，为志哀悼，沈太侔作《落花诗》三十律，缠绵悱恻，颇多至情之语。晚年寓居北京番禺馆，鬻文自给，甚为潦倒。1926 年 11 月病逝。平生著述甚丰，有《南雅楼诗文》《南雅楼诗话》《南雅楼骈文》《南雅楼诗斑附繁霜词》《繁霜阁曲话》《愧人集》《东华琐录》《宣南梦忆录》《晦闻室随笔》《塞上雪痕集》《便佳簃读书记》，等等。（入社号 291）

沈太侔联语手迹

❶ 槎：木筏。张华《博物志》云："年年八月，有浮槎去来不失期。"杜甫《秋兴》之二："听猿实下三声泪，奉使虚随八月槎。"

❷ 落花：指沈太侔为哀悼爱姬拜鸳所作的《落花诗》三十律，其中颇多佳句，沈氏亦因之而负盛名。兹摘录数首以窥全豹："残月黄昏冷翠翘，离魂都向个中销。枝头富贵浑如梦，水面文章不解嘲。堕白溶溶迷展齿，飘红故故腻廊腰。多情燕子呢喃语，烦我花前赋大招。""华雨缤纷好是晴，蝶来相送燕欢迎。重烦白傅歌长恨，赎得文姬字再生。一桁湘帘三月雨，数声风笛六时更。飘茵堕溷知多少，消息还须问绿莺。""出门西笑枉追寻，未肯移根到上林。不分初胎终堕劫，留得半面倍伤心。三生香海飘零惯，十种楞严谴谪深。同是天涯正愁绝，那堪风雨夜沉沉。""铜壶清浅短檠寒，检点闲愁睡未安。春去有声啼杜宇，月来无影负栏干。早知紫玉成烟易，再遣云英出世难。莫讶沈郎腰瘦损，落花憔悴不堪餐。"又，前人论诗，常以摘句为评的方式以分轩轾。集中无句可摘，便难称作手，沈太侔毕竟是"蜚声岭表"的南社诗人，仅其《落花诗》三十律中，便不乏可摘之句，如："魂销曲槛疏帘外，人在香尘色界中。""魂归倩女无消息，愁绝封姨有妒才。""未若化萍随浪去，偶然依草亦风流"，均极可诵。

沈尹默

清响遏云❶ 名久弛，赏音难得遇桓伊❷。

及看脱尽形骸后❸，一片灵光❹ 手不知。

简　传

　　沈尹默（1883—1971），原名实，号君默，又号秋明、瓠瓜。浙江吴兴人。4 岁在家塾读书，后就读嘉兴师范学校，酷爱诗书。1905 年偕三弟自费赴日本求学，并在章太炎国学讲习会受业。因经济不继，次年归国。陪母亲返回吴兴。1907 年起，先后在杭州高等学校、两级师范学校、杭州第一中学任教，与陈独秀、马一浮、苏曼殊交往甚密。1913 年 2 月到北京大学任教，并在北京医科专门学校、北京中法大学兼任教职。兼北京政府教育部国文教科书审查及编纂委员会委员。1916 年秋被蔡元培委为主持北京大学书法研究会。由于沈氏向蔡元培极力推荐，陈独秀出任北大文科学长，并于 1916 年底将《新青年》从上海迁

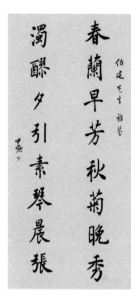

春蘭早芳秋菊晚秀
濁醪夕引素琴晨張

伯建先生雅鑒
玉尹

沈尹默联语手迹

到北大。五四运动时期，沈氏与李大钊、钱玄同等任《新青年》杂志编委，并轮流主编。所创作的白话诗传诵一时。1920年4月，再度去日本西京大学进修，因眼疾大发，第二年归国。兼任燕京大学、中法大学教授，中法教育基金委员会中国代表团主席兼北京女子师范大学教授。1928年起任河北省政府委员、教育厅厅长。1931年2月任国立北平大学校长。同年为抗议国民党政府遏制学生运动、开除进步学生的命令，毅然辞去校长之职，离京南下，卜居上海。旋任中法文化交换出版委员会主任委员，兼孔德图书馆馆长。1934年任北平研究院史学研究员等职。抗战爆发后任监察院监察委员。抗战胜利后辞职，专力临池赋诗。新中国成立后，任第二、三届全国政协委员、中央文史馆副馆长、上海文联副主席、上海中国书法篆刻研究会主任。平生精诗词，擅书法，尤工行书，用笔精熟，清圆透润中有劲健遒逸之姿。主张作书"必须具备三个条件。一、前贤法则，二、时代精神，三、个人特性"。对笔法、笔意、笔势亦多有创见。金箴度人，可谓嘉惠后学。生平著述甚富，主要有《秋明集》《秋明室诗词集》《书法论丛》《二王法书管窥》《历代名家学书经验谈辑要释义》等。（入社号923）

注　释

❶ 遏云：歌曲高妙，能遏止行云。《列子》："秦青按节歌，声振林木，响遏行云。"王勃《滕王阁序》："爽籁发而清风生，纤歌凝而白云遏。"按，沈尹默早年喜作白话诗，著声于时。

沈尹默行书手迹

❷ 桓伊：《晋史》载：桓伊，晋谯国铚人，字叔夏，小字野王。历任淮南太守、豫
　州刺史等官职，与谢玄共破符坚于淝水，东晋以安。因功封永修县侯，为右军将军。
　伊审音，善吹笛，藏蔡伯喈柯亭笛，常自吹之，时称"江左第一"。唐代诗人杜
　牧《润州》诗："月明更想桓伊在，一笛闻吹出塞愁。"此处以桓伊代指陈独秀。按，
　沈尹默25岁时，在杭州结识陈独秀。一天，陈独秀对沈氏说："昨天看见你写的
　一首诗，诗很好，字则其俗在骨。"这一尖锐批评，如楞严棒喝，使他幡然猛醒，
　遂立志苦练，提高书艺。

❸ "及看"句：自从受到陈独秀的"当头棒喝"后，沈尹默发愤异常，他"从指实掌虚，
　掌竖腕平，执笔做起，每日取一刀尺八纸，用大羊毫蘸着淡墨，临写汉碑，一纸一字，
　等它干透，再和墨使稍浓，一张写四字。再等干后，翻转来随便不拘大小，写满为止"。
　两三年后，开始专心临写六朝碑版等。他从《龙门二十品》入手，对《爨宝子碑》
　《爨龙颜碑》《郑文公碑》《崔敬邕墓志》等广为涉猎，深入研习，对《张猛龙碑》《大
　代华岳庙碑》用力更勤，又兼临晋唐两宋元明名家精品，前后凡十数年挥毫不辍。
　直至字字俗气脱尽，气骨挺立，始学行书。——"及看"一句指此。

❹ 灵光：神异的光辉。《三国志·蜀书·先主传》："玺潜汉水，伏于渊泉，耀景烛耀，

灵光彻天。"此处以"灵光"喻沈尹默书法之精妙绝伦。按，沈尹默的书法成就，以行书最高。其行书初从文徵明、米芾入手，得雄健清新之致，转学智永、虞世南、褚遂良、孙过庭等隋唐名家，尤以褚书用力最深。尔后上溯"二王"，得大王内擫之法，锋芒所到处刚健中正，清丽流美，极尽圆活秀润之致。郭绍虞先生评论沈尹默书法说："运硬毫无棱角，用细毫有筋骨，得心应手，刚柔咸宜。用笔粗处不蠢，细处不弱，骨肉停匀，恰到好处。"王玉池先生认为："沈尹默的字圆润秀美，清雅遒健。不作怪奇之体，在平正中求变化，在变化中见姿致。由于功力深厚、文化素养甚高，故其书具有严谨的法度，流露出浓厚的书卷气，做到了雅俗共赏，从者众多，对现代书坛影响甚大。"董文先生亦指出：沈尹默的书法"点画轻灵飞动，时而宝光内蕴，时而神采外耀。体态端庄杂流丽，刚健寓婀娜。观其字，那秀美的形质，很使人想起明月清风，琼林瑶树，有超然风尘物外之感"。

苦雨斋旧照（第二排左一为周作人、左二为沈尹默、前排左二为刘半农）

沈道非

万里长风❶任啸歌，虎龙❷材略奈愁何！
蘦蘦一枕青门雨❸，可有征鸿❹梦里过？

简 传

　　沈道非（1870—1946），名砺。浙江嘉善人，侨居松江金山历三世五十载。早年加入中国同盟会，与越中秋瑾、陶成章甚善；秋瑾、成章就义后，他举行私祭。1909 年，由景耀月主编的《民吁报》在上海创刊，为文苑栏作者。1910 年，为陈其美主持的《民声丛报》撰稿。1912 年任松江军政分府参谋长，又任由汪精卫主编的上海《民国新闻》文苑栏主任。1913 年任上海卫戍司令。1927 年任国民政府秘书；10 月，任南京财政局局长兼土地局局长。1928 年参加在苏州虎丘举行的南社 20 周年纪念会，并在会上提出"本社失节社员应否除名案"，经南社社友议决：如有逆迹昭著者除名。1929 年任国民政府文官处参事，后改任国民政府秘书。晚年遭逢变故，抑郁寡欢，与朋好绝不通音问。1946年12月15日，不幸因煤气中毒卒于南京。为人嶔崎磊落，擅诗文。逝世后遗稿大多散佚。（入社号10）

注 释

❶ 万里长风：语出《宋书·宗悫传》："悫年少时，（宗）炳问其志，悫答：'愿乘长风破万里浪。'"

❷ 虎龙：喻豪杰之士。《后汉书·耿纯传》："大王以龙虎之姿，遭风云之时，奋迅拔起，期月之间兄弟称王。"李白《登金陵冶城西北谢安墩》诗："沙尘何茫茫，龙虎斗朝昏。"

❸ "蘧蘧"句：蘧蘧：惊动貌。《庄子·齐物论》："昔者庄周梦为胡蝶，栩栩然胡蝶也。自喻适志与！不知周也。俄然觉，则蘧蘧然周也。"青门：《史记·萧相国世家》："召平者，故秦东陵侯，秦破，为布衣，贫，种瓜子长安城东，瓜美，故世俗谓之'东

沈道非手迹

1924年10月新南社第三次新聚餐会合影（第四排右起第三人为沈道非）

陵瓜'，从召平以为名也。"按，召平或作"邵平"。东陵瓜亦称"青门瓜"。《三辅黄图·都城十二门》云："长安城东出南头一门曰霸城门，民见门色青，名曰青城门，或曰青门，门外旧出佳瓜，广陵人邵平……种瓜青门外。"值得注意的是，"青门瓜"这一典故在历代诗人手里被辗转使用、改造，它的原初意义（瓜之甜美，如何逊《南还道中送赠刘谘议别》诗："日想平陵柏，心忆青门瓜。"阮籍《咏怀》诗之九："昔闻东陵瓜，近在青门外。"）已相当弱化，而更多地被典故的使用者赋予弃官归隐的意义，如李商隐《永乐县所居一草一木无非自栽，今春悉已芳茂因书即事》诗："芳年谁共玩，终老召平瓜。"朱希晦《感时二首》之一："欲效东陵隐，终身老种园。"白居易《新昌新居书事四十韵》："迹慕青门隐，名惭紫禁仙。"晁补之《摸鱼儿·东皋寓居》词："弓刀千骑成何事，荒了邵平瓜圃。"又，沈道非《感怀八首》之八亦云："忘机白社闲挥麈，息影青门学种瓜。小睡故人频入梦，西风酹酒恨无涯。"

❹ 征鸿：远飞的大雁。江淹《赤亭渚》诗："远心何所类，云边有征鸿。"罗隐《夏州胡常侍》诗："征鸿过尽边云阔，战马闲来寒草秋。"

沈禹钟

抗心希古❶清芬守，瘦尽吟身不废呕❷。

开牖蝉声浑似雨，竦听一滴一声秋❸！

简　传

　　沈禹钟（1898—1972），名德镛，字禹钟，中年后以字行，晚号春剩。浙江嘉善人。自幼家贫，刻苦自励。浙江省立嘉兴中学毕业后，与蔡韶声等人以诗文唱和；其时柳亚子正有南社之创，遂招其入社，文采焕盛一时。1926年嘉善县立初级中学创办时，被聘为国文教师。后受聘于上海商务印书馆编译所，获识李宣龚、汤宝荣先生，受益良多。其时林琴南所翻译的欧美说部正蜚声文苑，坊间竞相印刷出售，沈氏遂从而效为之，撰有说部多种。及至中年，专好诗词，尤以七言古体为胜。其诗不立唐宋门户，自成一格。抗战时期，国事艰难，遂从商于上海中法企业集团任中文秘书。晚年卜居沪上，日以读书吟咏为遣，其

沈禹钟遗墨

寓宅距虹口公园甚近，却从未一涉园内，笃学精神颇似目不窥园之董仲舒。"文化大革命"期间，家中被抄，平生所藏书画、印章、古砚均遭劫夺，加之丧妻，忧郁成疾，于1972年病逝上海。平生不唯擅诗词，亦工书法，作章草颇见功力，曾编辑《东方朔》《社会之花》。著有《谈艺录》《论印绝句》《家语集》《沈禹钟小说集》《萱照庐诗文稿》《桐华馆词稿》等。（入社号1019）

注　释

❶ 抗心希古：嵇康《幽愤诗》："抗心希古，任其所尚。"谓志向高远，以古贤自期许。
按，沈氏有《杜子美诞生一千二百五十周年纪念赋此以申私仰》二律："忧时身世两蹉跎，奇气胸中万仞摩。暮齿兵戈仍远道，苍生涕泪入悲歌。词宗一代穷难送，诗史千秋论不磨。额手慰公茅屋感，即今广厦庇人多。""乾坤清气郁难开，摇动

星辰降此才。异代班扬原并驾，旧时高李共登台。乱余天地身无着，吟罢江山气亦恢。终古骚坛垂正脉，草堂遥望酹千杯。"襟怀中皆系天地民物，足觇所尚。

❷"瘦尽"句：按沈氏亦为南社中擅诗者，其诗典丽乔皇，迥异凡作；逮至晚年，犹不废吟咏，诗境转入冲和澹雅，如："雨霁同登选佛场，瑶阶簌簌散天香。分庭自与空王敌，倚槛偏容醉客狂。禅径久应忘岁月，啸台可得引凤凰。词人老去浑无赖，不为看花不肯忙。"（《癸卯暮春龙华寺看牡丹，赋示立人、病树、文竟三词老》）"闲寻三径一登楼，吹帽风高倦独游。篱菊乍开迎客笑，江鸥可望避人浮。新诗即事供叉手，旧学攻疑尽放眸。佳节但令良友共，未须醉向翠微秋。"（《和澹安九日访大可寓楼之作原韵》）"高谭气可夺千夫，文字商量道不孤。凿齿著书忘岁月，天随放志爱江湖。九流名实将心证，两汉碑铭一手胪。今日碧筩酒满酌，试歌难老醉相扶。"（《贺澹安兄七大初度》）浑雅苍老，极耐讽咏。

❸末句：沈氏名句如"树借蝉声诉叶干"，发人之所未发。

沈禹钟手迹

沈流芳

红星高耀意何殷❶，还矢锦囊❷自轶群。

作育英才生死以❸，未知岭上有闲云。

沈流芳（1900—1976），字体兰。生于江苏昆山市周庄镇附近的雪巷村（现属吴江市），在周庄镇长大。幼承家学，潜心苦读。1918年毕业于苏州东吴大学高中部，考入东吴大学，同年加入南社。在大学求学期间，学业非凡，获理学学士学位。五四运动爆发，积极参加爱国宣传活动，被选为苏州学生联合会会长。后结识中共党员浦化人与胡也频，深受进步民主思想之影响，为此后积极参加民主革命运动奠定坚实之思想基础。九一八事变后，激于爱国义愤，与李公朴、章乃器等共同发起组织时社，与东北爱国人士阎宝航等创建东北社，举行形势报告和研讨会，激烈反对国民党的不抵抗政策，发动各界人士做好战备工作。"一二·九"运动爆发后，与陶行知等一起领导"国难教育社"，提倡生活教育，共赴国难。抗日战争全面爆发后，加入由宋庆龄发起的"保卫中国大同盟"；作为代表，赴印度、英、美等国参加国际会议和考察，不断作抗日救国的演讲和宣传。1942年春，奔赴韶关、成都、重庆等地办学。在韶关任东吴大学文学院院长，并代理校长。抗战胜利后，在成都与吴耀宗、加拿大友人文幼章等组织大学教授联合会，积极支持学生"反内战、反独裁、争民主"的爱国民主运动。又与周谷城、张志让主持"大教联"各项活动。1947年3月与马寅初、孙起孟发起组织上海市教育者人权保障会，支持学生"反饥饿、反内战"斗争。同年5月与张志让等九位教授会见市长吴国桢，要求释放被捕学生。仗义执言，足觇风义。

1949年初，沈氏应毛泽东邀请，与柳亚子、陈叔通、叶圣陶、马寅初等民主人士自香港抵达北平。4月16日下午，柳亚子在中山公园举行南社、新南社联合临时雅集，沈氏在会上对南社在民主革命中的作用予以充分肯定。5月，参加第一届全国青年代表大会，任大会主席团副主席，致闭幕词，会后与廖承志到西山会见毛主席和朱总司令。9月，应邀参加第一届政协全体会议，任大会副秘书长。10月1日，参加开国大典。新中国成立后，先后担任全国政协第二、三、四届委员，上海市政协第二、三、四届委员和副主席，政务院文教委员会委员、华东教育部副部长、上海市体育运动委员会主任。1951年春，任民盟中央委员。1953年任中国民主建国会上海市委常务理事。1976年病逝。（入社号30）

注 释

❶ "红星"句：抗战爆发后，沈氏积极联络当时在上海的中共驻沪办事处，邀请美国作家斯诺向上海爱国人士介绍西北苏区之行，并筹款出版斯诺的《西行漫记》。

❷ 还矢锦囊：《五代史·伶官传》："晋王为将终也，以三矢赐庄宗而告之曰：'梁我仇也，

燕王吾所立，契丹与我约为兄弟而背晋以归梁，此三者吾遗恨也，与尔三矢，尔其毋忘乃父之志！'庄宗受而藏之于庙。其后用兵则遣从事以一少牢告庙，请其矢，盛以锦囊，负而前驱。及凯旋而纳之。"

❸"作育"句：沈氏自1928年在英国牛津大学教育研究所任研究生时，即专注教育问题。1930年发表论文《中国教育之改造》，受到国内外教育界人士的重视。1931年应聘就任上海麦伦中学（现继光中学）校长。在一批志同道合的教师的努力配合下，大力推行一系列改革、创新之举，短短几年内，大见成效，麦伦学校成为上海为数不多的进步学校之一，其教学质量颇有盛誉。田汉、李公朴、陈鹤琴及国际友人路易·艾黎等知名人士，纷纷将子女送到该校求学。抗日战争爆发以后，他的众多学生历尽艰辛，长途跋涉，奔赴延安及新四军抗日根据地，献身革命。又，沈氏膝下无子女，沈氏家族的后辈，皆视其为可敬可爱的哺育者。远房侄子沈溪声从沈氏义庄小学毕业后，以优异成绩考入苏州中学，在校受到爱国主义思想熏陶，抗战爆发后决心投笔从戎，奔赴延安。因路费不足，赴沪求助于叔父，沈氏支持甚力。数日后，又将他介绍给路易·艾黎和埃德加·斯诺。沈溪声得到叔父和艾黎的共同资助，又持斯诺的介绍信顺利到达延安，进入抗日军政大学，后又南征北战，戎马倥偬，成为昆山奔赴延安、为人民解放事业作出贡献的杰出代表之一。沈氏献身于人民教育事业的精神，有口皆碑。1936年，他发起募捐兴学运动，在麦伦中学兴建科学馆，率先将老父遗产3000元全部捐助，约占募捐总金额的三分之一，他的以身作则给捐资运动造成了很大声势，使科学馆当年即竣工落成。1951年，为纪念沈氏对学校的突出贡献，特将科学馆命名为"体兰馆"，由时任教育部部长的马叙伦题额。

沈昌眉

同心共许切箴规❶，秉铎❷无惭素所期。

解识酃泉❸拈菊意，一庭寒翠立多时。

简 传

　　沈昌眉（1872—1932），字长公，号眉若，别署昂青。江苏吴江人。年甫二十，应县署试，于试卷上引《国策·齐策四》"由是观之，生王之头，曾不若死士之垄也"一句，主试江苏者为满人溥良，见而大骇，遂以驳斥，未论其罪，幸也。其读书也，天风海水，长河乔岳，有如顾盼几席间之慨。其办事也，明白犀利，了如指掌。1909年昌眉兄弟于家乡创分湖文社。同年柳亚子等人亦有南社之创。于是四方之士，闻风慕义，联袂而来，文酒之会，殆无虚日。为弘扬先贤，乃立"分湖先哲"之祠；因念及乡贤托迹篷门，不废吟咏，而生前只以自娱，死后又多散佚，深忧若不为之掇拾，后世不复知其姓氏，遂与柳亚子狂搜网罗。苏沪之书肆冷摊，一时纸贵洛阳，传为佳话。又见乡先辈之言行，有可以为后世矜式者，多为之立传。早年任教于芦墟之陶冶学堂及黎里之树人学堂。1922年苏州第一师范学校设分校于吴江，以培养师资、普及教育，委唐闰生为主任。闰生即邀昌眉为助手，肇创之初，任重事繁，昌眉为之襄理擘划，贡献殊多。因沈氏兄弟二人以服务于该校时期较长，人才辈出，世有誉为"二陆才名"。惜乎天不永寿，于1932年忽以中风病不治而逝，享年61岁。著《长公吟草》《集外诗词文集》。（入社号14）

注 释

❶ 箴规：劝戒规谏。语本汉王符《潜夫论·明闇》："过在于不纳卿士之箴规，不受民氓之谣言。"三国魏何晏《景福殿赋》："图象古昔，以当箴规。"晋陶潜《咏三良》："箴规向已从，计议初无亏。"按，沈氏与柳亚子皆爱收集乡贤文献，……昌眉悲慨于乡贤潘惠康，固为经师人师，而一棺未殡；沈达卿卖文半世，而不疗其贫；朱颂平毕生执教，而丧葬无资；张永丰朴陋敦厚，而盛德不传，因作《张尚书捐金葬师》《陆子购石》（发表于《南社丛刻》）等篇，意在移风矫俗。后柳亚子奔走国事，不遑宁居。逮至亚子遁迹东瀛，张应春烈士殉难南京。当此之时，乡里哗然，视为异类。独昌眉犹时时为之张目。东海波涛，念故人之漂泊；西台竹石，葬烈士之衣冠。晦明风雨，抑郁寡欢，亚子谓：偶得长公手札，辄骨飞肉腾，心志为之开朗，长公于余非所谓知己者耶？

❷ 秉铎：语出《论语》："天将以夫子为木铎。"按，沈氏以弘扬先哲、奖掖后进为己任，以杏坛鸣铎终其生。桃李盈门，望重乡里。沈氏年60时，及门

沈昌眉《长公吟草》书影

沈昌眉手迹

弟子以刊其诗集为寿，乃有《公长吟草》行于世。惜搜集未周，遗漏颇多。文则更未整理，仅散见于已刊之书刊中。

❸ 酌泉：语出《晋书·良吏传·吴隐之》："朝廷欲革岭南之弊，隆安中，以隐之为竹骠将军、广州刺史、假节，领平越中朗将。未至州二十里，地名石门，有水曰贪泉，饮者怀无厌之欲。隐之既至，语其亲人曰：'不见可欲，使心不乱。越岭丧清，吾知之矣。'乃至泉所，酌而饮之，因赋诗曰：'古人云此水，一歃怀千金。试使夷齐饮，终当不易心。'及在州，清操踰厉，常食不过菜及干鱼而已，帷帐器服皆付外库，时人颇谓其矫，然亦终使不易。"后以"酌贪泉"谓磨砺节操。唐人王勃《秋日登洪府滕王阁饯别序》："酌贪泉而觉爽，处涸辙而犹懽。"亦省作"酌贪""酌泉"。唐人李白《与赵宣城与杨右相书》："宰剧惭强项之名，酌贪砺清心之节。"唐人王维《为薛使君谢婺州刺史表》："谨当闭阁以思政，酌泉以励心。"拈菊：语本陶渊明："采菊东篱下，悠然见南山。"（《饮酒》）

沈昌直

曝庭签轴❶梦难温，披褐❷怀珠弃冕轩。

但与鹓雏❸商嗜好，云章❹焕采动清暾。

简 传

　　沈昌直（1882—1949），字次公，号颖若，后改字存庑。江苏吴江人。19 岁应童子试后，科举废止，入上海理科学堂，学习西学。早年任教于芦墟之陶冶学堂及黎里之树人学堂。1912 年任教于无锡第三师范学校。无锡通都大邑，交游日广，学殖以深。于教学外，又专研音韵之学，潜心于古文辞之发微阐幽。多考据辩论之什，诗文则其余事耳。后任苏州中学教席，更得与姑苏耆宿，商兑国学，识见益富。及以体弱，退居乡里，日以文史自娱。但仍以提掣后进、传授新知为职志。迨至抗战军兴，水乡僻壤，亦不免于厄，不惟宅基被毁，并所藏书积稿，亦尽化秦火。1949 年解放前夕，溘然长逝。著有《爨余集遗稿劫后拾零》。（入社号 15）

注 释

❶ 曝庭签轴：曝，晾晒；庭，庭院。按，沈氏家藏图书甚富，惜皆毁于战火。沈氏蛰居乡间，遥想当年与其兄昌眉及柳亚子乐国之吟，迷楼之韵，赓唱迭和，风流文采，极一时之盛，如今此境已不可复得。心绪萧索，情怀抑郁，日夕与六七童子，闭户读书，不复吟咏。亚子先生曾于沪上寄诗慰之曰："歼肟正筹元敬笔，收京盼赋杜陵诗。烬余收拾应非计，铭勒燕然会有期。"

❷ 披褐：褐，用粗毛布所制的衣服。语本老子《道德经·七十》："知我者希，则我贵矣。是以圣人披褐怀玉。"意谓圣人外面穿着低贱的褐衣，内心却藏着美玉。此喻沈氏外同其尘，内守其真。按，沈氏毕生倾教育，曾在无锡第三师范学校教学十有三年，直至三师改组为止。毕业同学或继续升学，或服务于现中央政府，其中不乏名儒硕彦；在他们所撰写的回忆录中，犹未忘当年沈氏之敬业乐教、循循善诱之功也。

沈昌直手迹

❸ 鹓雏：指柳亚子。按，昌直年甫二十，曾馆于黎里凌氏，适与柳亚子同院宅，时亚子年仅十五。一日，二人相值于书房内，彼此互诧于不习时艺，而以诗史古文为事。因相与谈经论史，莫逆于心，痛快淋漓，倾慕之下，遂为莫逆。后时相唱和，尽文酒之欢。未几，亚子又与昌眉相识，彼此相见恨晚，遂为忘年之交。昌眉、昌直虽为同胞兄弟，而年龄相差十岁，性情亦各异，故柳亚子有"次公狷介长公狂"之句，洵为知人之论也。

❹ 云章：语出《诗经·棫朴》："倬彼云汉，为章于天。"按，昌直在劫后曾定《爨余集》一稿，在浩劫中又遭散佚，今所存者为《爨余集遗稿劫后拾零》。1992 年，得到国际南社学会会长柳无忌教授支持，其后人着手搜集、整理昌眉、昌直遗稿，编定为《吴江沈氏长次二公剩稿》一册，内容包括《长公吟草》《集外诗词文集》《次公剩稿：爨余集遗稿劫后拾零》等，1994 年由国际南社学会列为第二套《南社丛书》，交社会科学文献出版社出版。

沈剑霜

冲襟风雅久希之❶，石火风轮❷百念微。

一死何难忧未解❸，平生负气恐全非。

简 传

沈剑霜（1892—1932），名次约，字剑霜，也作剑双，号秋魂，以字行，室名剑霜龛。吴江黎里人。天资颖慧，自幼便有神童之誉，容貌秀美而文质彬彬，与南社社友朱剑芒、朱剑锋、顾悼秋、周云合称"梨村五子"。因父亲早亡，家境贫寒，未足20岁就开馆授徒为业。1914年冬与顾悼秋等人组织消寒社，继此之后，柳亚子与顾悼秋等人又创酒社，"梨村五子"尽数参与。平生与柳亚子、顾悼秋最为友善，1927年5月，柳亚子因避反动军警搜捕而逃至日本，1929年顾悼秋病逝，沈氏殊感落寞。1930年，盛泽徐氏在上海经商，深慕剑霜之名，聘其到江宁路课读二子，膳食住宿和薪金颇为优厚，并规定每月可以返黎一次，

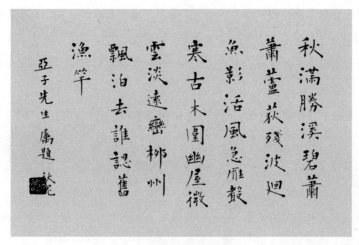

沈剑霜诗稿手迹

休假三四日，遂允之。1932年暮春，沈氏伉俪间因细故而争吵，愤而服毒自杀。平生除刻印之外，剑霜还擅长诗词、书画。所书小楷，颇具绳规，深合颜柳笔法。著有《剑霜龛遗稿》，可惜未及刊印，至今已经散佚。（入社号553）

注 释

❶"冲襟"句：按，沈氏在上海执教期间，尝为其子绘制扇面，秀逸有致，且题自作诗两首于其上，云："两行红粉影娟娟，小字应呼作绛仙。此夜平分春一半，可扶清梦到花前。""积雪空江岁晚时，早开枝易褪胭脂。为教花抱飘零感，只待东风好护持。"风怀可想。除丹青外，沈氏亦擅治印，柳亚子曾赋诗以赞其印艺，云："桂死蓉枯尺涕萦，剩凭贞石缔心盟。多君刻划精工在，好与同垂不朽名。"下面亦有一段小注："余以纪念亡友秋石，故颜其室曰：礼蓉招桂之龛，丐君刻印甚精美。"按，沈氏洵为治印高手，柳亚子为悼念张应春而作的那方"礼蓉招桂之龛"印章，即由丐君（沈剑霜）镌刻。沈氏在《新黎里》报上，曾多次刊登润格鬻印，

颇受里人青睐。又，沈氏亦擅英文，曾翻译过英国拜伦的诗歌，隽永清新而脍炙人口，中文与英文对照缮写，清清楚楚、秀丽悦目，深受读者喜爱。浙江余姚籍南社社友戚牧，慕其风雅，尝为其拟作"乌巾漉酒蓝田叔，群麈谭禅白鹿仙"的行书对联以赞之。

❷ 石火风轮：石火：形容事物像闪电和石火一样转瞬即逝。宋人释道原《景德传灯录》卷二十四："僧问：'如何是佛法大意？'……师曰：'石火电光，已经尘劫。'"风轮：佛教语。"四轮"（金轮、水轮、风轮、空轮）之一。参见"四轮"。

❸ "一死"句：关于沈氏之死，一般记载，其死因皆为伉俪因细故争吵。如郑逸梅在《南社丛谈》中即采此说，内云："剑霜认为家庭幸福，肇端于夫妇，夫妇如此，幸福何在，愤而服毒自尽。"窃以为此种说法大有可以商榷之处。其实，夫妇口舌只不过是诱因，更有深层缘因在焉。沈氏冰雪聪明，少负大志，自我期许甚高，1933 年，柳亚子有《追挽沈剑霜，十二月十五日作》："歇浦梨湖纵酒年，休文风度最翩翩。闭门仰药君无悔，胜我飘蓬尚海天。"下有一段小注"君名场失意，吞丹乘自戕已一载余矣！"（柳亚子《磨剑室诗词集》，上海人民出版社 1985 年版，第 705 页）沈氏尝赋《酒社第八集次大觉韵》一首，云："荆棘铜驼又一年，凄风冷雨剧堪怜。国亡文字休论价，世乱头颅不值钱。仗剑杀人真快事，裁诗把酒亦良缘。愿拼十万男儿血，洒遍燕山分外妍。"（《南社》第 20 集）诗句功底不弱，豪气更是直冲牛斗。再如："秋满胜溪碧，萧萧芦荻残。波回鱼影活，风急雁声寒。古木围幽屋，微云淡远峦。柳州飘泊去，谁认旧渔竿？"此为沈氏赠予柳亚子的一首五律，激越悲壮，似无轻生之念。可是年届不惑，所志不遂，加之贫苦交加，故有厌世之念；易言之，沈氏心中原本就盘绕着悲观情绪，加之他那种不能见容于社会的愤世嫉俗的性格，很难寻觅到真正的出路，这更加深了他的悲观厌世之情，故而偶因夫妇口角而触动了他那敏感的神经，终致服毒自尽。

沈雁冰 *

沉沉子夜❶几人醒，爝火❷高擎启晦暝。

坛坫百年谁管领？长空耿耿灿三星❸。

简 传

　　沈雁冰（1896—1981），原名沈德鸿，笔名茅盾、玄珠等。浙江桐乡县乌镇
人。1904年入乌镇立志小学读书。1907年升入植材高等小学，由于天资聪颖，
考试成绩一直名列前茅。1910年考入湖州浙江省立第三中学，翌年秋转入嘉兴
中学堂，倾心革命，后因抨击一不孚众望的学监被学校除名。1916年考入北京
大学预科第一类，毕业后到上海商务印书馆编译所工作。1918年与胞弟沈泽民
等发起进步社会团体桐乡青年社，并出版油印刊物《新乡人》，宣传新思想，反
对封建礼教，1920年11月，主编并改革《小说月报》；同年底，与郑振铎、叶
圣陶等人联系，于1921年1月在北京发起成立文学研究会，又积极参加建立中

国共产党的筹备工作，任中共中央联络员。1923 年兼任上海大学教授，后任中共上海地方兼区协委会委员和国民运动委员会委员长、国民党上海市党部宣传部部长。五卅运动爆发后，在《公理日报》上发表文章揭露帝国主义的血腥罪行。1925 年 11 月，奉中共中央之命与恽代英一起筹组两党合作的国民党上海特别市党部执行委员会。后应毛泽东之邀，任国民党中央宣传部秘书。1927 年春出任汉口《民国日报》主编。同年 7 月汪精卫公然叛变革命，受命赴南昌组织起义，因交通封锁滞阻九江，继而遭国民党通缉，遂潜回上海，转入地下，开始以写作谋生的创作生涯，先后完成《幻灭》《动摇》《追求》——即三部曲《蚀》的创作。1928 年夏，迫于国民党的白色恐怖，避居日本，潜心从事学术研究。1930 年返沪，参加中国左翼作家联盟，并一度担任"左联"执行书记。抗日战争时期，曾任新疆学院文学院院长、国民党政府军委会政治部文工会常委，并曾到延安鲁迅艺术学院讲学。先后主编《呐喊》（后改名《烽火》）、《文艺阵地》《笔谈》《文联》等进步刊物。1948 年到东北解放区工作。1949 年参加中国人民政治协商会议筹备工作。新中国成立后，任文化部部长、全国政协副主席，并长期任中国文联副主席，中国作家协会主席。1981 年 3 月 27 日病逝于北京。著有《子夜》《蚀》《虹》《神话杂论》等多种论著，并有《茅盾文集》《茅盾全集》行世。

沈雁冰手迹

注 释

❶ 子夜：指沈雁冰创作的现代社会分析小说的代表作，也是中国现代文学发展史上
具有里程碑意义的长篇小说《子夜》；她的出现成为现代文坛的重要事件，瞿秋
白甚至将 1933 年称为"子夜年"。沈雁冰在《〈子夜〉写作的前前后后》一文中云：
"1930 年夏秋间进行得很热闹的关于中国社会性质的论战，对于确定我这部小说
的写作意图，也颇有关系。"按，30 年代初，理论战线上发生的那场中国社会性
质的论战中，由陈独秀支持的"机械派"认为，中国已是资本主义社会，封建关
系只是"残余的残余"，其目的在于以等待资本主义成熟再搞社会主义革命为由，
取消当前的革命。托派认为，"中国已经走上了资本主义道路，反帝反封建的任
务应由中国资产阶级来担任"；托派还坚持"华洋资本无差别"的观点，认为帝
国主义和中国资产阶级是不分开的好兄弟。这种只强调帝国主义买办资本与民
族资本都是资本主义生产关系的相同一面，而把发生在半殖民地中国的华、洋资
本之间的斗争以及民族资本内部的竞争视为与资本主义国家内自由竞争一样的观
点，显然彻底否定了民族资本主义的进步性，也是对中国半殖民地性质的严重歪
曲。茅盾先生通过对复杂纷繁的中国社会深刻地洞察、缜密地分析，运用马克思
主义观点和现实主义的创作方法，描绘出 30 年代初期中国社会广阔而真实的历
史画卷，并通过吴荪甫、赵伯韬等形象的成功塑造，回答了托派和资产阶级学者：
"中国没有走向资本主义发展的道路，中国在帝国主义、封建势力和官僚买办阶
级的压迫下，是更加半封建半殖民地化了。"（茅盾《〈子夜〉写作的前前后后》）
茅盾还说道："我决定把题名由《夕阳》改为《子夜》。《子夜》即半夜。既已半夜，
快天亮了，这是从当时革命发展的形势而言。"

❷ 爝火：犹言火把。《庄子·逍遥游》："日月出矣，而爝火不息，其于光也，不亦难乎？"

❸ 三星：指鲁迅、郭沫若、茅盾。

沈钧儒

嗜石平生兴未穷❶，惊涛历尽更从容。

一枝椽笔濡沧海❷，气自沉雄句自工！

简 传

　　沈钧儒（1875—1963），字秉甫，号衡山。浙江嘉兴人。清末进士。1905年夏留学日本东京法政大学。1907年毕业回国后从事立宪活动，曾任浙江谘议局筹办处总参议。1909年春，与褚辅成等发起组织立宪国民会；同年冬，任浙江谘议局副议长。武昌起义后，任浙江都督府警察局局长。次年1月当选浙江临时议会议员，后任军政府教育司司长。1912年5月加入中国同盟会。1913年任浙江教育会会长。1917年3月任司法部秘书，参加政学系活动，旋南下护法。五四期间，撰文提倡新道德、新文化。1921年赴沪参与省宪活动，次年任《中华新报》主笔。1923年当选为国会参议院秘书长。1926年北伐军攻克浙

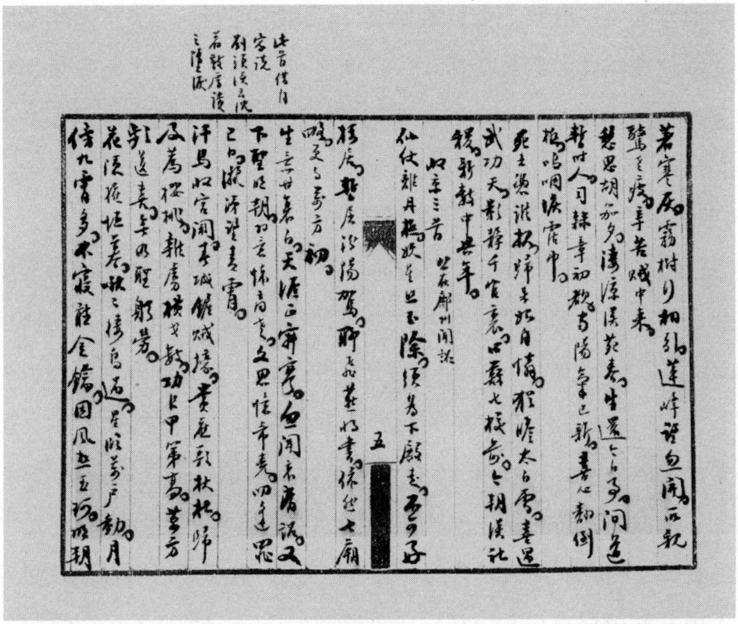

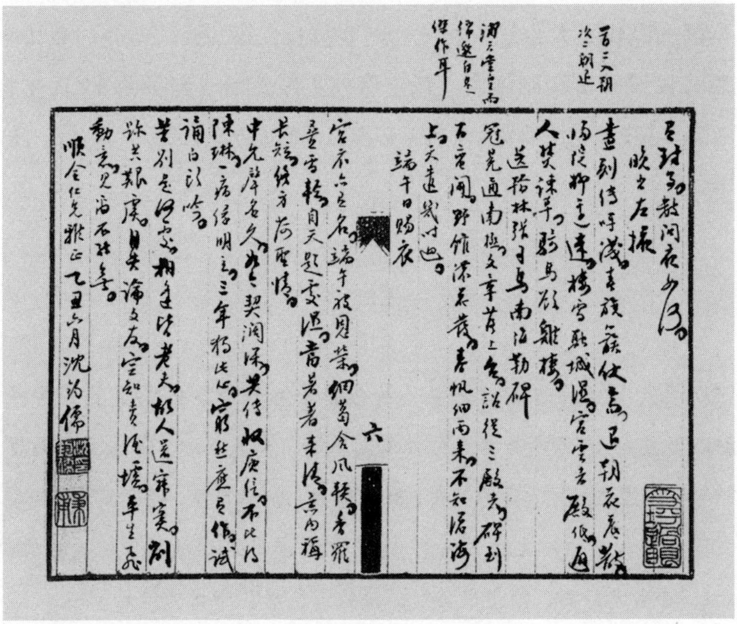

沈钧儒手迹

江时，任浙江省临时政府政务委员兼秘书长。1927年四一二反革命政变后曾被国民党反动派逮捕，后经营救获释。1927年冬任上海法科大学教务长，同时执行律师职务。1933年参加中国民权保障同盟，任上海分会法律顾问委员，后当选为执委。1935年领导成立上海文化界救国会，积极开展抗日救亡运动。1936年11月与邹韬奋、李公朴等被国民党当局逮捕入狱，为"七君子"之一。抗日战争爆发后获释，继续从事抗日救亡运动，于1937年8月被聘为国防参议会参议员。是年底，赴汉口筹组"抗敌救亡总会"，任主席，并创办《全民》周刊。1938年被聘为国民参议员。1941年创议组织中国民主政团同盟（后改组为中国民主同盟），任中央常委。1945年冬，被推举为中国人民救国会主席，积极参加争取和平民主的斗争。1947年10月民盟被政府解散，去香港恢复民盟总部，次年1月在香港发表紧急声明，坚决与中国共产党合作，并代表中国民主同盟及中国人民救国会响应中国共产党的"五一口号"，赴解放区参加新政协筹备工作。中华人民共和国成立后，历任中央人民政府委员、最高人民法院院长，第一、二届全国人民代表大会常务委员会副委员长，第一、二、三届政协全国委员会副主席，民盟委员会副主席、代主席、主席。1963年6月11日在北京病逝。著有《寥寥集》《宪法要览》《制宪必携》《家庭新论》等。（入社号287）

注 释

❶"嗜石"句：按，沈氏平生酷爱石头，故命其居室为"与石居"，由于右任题写，侯外庐加以识语："右三字斋名为民主老人属题，寓意深远。昔朱舜水鼎镬之下，有明志之句云：'涅之缁之，莫污其白，磨专磷专，孰漓其淳，硁硁其象，碗碗其质，是非眩之而益明，东西冲之而不决。'与石居，其斯之谓欤！"沈氏亦有诗明示爱石之心："吾生尤好石，谓是取其坚。掇拾满所居，于髯为榜焉。"

❷"一枝"句：椽笔：语出《晋书·王珣传》："珣梦人以大笔为椽与之，既觉，语人曰：

'此当有大手笔事。'俄而帝崩，哀册谥议，皆珣所草。"沧海："沧海桑田"之省称。晋葛洪《神仙传·王远》："麻姑与王远饮蔡经家。"麻姑自说云："接侍以来，已见东海三为桑田。向到蓬莱，又水浅于往日会时略半耳，岂将复为陵陆乎？"远叹曰："圣人皆言海中将复扬尘也。"后遂以"沧海桑田"喻世事翻覆，变化巨大。如卢照邻《长安古意》："节物风光不相待，桑田碧海须臾改。"顾炎武《桃花溪歌赠陈处士梅》："桑田沧海几回更，只今尚有老遗民。"这里借用此典称颂沈氏历经大半个世纪的惊涛骇浪，始终"救国不辞糜顶踵"（董必武《挽沈衡山先生》）；偶有吟咏，其时代精神，莫不溢于毫端，其诗必传也。

沈钧儒手迹

宋教仁

大昵雄谈振聩聋❶，六州铸错恨重重❷！

血因鹃泣❸纵成碧，长夜何人叩晓钟❹？

简 传

宋教仁（1882—1913），字钝初，别号渔父。湖南桃源人。幼入宋氏家塾，习读帖括词章之学。1903年春肄业于本县漳江书院，考入武昌普通学堂；同年秋末，与黄兴、陈天华等在长沙创建华兴会，被推为副会长，开始从事反清革命活动。1904年，华兴会策划在长沙等地起义，他主持常德一路联络发动工作；事败后，逃亡日本。先后入顺天学校、东京政法大学和早稻田大学就学。1905年，与田桐等人创办《二十世纪之支那》杂志，并亲自撰文，用黄帝纪年代替帝王纪年，备受革命同人称颂。华兴会与孙中山领导的兴中会等合组为中国同盟会时，为发起人之一，被举为本部司法部检事长和机关刊物《民报》庶

宋教仁行书手迹　　　　宋教仁篆书手迹

务干事兼撰述员，后又任湖南分会副会长。1907 年建立同盟会辽东支部于安东，联络东北"马侠"李逢春等人，策划在沈阳发动武装起义，事泄，潜回天津。1910 年，广州新军起义失败，与谭人凤、赵声等将革命重心转向长江流域，在中部地区发动革命，并提出革命的"三策"。1911 年在上海主持《民立报》。同年 7 月与谭人凤、陈其美等在上海成立同盟会中部总会，任总务干事。武昌起义后，同黄兴赶赴武汉前线，协助湖北都督府办理外交，并与居正等拟定《鄂州临时约法》，旋赴南京筹建临时政府。次年 1 月，南京临时政府成立，被任命为法制局局长；同年 3 月，袁世凯就任临时大总统，宋氏出任北京政府农林总长；同年 8 月同盟会改组为国民党，任代理理事长，积极鼓吹成立政党内阁。1912 年底至 1913 年初，在国会议员选举中，国民党取得压倒多数的席位，宋氏实际上已代行国民党主持人的职责，他企图以多数党资格组织责任内阁，为此，他四处奔走，劳瘁弗辞，力图以此制约袁世凯的篡权阴谋和专制独裁。1913 年春，满怀信心地遍游湖南、湖北、安徽、南京、上海，沿途发表演说；3 月 21日，被袁世凯指使赵秉钧派人刺杀于上海车站。年仅 31 岁。著有《宋渔父日记》《我之历史》《民国宪法草案》《间岛问题》《灭汉种策》等。（入社号 164）

注 释

❶ 瞆聋：《国语·晋四》："聋瞆不可使听。"按，宋氏自幼便有奇志，早在其 12 岁那年，因痛感甲午海战惨败，当即写下"要当慷慨煮黄酒，手挽倭头入汉关"之句，塾师读罢，以"忠义之气，势吞胡羯"八字激赏之。

❷ "六州"句：六州铸错：谓错误极为重大。宋司马光《资治通鉴·唐昭宣帝天祐三年》："初，田承嗣镇魏博，选募六州骁勇之士五千人为牙军，厚其给赐以自卫，为心腹。自是父子相继，亲党胶固，岁久益骄横，小不如意，辄族旧帅而易之。自史宪诚以来皆立于其手，天雄节度使罗绍威心恶之，力不能制。"遂密请朱全忠军，尽杀牙军及其老小。"全军留魏半岁，罗绍威供亿，所杀牛羊豕近七十万，资粮称是，所赂遣又近百万。比去，蓄积为之一空。绍威虽去其逼，而魏兵自是衰弱。绍威悔之，谓人曰：'合六州四十三县铁，不能为此错也。'"后多以"六州铸错"喻无可挽救的重大错误。如顾炎武《山海关》诗云："七庙竟为灰，六州难铸错。"黄遵宪《香港感怀十首》之十："六州谁铸错，一恸失燕脂。"按，与当时众多的革命党人一样，宋氏对袁世凯翻云覆雨的两面派手法缺乏足够的认识，在"大总统

华兴会部分成员合影旧照（前排左一为黄兴、左四为宋教仁）

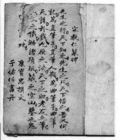

宋教仁碑文——于右任

非袁世凯莫属"的一片呼声中，宋氏亦无异议，但他寄希望于由政党组织的内阁制来限制袁世凯的总统权力，认为眼下的当务之急，是要建立一个健全的机构——即西方资本主义国家的政党政治与议会政治；为此，他大力倡导与宣传责任内阁制，为立宪政体而不懈斗争，不愧为一位革命的先行者。为了在国会中争取选票，达到建立政党内阁的目的，他不顾一些党人的反对，在"朝野合作""新旧合作"的口号下，以同盟会为基础，与几个小党派合并，组成一个大政党，争取在国会中成为第一大党的地位，进而组织责任内阁。1912年8月25日，同盟会改组为国民党，宋氏任代理理事长。宋氏不愧是一位天才的政党活动家，充满了政治理想与热情，但他却低估了包藏祸心的袁世凯的阴险凶残，结果酿成大祸。——"恨重重"指此。

❸ 鹃泣：用望帝事。望帝是周末蜀国一个君主的称号，名叫杜宇，据《太平御览·蜀王本纪》载：望帝颇为无能，治水无策，乃由鳖灵代他治水。又《十三州志》云："当七国称王，独杜宇称帝于蜀……，望帝使鳖冷凿巫山治水有功，望帝自以德薄，乃委国禅鳖冷，号曰开明，遂自亡去，化为子规。"由此可见，原初的"望帝"故事，其悲怨色彩是非常轻淡的。但《禽经·杜鹃》"蜀右曰杜宇"，晋张华注引汉李膺《蜀志》曰：望帝称王于蜀，得荆州人鳖灵，得立以为相。"后数岁，望帝以其功高，禅位于鳖灵，号曰开明氏。望帝修道，处西山而隐，化为杜鹃鸟，或云化为杜宇鸟，亦曰子规鸟，至春则啼，闻者凄恻。""望帝"故事的悲哀气氛遂加重。至于

李时珍，在其《本草纲目》中又引唐代陈藏器《本草拾遗》中的"人言此鸟，啼至出血乃止"之语，则又进一步渲染了悲哀的氛围。逮及宋代，诗人们竟干脆将"望帝"可怜的悲哀变为愤怒的悲怨，由原来自愿的退位也变成了被篡夺帝位："望帝自逃之后，欲复位不得，死化为鹃。"(《太平寰宇记》)——这就足以表明，"望帝"这一典故的意义，在历代文人的不断阐释中，其外延内涵亦在扩展变化，并不断地在原来的意蕴上生出新的意蕴。从这一典故本身的"使用史"来看，历代诗人大多用"望帝啼鹃""杜鹃(子规)啼血"比喻冤魂的悲鸣或借此表现某种哀怨、凄凉的心情。如李商隐《锦瑟》诗："庄生晓梦迷蝴蝶，望帝春心托杜鹃。"杜甫《杜鹃》诗："杜鹃暮春至，哀哀叫其间，我见常再拜，重是古帝魂。"白居易《琵琶行》："其间旦暮闻何物，杜鹃啼血猿哀鸣。"王令《送春》："三月残花落更开，小檐日日燕飞来。子规夜半犹啼血，不信东风唤不回。"——此处也是在这一意义上使用"鹃啼"典故的。

❹ 末句：末句取张謇"何人忍贼来君叔，举世谁为鲁仲连"(挽宋教仁)之义。按，宋教仁被刺，乃民国初年之一大公案。宋氏去世后，各界著名人士纷纷撰联痛挽之。孙中山先生亲撰两联以挽之，联曰："三尺剑，万言书，美雨欧风志不磨，天地有正气，豪杰自牢笼，数十年季子舌锋，效庄生索笔；五丈原，一抔土，卧龙跃马今何在？冠盖满京华，斯人独憔悴，洒几点苌弘血泪，向屈子招魂。""作民权保障，谁非后死者；为宪法流血，公真第一人。"黄兴与宋氏同为湘人，且亲睹其被刺与去世的全程，其悲痛自可想见，他愤然挽道："前年杀吴禄贞，去年杀张振武，今年又杀宋教仁；你说是应桂馨，他说是赵秉钧，我说确是袁世凯！"章太炎挽曰："愿君化彗孛，为我扫幽燕。"南社社友萧蜕挽道："虎豹正当关，大行无情，不信鸩人羊叔子；龙蛇纷起陆，杀机猝发，伤心失我马志尼！"李初树挽道："创林肯以一枪，天之报革命太惨；去桃源不百里，我为赋大招致哀。"壮士拂剑，浩然弥哀，此皆激愤悲慨、怆怀烈士之巨作。

冷遹

昏昏兵火唤凭栏，靖难奚辞路杳漫❶。

息影玄亭❷魂定否？梦携秦月入长安❸！

简 传

　　冷遹（1882—1959），字御秋。江苏丹徒人。1905年于安徽武备学堂毕业，旋任新军第三营管带。1906年加入中国同盟会，1908年岳王会发动起义，被推为总指挥，事泄被捕。获释后，于1910年赴桂，组织同盟会广西支部。武昌起义后，任同盟会广西支部代理支部长；11月广西光复后，任广西民军混成协帮统。南京临时政府成立后，任第一军第三师师长，因其功绩，被孙中山授予中将军衔。后被任安徽军政府参谋部部长。"二次革命"中，率兵讨袁，事败后逃亡日本，与程潜、李根源等创设欧事研究会。1915年底回国，投入护国讨袁运动。次年任两广都司令部参谋处处长，次年参加护法战争。由于时局动荡，所

1945 年，毛泽东、周恩来、朱德等与国民参议会参议员在延安（右起：毛泽东、黄炎培、褚辅成、章伯钧、冷御秋、傅斯年、左舜生、朱德、周恩来、王若飞）

愿难酬，遂厌弃政治，致力实业和教育，在镇江创办江北盐垦公司、女子职业学校。1925 年秋，任江苏省水陆警备司令。1928 年 5 月，任山东省政府委员兼民政厅厅长。1936 年任镇江商会主席。抗日战争时期任历届国民参政会参政员，参与组织中国民主建国会，被推为常务监事和常务委员，并任江苏临时参议院议长，从事反蒋民主活动。1949 年被选为全国政协委员。中华人民共和国成立后，任江苏省副省长，江苏省政协副主席、民建中央常委兼江苏省主任委员、华东军政委员会委员兼水利部部长等职。1959 年 8 月 18 日病逝于南京。（入社号 1070）

注 释

❶ "靖难"句：靖难：谓平定变乱。《后汉书·孔融传》："负其高气，志在靖难，而才疏意广，迄无成功。"又，明太祖分封诸子为王，各王有护卫甲士甚众。北边各王拥有兵权，势力更大。惠帝即位，因尾大不掉，用齐泰、黄子澄之策，废周、齐、湘、代、岷五王。建文元年（1299年），燕王朱棣起兵北平，以讨齐黄为名，号称"靖难"。此处指冷氏率兵护国讨袁，多所贡献。奚辞：奚，疑问代词。

❷ 玄亭：汉代扬雄著《太玄》，其在成都的住宅遂称草玄堂或草玄亭，清人孙枝蔚《挽房兴公朱姬》诗："独坐玄亭肠易断，扬雄不止惜童乌。"此处代指上海。按，抗战结束后，冷氏因不顾个人安危，多次营救被捕的共产党员和进步人士，并为中共地下党组织购买和运送急需物资，而被反动派所忌恨，准备暗杀之。冷氏得讯后即辞去议长职务，避居上海。翌年初，李宗仁代理总统，曾亲函请其出任国共和谈代表，冷氏因对国民党之前途不抱希望而托辞婉拒。上海解放前夕，反动派疯狂迫害爱国进步人士，冷氏及时得到中共地下党通知，佯称离沪去港，实则隐居一亲戚家中，直至上海解放。

❸ 末句：秦月：语出王昌龄《出塞》诗："秦时明月汉时关，万里长征人未还。但使龙城飞将在，不教胡马度阴山。"此处代指延安。按，1945年7月1日，冷氏与褚辅成、黄炎培等六位参政员，飞赴延安观光，商谈国是，受到毛泽东、周恩来、朱德等的热情接待，并进行了恳切交谈，了解到延安军民的生产和生活状况。回渝后，冷氏即与黄炎培等人联名发表声明，对政府抵制中国关于成立民主联合政府的主张，表示强烈不满，提出"国民大会必须在全国和谐空气中进行。若各方面主张，尤其是有组织者之意见尚未融通，而遽欲仓促制定（法律），则其后患将不堪设想"，并拒绝出席国民参政会关于召开国民大会问题的讨论。长安：代指北京。按，1949年9月，冷氏被选为中国人民政治协商会议代表，赴京参加第一届全国政协和开国大典。为新中国之水利建设，尽心肆力。

张 冰

惊才擢秀❶邓林枝，青眼❷高歌谁共期？
更指胡天呼曷丧❸，望中几个是男儿❹！

简 传

张冰（1883—1939），原名张紫文，又作张子文，后更名冰，字雪抱，因曾两次死里逃生，又自号"余生"。祖籍六合，祖辈在太平天国时期定居淮安。早年迫于母命参加县试，未能进学。1909年考入南京两江法政学堂，与同乡周实、周人菊等人时相聚首，饮酒赋诗，纵论时局；或联袂游览名胜，吊古伤今，抒发忧国感时之情。次年，加入中国同盟会与南社，倾心革命。武昌首义后，淮安旅宁、旅沪学生推选周实、阮式在家乡响应起义，成立"巡逻部"，保卫乡里，召开大会，宣布光复，出任"巡逻部稽查"，成为学生中的中坚分子。清山阳县令姚荣泽迫于大势所趋，表面赞成光复，背地却与劣绅勾结，利用民团武装进行反扑，周实、阮式同时被害。张氏与周人菊因有公务外出免遭毒手；是日黄昏，二人返淮后，"闻两烈士噩耗，悲痛交至，拟覆尸下，而搜者已至"。此时已全城戒严，全赖烟店店主冒死相救，幸免于难。旋奔走于上海、南京等地，为周、阮冤案平反鸣冤呼号；姚荣泽在上海受审时，张氏出庭作证，以亲身经历，使姚荣泽推卸罪责的企图落空。在南社社友的共同努力下，周、阮一案终得昭雪。1912 年秋,入南京高等法院任推事,后出任浙江明州(今宁波)法院检察官。目睹袁世凯攘夺国柄,政黯民怨,每每"以词笔代兜鍪"。1915年秋,因母病重,辞官返里,在两淮行律师业务。1927 年,张氏再度出山,先后任浙江宁海、衡州、嘉善等地方法院首席检察官。在任内,公正廉明,成绩卓著,深受当地父老爱戴。抗日战争爆发后,携眷室幼子回淮,此时张氏已身染疾病,因妻室、舅氏为家产继承纠纷不断;加之淮城被日军占领后,长期颠沛流离,以致延误病情,于 1939 年 5 月在忧愤中凄然离世,享年 57 岁。著有《冰湖诗集》和《冰雷合稿》(与邵天雷合著,该书 1986 年由张氏、邵氏后裔在台湾重新印刷,原版本藏淮安市图书馆)。(入社号 398)

注 释

❶ 擢秀:擢,抽,拔;秀,生长茂盛的植物。比喻人才秀出。白居易诗云:"有木名凌霄,擢秀非孤标。"(《有木》)邓林:本指树林、拄杖。晋陶潜《读山海经十三首》之八:"余迹寄邓林,功竟在身后。"后多用于歌颂英勇奋斗之精神。《山海经·海外北经》:"夸父与日逐走,入日;渴,欲得饮,饮于河渭,河渭不足,北饮大泽。未至,道渴而死。弃其杖,化为邓林。"唐人柳宗元《行路难三首》其一:"君不见夸父逐日窥虞渊,跳踉北海超昆仑。"

❷ 青眼:语出《晋书·阮籍传》:"籍又能为青白眼。见礼俗之士,以白眼对之。及嵇喜来吊,籍作白眼,喜不怿而退;喜弟康闻之,乃赍酒挟琴造焉,籍大悦,乃见青眼。"《世说新语·简傲》刘孝标注引《晋百官名》亦载此事,文字略同。按,青,黑色。青眼,眼睛正视时,眼球居中,故青眼表示对人喜爱或尊重。白眼,眼睛斜视时则现出眼白,故"白眼"是对人轻视或憎恶的表示。阮籍"旷达不羁,不拘礼俗"(《魏春秋氏》)。嵇喜庸俗,虽为吊母丧而来,阮籍仍作白眼对之;嵇康高雅,且同为"竹林七贤"之属,故阮籍对以青眼。后世以青眼表示对人尊重,

白眼表示对人轻视。宋黄庭坚《登快阁》诗云："朱弦已为佳人绝，青眼聊为美酒横。"鲁迅《哀范君三首》之一："华颠萎寥落，白眼看鸡虫。"按，在南社同人中，张氏与柳亚子、黄病蝶最为契密，时相往来。柳亚子与高旭因社务意见分歧，一气之下息影吴江，张氏曾专赴吴江，用"激将法"敦促柳亚子回沪继续主持南社社务。

❸ 呼曷丧：意谓极度愤慨，誓不与之共戴此天。语出《书·汤誓》："有众率怠，弗协，曰：'时日曷丧，予及汝偕亡！'"孔传："众下相率为怠情，不与上和合，比桀于日，曰：'是日何时丧，我与汝俱亡！'欲杀身以丧桀。"按，张冰之诗豪爽亢直，慷慨悲壮，皆愤世感时之作。"流水滔滔去不回，寒风飒飒亟堪哀。年来名士飘零尽，谁爇神州已死灰。"（《读太一遗书作》）袁世凯当国后，张氏慨叹国事日非，悲愤欲绝，尝赋诗道："狂夫悲混浊，政客事优伶"，"安得倚天剑，恨无吐水瓶"；又奋力疾呼："当代风云急，何时醉梦醒？"1915年5月，袁世凯与日本签订了卖国的"二十一条"。消息传来，张氏饱蘸一腔愤恨，濡墨写道："传来消息痛肌肤，万里河山任借租。华夏畏夷悲壮士，荆蛮问鼎骇懦夫。可怜古国孰为主，应惧生儿没作奴。搔首问天天已醉，腥风血雨极模糊。"（《中日消息》）袁世凯称帝后，张氏怒不可遏，慨然明志道："热血横飞满太空，精忠贯日化长虹；只因了解平权理，不愿尊君愿大同。"又，因为人正直，能言善辩，伸张正义，在乡曲有"铁嘴张冰"之誉。在乡里执律师业期间，因触及到地方顽固势力的利益，县知事、满人马佳绩以"危害地方"的罪名将其逮捕。因张氏精谙武术，恐其逃脱，被钉上脚镣，戴上手铐，游街示众解往南京。在法庭上，张氏据理力辩，毫无惧色，使承审官瞠目结舌，狼狈不堪。后来经家属营救，又因张勋复辟在瞬息间即告流产而获得释放。张氏尝在狱中赋诗抒怀："侬本无辜枉被囚，临江寄泪故园流；伤心国事应求死，不忍慈帏为子忧。"（《被囚》）又自劻道："自由花开忽摧残，叶叶枝枝不忍看；我欲栽培无净土，劝他且耐十分寒。"（《有感》）

❹ "望中"句：化用唐代吕岩《绝句》"茫茫宇宙人无数，几个男儿是丈夫"之意。

张　素

季世全寒科第❶情，群飞海水❷恨难胜。

老来一事矜侪辈，草间偷活❸追少陵。

简　传

　　张素（1877—1945），字挥孙，又字穆如，号婴公。江苏丹阳人。自幼颖悟聪慧，9 岁随父亲习唐诗，曾以"直把杭州作汴州"对杜甫的"即从巴峡穿巫峡"，被里人传为佳话。踵随年龄的增长，倾慕杜甫、陆游等沉郁顿挫、慷慨雄健之诗风。未及弱冠，便取义于陆游的"寒与梅花同不睡，闷寻鹦鹉说无聊"，将所居之室颜为"闷寻鹦馆"。1911 年初，加入南社，旋就职于上海的《南方日报》及《新闻报》，由于张氏为人忠厚，"慎交游，重言诺，严取与"，"海内外瑰玮知名人士，皆乐与君交"，故与柳亚子、姚石子、俞剑华、陶牧、蔡哲夫等南社诸贤诗词酬唱甚多。1911 年 4 月，应陶牧、连明星之邀，"别乡里，险

张素主编的《复县志略》

关塞，渡辽河，绝沙漠"，赴东北主持《远东日报》笔政。虽远在东北，仍心系南社诸友，尝驰函与柳亚子等互通声气。至于文学主张特别是在对待同光体诗的问题上，二人亦颇为契合。在柳亚子与朱鸳雏、成舍我的论战中，对柳亚子支持甚力。1917 年，张氏"得电讯归省老父"，回到阔别多年的江南，又得以与故友重聚。是年 6 月 4 日，参加南社在上海愚园举行的第十四次雅集，旋又出游海参威及东海之板浦，"酌溟渤之波，揽云台之胜。荡胸涤襟，极平生之快"。如是者数年，已年届五十。其时江浙一带战事频仍，军阀孙传芳的部队渡江直逼丹阳县城，"县长宵遁，城颇危"，姜可生任主事，张氏亦置祸福生死于度外，全力佐之，致使县城危而复安。1932 年，上海通志馆成立，上海各界编史热陡兴。1936 年 5 月，上海交通银行拟编撰 30 年行史，张氏被推荐为编撰；1937 年春，斯事告竣。未几，抗日战争爆发，遂从上海返回故里。丹阳沦陷后，率眷属避地县北之嘉山，饱受辗转流离之苦。这此期间，自觉秉承杜甫现实主义的传统，以"诗史"的实录笔触，将个人的所经所历、所感所思，一一记之于诗，完全摆脱了文人诗在题材上的拘囿。晚年因失足伤筋，不良于行，只能倦居斗室，以著述吟咏自娱。1945 年 2 月 5 日，痰喘作，不可制止，泊然而逝，享年六十有九。著有《闷寻鹦馆词集》《瘦眉词卷》《婴公文存》《草间集》等，惜乎历经劫火，几不存世。（入社号 113）

注 释

❶ 科第：指科举考试，因科举考试分科录取，每科按成绩排列等第。唐代韩愈《寄崔二十六立之》诗："连年收科第，若摘颔底髭。"宋人叶适《安人张氏墓志铭》："嗟夫！夫人之教博士，岂科第而已，盖又有名节之训焉。"刘鹗《老残游记》第三回："先生本是科第世家，为甚不在功名上讲求，却操此冷业？"按，张素在青年时代，目睹甲午中日战争的爆发、戊戌变法的失败、八国联军侵略中国、《辛丑条约》的签订……，尽管他也曾有过"仕途救国"的抱负，并已于27岁时考中光绪壬寅科举人，但随着科举制度的取消而终成泡影。在维新思潮的影响下，他"深造之志不衰，入南菁书院，纵览图书，复留心当时之务，洞明东西列国兴败得失之原，而不好为奇诡无涯涘之论"。他尝以一阕《木兰花慢·亚子书来邀作沪上游赋此却寄》自道行藏："算江湖侠客，气跌宕，独推君。叹世局弹棋，诗书束阁，十载离群。醺醺酒筵狂论，吐杈桠心事欲干云。问取吴淞江上，几回揩楯题裙。遥闻沈令休文，腰带瘦剩三分。辱书来问讯，满天风雨缤纷。香焚旧家词稿，约衣冠同拜郭灵芬。准拟相从逆旅，倚楼同玩斜曛。"

❷ 群飞海水：比喻国势急剧动荡。语出汉代扬雄《太玄经》："海水群飞，终不可语也。"按，厕身乱世，张氏之诗，颇多沉郁苍凉之音，如为吊革命英烈赵伯先所作的《水调歌头》："问世一奇杰，磅礴称山川。奈何天弱汉族、夺我祖生鞭。失意广州一役，遂使英雄短气，呕血病缠绵。海外将星陨，回首苦中原。光复后，逐胡虏，涤腥膻。用兵古称京口，仗策几英贤。所惜伯符短命，枉了少年才气，赍恨向重泉。愿铸瓮城铁，遗像肃巍然。"又如《凄凉犯·雨窗读南社词》："东南剑，气沉雷雨，年来人物消歇。几复社空，汉唐书烬，但余陈迹。江山换劫，今古事都堪哽咽。为伊谁，填词辛苦，一往写胸臆。排遣今无计，学得阳狂，新声稠登（校按，此字疑误）。歌壶玉唾，冷悠悠、和冰敲缺。倾耳听来独心怯，哀弦促节，向空山清泪，化作杜宇血。"

❸ 草间偷活：语本吴梅村《贺新郎·病中有感》："为当年，沉吟不断，草间偷活。"韩偓《避

张素手迹

地》:"偷生亦似符天意。"按,张氏颇有黄仲则"自嫌诗少幽燕气,故作冰天跃马行"的豪情胜概。在其游历诗中,侧重在表现关外边塞绮丽瑰异的风光,充满浓郁的边地生活气息,给人以雄浑豪壮之感。如:"漫嫌是衣袂寒单,镇炉霭微蒙篆烟结。更有最消魂处,在黄昏檐滴。关塞外春愁欲碎,舞柳花侧面风急。奈此芳草天涯,数声啼鴂。"(《琵琶仙·客窗坐雨》)又如:"嗟余远访云中守,镇相依边笳寒笛,朔风狂吼。也是杜陵歌哭惯,无限白云苍狗。问天末故人何有。道有新词传千里,诉游踪南北都抛弃。休更唱,白门柳。"(《金缕曲·和参兰自北京见寄韵》)此类在南社中独具一格的"边塞诗",实即柳亚子所大力标举的"唐音"。郑逸梅先生在《南社丛谈》中称其"都作豪语,却各具机杼",可谓的评。抗日战争爆发,张氏从上海返里。丹阳沦陷后,率眷属避地县北之嘉山,饱受辗转流离之苦。在此期间,他以实录的笔触,再现日本军国主义者发动的侵华战争给中国人民带来的巨大灾难:"避秦莫问今何世,试看东来铁鸟飞。霹雳一声雷出地,闻之使我心胆悸。"(《越日家人续续至》)"老屋三椽在,崩雷一震余。伤心铁鸟过,荒秽半为墟。吾弟今归视,何人与粪除。劫灰随处有,未易得安居。"(《瞻弟入城视沈家桥故居》)"平生所蓄书,一旦付埃烬。岂独吾道衰,斯文扫地尽。纵横蠹粉飞,垂死命犹并。手稿亦不全,礼堂待写定。"(《故宅中藏书散佚殆尽惟手稿仅存一二》)在《〈草间集〉自序》中,张氏慨乎言道:"集中诸诗,大都为予避兵后所作。因取梅村词意,以《草间集》名之。当播迁离乱之际,奔走伏匿,去死者仅一间。乃犹长谣短叹之不足,此宁非至可哂之事,而予顾续续为之,殆私心亦有不能自已者在耳。'感时花溅泪,恨别鸟惊心。'若云窃比少陵,则吾岂敢。"其实,张素这一时期的诗歌创作正是继承了杜甫"即事名篇"的现实主义传统,将世上疮痍化作笔下波澜,所见所闻、所感所思,一本于实录,完全摆脱了文人诗在题材上的拘囿。这在南社诗人中罕有其匹。——"矜侪辈""追少陵"指此。

张 继

指天誓日❶以身当，姓氏堂堂见报章❷。

易箦居然留绝笔❸，千年翰墨又承芳❹。

简 传

　　张继（1882—1947），原名溥，改名继，字溥泉，别号自然生，又别署黄帝子孙之一个人、黄帝子孙之多数人。河北沧县人。7岁入书塾，16岁就读于保定莲池书院，攻读经史。1899年留学日本，先后入东京善邻书院、早稻田大学，加入励志会。1902年与秦毓鎏等人组织青年会，得识孙中山，次年与黄兴、钮永健等人组织拒俄义勇队，被日本政府驱逐回国。因其与章太炎、章士钊、邹容义结金兰，以伯仲叔季论，张继居叔位，故有"三将军"之称。抵沪后，任《苏报》参议。《苏报》被封，与章士钊等续办《国民日日报》。1904年赴长沙，任明德学校教习，与黄兴等创立华兴会，次年在日本参加组织同盟会，任本部司法部判事，兼《民报》编辑和发行人。1908年赴法国，与吴敬恒、李石曾等创办《新世纪》周刊。辛亥革命爆发，回国任同盟会交际部主任兼河北支部部长、国民党参议、第一届参议院议长。旋入南社。后参加"二次革命"与"护法运动"，失败后再次东渡扶桑。1916年4月返沪，与褚辅成等成立"益友社"。1917年8月任护法军政府驻日代表。1920年任军政府顾问。1921年任国民党特设广州办事处干事长、国民党中央宣传部部长。1923年任国民党北京支部支部长。1924年1月，当选为国民党第一届中央监察委员，2月任大本营参议。孙中山逝世后，反对三大革命政策，支持"西山会议派"，

张继书唐诗手迹

之后历任国民政府司法院副院长、立法院院长、北平政治分会主席、中央监委、国民党华北办事处主任、国民党史料编纂委员会主任委员与国史馆馆长等职。1947年12月15日夜，在南京猝然辞世。平生著述颇丰，后人为之编订成《张溥泉先生全集》《张溥泉先生全集补编》。（入社号238）

注 释

❶ 指天誓日：誓，发誓。指着天对着太阳发誓。唐代韩愈《柳子厚墓志铭》："指天日涕泣，誓生死不相背负，真若可信。"

❷ "姓氏"句：按，《民报》初创，写稿者大多恐因言论获罪，往往使用笔名，唯独张继公然使用真名，大肆鼓吹无政府主义。但同样是这位声名昭著的血性男儿，却又以"惧内"而著名。当年宋庆龄和何香凝在国大上递交"联俄抗日"提案，

征求签名，张氏大笔一挥而签就，可回家后却被其妻崔振华劈头一顿臭骂，张氏遂找到宋何二人，要求勾去自己的姓名，众人责其何以如此出尔反尔，张氏竟尴尬地回答说"夫人不赞同"。又，1935 年 11 月上午，晨光通讯社记者孙凤鸣在湖南路中央党部大礼堂前欲刺杀汪精卫，当时与汪精卫并排站在一起摄影的张氏，迅疾挤出人群，绕到孙凤鸣身后，双手将其紧紧抱住，张学良此时亦已赶到，举足将孙氏踢倒，然后两人一起将孙擒定，汪氏最终得救。当时张氏已经 54 岁，能有如此身手与胆气，固亦不凡。——此"护主"之事，一时全国各地的大报小报均予以连篇累牍地报道。

❸ "易箦"句：易箦：箦，竹席。春秋时曾参临终，以寝席过于华美，不合当时礼制，命子曾元扶起易箦。既箦，反席未安而死。后因以"易箦"喻人之将死。事见《礼记·檀弓》。绝笔：指张继书写唐朝张继的《枫桥夜泊》一事。按，最初动议请张继书写唐朝张继《枫桥夜泊》者，为吴湖帆。但吴氏与张氏并不熟稔，故转请濮一乘携带宣纸代为请求。未几，报章上登载了张氏的讣告，吴湖帆在惊悼民国耆宿凋零之顷，亦深叹书碑一事永成虚愿，讵意仅隔两天，便收到一乘邮来的物品，拆缄而视，竟然系张继所书《枫桥夜泊》原迹，并附有一段跋文，云：

> "余凤慕寒山寺胜迹，频年往来吴门，迄未一游。湖帆先生以余名与唐代题《枫桥夜泊》诗者相同，嘱书此诗镌石。惟余名实取恒久之义，非妄袭诗人也。中华民国三十六年十二月沧州张继。"

吴湖帆读罢，大喜过望，旋即请碑刻名手黄怀觉就地选石，镌成诗碑。按，由于张继所书诗碑书法高妙，加之又猝然而逝，故引来坊间的不少传说，其中一种传说是唐武宗喜读张继《枫桥夜泊》，敕令京城第一石匠吕天方精心镌刻了一块《枫桥夜泊》诗碑，开出金口说此诗只有朕一人可以勒石，还说自己升天之日，将携碑同行。碑成后仅一月，唐武宗即驾崩，《枫桥夜泊》诗碑随葬地宫，文武百官遵照遗命，不敢再刻《枫桥夜泊》诗碑，恐遭天谴。清代俞樾因冒犯天颜，书写《枫桥夜泊》诗碑，很快就死去。张继再次冒犯，死得更快。接下来，又有王瓘、文徵明之说，称北宋的王珪（李清照的外公，秦桧夫人王氏的祖父），据说他是第一个冒犯武宗而书写诗碑的人，书后随即死去，吴中才子文徵明亦因书此诗碑而遽然死亡。以上所传，若细究史实，皆属无稽之谈，王珪乃北宋三朝元老，光为皇帝起草圣旨就长达 18 个年头，67 岁死于任上；至于文徵明，书碑时正值耳顺，此公世寿八十有九，谈何遽然而亡；俞樾也是高寿老翁，他 85 岁时书写《枫桥夜泊》诗碑，86 岁去世，临终前还作了留别诗 10 首，恐怕也与"猝死"沾不上边。此外，还有一种传说：1939 年春，日本想借举办"东亚建设博览会"之机，将诗碑运到日本展览，伺机复制假碑以调包，达到让俞樾所书的真碑永留日本之目的。此说确否，已难俱考。不过，日本人喜爱《枫桥夜泊》诗碑，确系事实。早在昭和十五年出版的《中支出征》一书里就有寒山寺与诗碑的照片，还有驻苏日军将官松井石根与诗碑的合影。依笔者之见，围绕《枫桥夜泊》诗碑之所以能有如此曲折离奇的民间传说，从某种意义上说，也正反映出人们对千古名诗《枫桥夜泊》的喜爱程度。

❹ "千年"句：按，张继之行书，胎息章草，兼融怀素小草千字文的韵味，圆浑洒脱，气脉贯通而不逾法度。仅从张继的《枫桥夜泊》诗碑看，一派古雅朴厚的章草笔法，用笔圆转，结体严整，气格高古，功力沉稳，即使将其置于前贤所书的《枫桥夜泊》诗碑中，亦不逊色。——"又承芳"指此。

张同伯

罪言❶十万未容删，天地此头何足悭❷。

风雨铁窗鼍❸吼急，宵来无梦不关山！

简 传

　　张同伯（1877—1912），名恭，又名临，字伯谦，号万平，笔名卷重、卷施。浙江金华人。26 岁中举人，与同乡创立积谷会、千人会，后与沈荣卿等组织龙华会，拟举义反清，曾出资建立戏班巡回演出于金华、义乌等县，宣传革命。又加入光复会。1907 年与徐锡麟、秋瑾等组织浙江光复军，任分统，是年 5 月，偕沈荣卿、周华昌部署待发，不料皖中事败，徐锡麟、秋瑾相继遇难。为避清吏追捕，潜逃上海，一度任报馆主笔，后觉察有鹰犬窥视，遂易名亡命日本，加入中国同盟会，并主编《民报》及副刊《天讨》。隐其名为卷重，寓有卷土重来之意；又名卷施，取《尔雅》"卷施草，拔心不死"之意。1908 年与陶成章联袂回国，拟建立革命协会，加强对江浙皖赣闽五省会党领导，又约熊成基、褚辅成等乘慈禧、光绪同死之机起义，因事泄被端方所捕，关禁金陵狱中。直至武昌起义东南光复后方获释，回乡参与光复工作，组织金华军政分府，担任民团长，曾召集旧部举兵北伐。南北议和后，被举为同盟会浙江支部长兼都督府参议。又创办《平民日报》，用以发挥民生主义。此后，一病经月，终于不治，于 1912 年 10 月 25 日逝世。著有《剧史》，译有《社会主义纲要》。（入社号 292）

注 释

❶ 罪言：《新唐书·杜牧传》："是时刘从谏守泽潞，何进滔据魏博，颇骄蹇不循法度。牧追咎长庆以来朝廷措置亡术，复失山东……，皆国家大事，嫌不当位而言，实有罪，故作《罪言》。"此处指张氏堂堂正正的革命言论。

❷ 悭：吝惜。按，张氏因言论获罪，身陷囹圄，但他早已将生死置之度外，镇日抱书而眠，尝赋《狱中口占》一律以明其志："地球自古有终灭，人寿从来少百年。事到错盘才节见，身如傀儡任丝牵。爱要净忏终非佛，随遇能安便是仙。石火电光容易过，铁窗长日抱书眠。"

❸ 鼍：亦称鼍龙或扬子鳄，力大，性贪睡，穴居江河岸边，皮可制鼓。

张伯纯

图强御侮托《匡言》❶，百感撄❷怀泪暗潸。

呵笔❸问天天不语，闭门日日可闲闲❹？

简 传

　　张伯纯（1859—1915），名通典，号天放楼主。湖南湘乡人。幼聪敏好学，研习经籍，注重经世匡济之学，鄙视科举，奈父意难违，勉赴试，得入庠。弱冠后始卓然自立。1889 年，曾沅甫督两江。邀聘入幕，兼江南水师提调，提出治国四大纲，即"正人心、求人才、理财、练兵"，草万余言。因受世界进化潮流之影响，愤恨清廷窳败，国事日非，认为非推翻君权、建立民权不可。一时英俊，如赵伯先、禹之谟等，群起襄助，奔走十余年，历尽艰辛，几濒危殆。1896年陈宝箴抚湘，被邀为幕宾，创设矿务总局于长沙，州县设分局，开采矿藏，岁入计二百万。又办保卫局，举境肃然，此为我国警政之始。更立机器厂，倡用电灯，又设火柴公司。1898 年与谭嗣同、黄公度、康有为、梁启超、陈三立等创立南学会、时务学堂、《湘报》《时务报》等，民智大开，学术丕盛。及戊戌政变失败，潜赴鄂省，谋图革命活动，未果，赴沪与章太炎等发起救国会于味莼园。后又办上海制造局、广方言馆，旋任两江学务处参议，并编纂学务杂志，倡办养正学堂、养正女塾、湖南旅宁公学等。1905 年任皖江中学监督。后辞职返宁，旋去苏州。未几，粤督张鸣岐闻伯纯致力实业，电请入桂，既往，专治垦务，设垦牧公司于贵县、柳州，跋涉往来，历数千里，蛮烟瘴气，体力大损。1911 年春，赵伯先举义旗，向张氏问策，相约同赴香港大会诸同志。张氏以各方部署未周，主张稍缓，惜未被采纳，卒致七十二烈士牺牲；张氏痛惜之余，患不寐症。武昌起义后，遂集同志参与苏州光复之役。民国成立后，任内务司司长、临时大总统府秘书。临时政府北迁后，解职蛰居上海。1914 年春，退隐湖南湘潭，曾一度办厘金。次年夏，湘中水灾，因亲巡各卡，积劳成疾，于同年 8 月 4 日逝世。著有《天放楼文集》《袖海堂诗文集》《匡言》《志学斋笔记》等。(入社号467)

注 释

❶《匡言》：张伯纯所撰，其中多经世匡济之策。

❷ 撄：纠缠。

❸ 呵笔：冬天写字，嘘气使笔解冻。唐代诗人罗隐《雪》诗："寒窗呵笔寻诗句，一片飞来纸上销。"

❹ "闭门"句：按，张氏晚年所志不遂，曾退居上海，闭门自课子女。闲闲：《庄子·齐物论》："大知闲闲。"唐成玄英《疏》："宽裕也。"简文说："广博之貌。"此处形容张氏胸襟豁达、闲逸无为。

张冥飞

蓬莱❶渺渺隔红尘，大患人生在有身❷。
谁与飘茵谁落溷❸，独标清操傲松筠❹！

简 传

张冥飞（1894—？），名焘，字季鸿，号冥飞。湖南湘乡人。南社著名小说家。工诗文，冯春航从之学韵语，不久便入门径。又擅岐黄术，曾悬壶问世，疑难杂症，诸医无奈，他一剂而愈，为儒医之佼佼者。一度曾任南方大学教授，为文主切实用，反对浮夸虚饰及诡怪瑰奇以炫世俗，强调"心有所思，笔自随之，理之所蕴，文乃充沛。否则违背时代，及无病呻吟，皆非文之上乘"。性落拓不羁，人以名士派誉之则怒。虹桥启衅，风云日恶，乃悄然离沪，流徙无定居，死于他乡。平生著述宏富，主要有《历代儒医像志》《无所不谈》《十五度中秋》《剑客传》《荒山奇侠》《雨窗话鬼记》《国文百日通》等。另有剧本《元宵谜》《云郸娘》《黛玉葬花》等。（入社号 527）

注 释

❶ 蓬莱：山名，古代方士传说为仙人所居。《山海经·海内北经》："蓬莱山在海中。"《史记·封禅书》："自威宣、燕昭使人入海求蓬莱、方丈、瀛洲，此三神山者，其传在勃海中。"此处借"蓬莱"喻理想境界。

❷ "大患"句：语本老子《道德经》："吾所以有大患者，为吾有身。"按，张氏虽厕身浊世，但立身处世却别具超卓之见；他尝谓："处此世界，而无往不见其龌龊，而于是我之所以为我者，乃愈独矣。积个人以成家庭，积家庭以成社会，积社会以成邦国，积邦国以成世界，由个人之龌龊，而传染成家庭之龌龊，社会之龌龊，邦国之龌龊，世界之龌龊，而我亦终不免为个人龌龊中之一人，我乃抱悲观矣。人之龌龊，我不能谏阻之，乃至我之龌龊，我亦不能解免之，而我乃抱悲观以没世矣。噫吁嘻悲哉！我人之堕落于此龌龊世界之中，乃无异虱之处裈中，肆其毒螫，嚼肤吸血以自长养，亦无异于蛆之蠕蠕于藩溷中，肆其翻腾，挤排倾轧，以相争竞，而卒无以出于与裈与藩溷之外也。然虱与蛆者，则犹贪得无厌自鸣得意而不已也。然则人之所以为人，我之所以为我，而犹欲于此龌龊世界之中，而有事焉，下又极可哀耶！不宁惟是，我之在世界中，其蔑乎小焉者也。我之在人类中，其孑然微焉者也。以世界之大，人类之众，小且微之我，乃欲有所事事，将使大者失其大，众者失其众，必不可得之数也，而犹悍然为之，不又极可嗤耶！虽然，我则已无可奈何，而虱于今世界今人类之中矣，寒饿不可得而免，则孳孳焉惟温饱之是求，则我不能不竞利。老死不可得而免，则孳孳焉惟久长之是求，则我不能不竞名，竞乎利而折腰于五斗，竞乎名而遗臭于万年，而我不暇择也，则亦适成其为龌龊世界之我而已。"语虽愤激，然亦不失为伤心悟道之言。

❸ "谁与"句：飘茵、落溷：《南史·范缜传》："时竟陵王子良盛招宾客，缜亦预焉。尝侍子良，子良精信释教而缜盛称无佛。子良问曰：'君不信因果，何得富贵贫贱？'缜答曰：'人生如树花同发，随风而堕，自有拂帘幌坠于茵席之上，自有关篱墙落于粪溷之中。坠茵席者，殿下是也；落粪溷者，下官是也。贵贱虽复殊途，因

果竟在何处？'"

❹ 松筠：松与竹因其材质坚韧，经冬不凋，后常用以喻节操坚贞。王融《奉和南海王殿下咏秋胡妻》诗："日月共为照，松筠俱以贞。"按，张冥飞落拓不羁，抱素守真，不深知其人者往往以名士目之，张冥飞闻之则怒曰："名士者，世界至不祥之物也，其为祟，小之足以害于家，大之足以凶于国。考历史所载，古今贪鄙无耻之徒，多属于一时知名之士。若扬雄，名士也；刘歆，名士也；谯周，名士也；魏收，名士也；褚渊，名士也；石崇，名士也；冯道，名士也；陶穀，名士也。乃或为篡贼之走狗，或为江湖之大盗；或为贰臣，或为秽吏。均不齿于人口也，抑何卑视我如此耶！"

张光厚

万方同概响悲笳❶，马角鸦声恨未赊❷。

行看蛟龙跋浪起❸，一天风雨黯残霞。

简 传

　　张光厚（1881—1932），字天民，号荔丹。四川富顺县兴隆场（现属自贡市沿滩区）人。出生于书香之家，考中清末最后一批秀才。因不满家庭包办婚姻，离家出走。后东渡日本，考入早稻田大学学习法律，加入中国同盟会。回国后，加入南社。辛亥革命后，蒿目时艰，益增革命复兴之志，曾对一度消沉的柳亚子有所劝勉。在袁世凯称帝期间，曾以诗文予以愤怒声讨与辛辣讽刺。1916年创作组诗《丙辰岁首感怀》，反映袁世凯统治下的黑暗现实与下层人民的深重苦难，为南社诗中较为突出的一组作品。另有《老父叹》《寡妇叹》《新婚叹》《新鬼哭》等古风，均传诵一时。1924年，孙中山接受中国共产党反帝反封建的主张，建立革命统一战线，张氏大力拥护，并将其子送到黄埔军校。后回到故乡

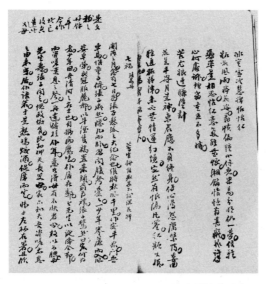

张光厚诗稿手迹

四川，先后出任遂宁县县长、崇庆县征收局局长、四川省政府秘书。晚年意志消沉，不思振作。1932年因患胃病在成都去世。擅诗，并工书法。去世后，曾遗留一大箱诗稿，大多毁于战乱。（入社号58）

注 释

❶ "万方"句：杜甫《闻笳》诗："万方声一概，吾道竟何之。"

❷ 马角鸦声：马角：《汉书·五行志》："文帝十二年，有马生角于吴，角在耳前，上乡（向）。右角长三寸，左角长二寸，皆大二寸。……京房《易传》曰：'臣易上，政不顾，厥妖马生角，兹谓贤士不足。'"鸦声：乌鸦是一种又黑又丑的鸟，与吉祥之鸟喜鹊相对应。据说乌鸦从晚上十点到半夜之间的叫声是死亡的预兆。按，马角、鸦声均为不祥之兆。此处喻袁世凯的称帝野心一旦得逞，必将给人民带来惨重的祸乱。

❸ "行看"句：此句反用张光厚《偶成》诗意。原诗曰："生来最爱法国史，年少英

雄平地起。我亦人间血性儿，蛟龙未得天池水。"按，像许多南社诗人一样，张光厚在辛亥革命后的诗文中亦不时流露出报国无门、徒呼负负的激愤之情；但从他的行径来看，并未归于消沉。尤其是在反袁斗争中，他口诛笔伐，不避斧钺，颇能体现南社社友在反袁斗争中的英勇无畏精神，兹将其辛辣讽刺袁世凯称帝丑剧诸诗选录数首，以窥一斑。诗云："暗里黄袍已上身，眼前犹欲托公民。纷纷请愿真多事，个个元勋肯让人！民选竟能容指定，天从何必假因循？杨家家法真堪嗟，百代儿孙服莽新。""来许加官去送金，奸雄操纵未深沉。袁公路有当涂谶，石敬塘真卖国人。篡位岂能逃史笔，虚文偏欲骗民心。寻常一个筹安会，产出新朝怪至尊。"1916年，又创作出《丙辰多首感怀》，揭露出袁世凯统治下政黯民怨的现实，兹录一首以窥一斑："买刀化尽卖牛钱，辛苦平民敢不然！剥尽脂膏留见血，纳完杼轴不炊烟。生多隐恨输精卫，死仗冤魂化杜鹃。满地疮痍谁过问，愁风愁雨自年年。"

张汉英

议案❶曾教风气开，孑然渡海走飙雷❷。

前身定住梅花国，不为严霜不肯来。

简 传

　　张汉英（1872—1916），字蕙芬，号惠风。湖南醴陵人。自幼课读于父亲膝下，稍长，即能吟诗填词，加之口齿伶俐，善辩能言，被乡里夸为"神童"。后就学于湖南女子中学堂，旋以自由恋爱的方式，与同邑李发群结为夫妻。1904年，与丈夫东渡日本，就读于青山实践女校师范班，与秋瑾、唐群英共同度过为期一年的预修生活。1905年8月，中国同盟会成立于东京，留日学生欢呼雀跃，张氏与秋瑾、唐群英等毅然参加。与此同时，李发群亦入会，成为同盟会初创时盛传的佳话。辛亥革命后，袁世凯窃国，张氏与好友唐群英联袂回湘，投身革命。1913年宋教仁遇刺，举国激愤，南方各省纷纷宣布独立，兴师讨袁，其时，黄兴急电李发群由沪来宁，长江苏民政司，不幸为张勋所捕，英勇就义，年仅40。张氏闻之悲痛欲绝，自此革命之志益坚。讨袁失败后，湖北督军黎元洪、湖南督军谭延闿均倾向袁世凯，两湖地区一时乌云四起，风雨欲来。张汉英、唐群英的女子参政同盟亦陷入困境，遂改变方针，从女子教育着手，开愚启智，唤醒同胞，冲决封建网罗。张氏随后返归故里，从事醴陵的女子教育。由于长期忧劳，加之丧夫之痛，终于积劳成疾。不久，病情恶化，于1916年咯血而死，年仅44岁。张氏擅诗词，留日期间，尝于课余闲暇探幽览胜，多有吟咏，惜大多散佚，仅有数首刊于《南社丛刻》。(入社号194)

注 释

❶ 议案指张汉英所提交的"女子参政权"议案，此举可谓开风气之先。按，1912年元旦，孙中山就任中华民国临时大总统于南京，旋设参议院制订临时约法。在约法制订的研讨过程中，张氏的这条议案却遭致顽固派的强烈反对。为此，张氏四处奔走呼号，慷慨激昂，据理反驳，词锋泼辣，语惊四座，极大地鼓舞了长期呻吟于封建重压下的中国妇女，进而掀起一场规模较大的女子参政运动。按，作为中国妇女运动的先驱者之一，张氏毕生致力于妇女。辛亥革命后，她愤于封建的幽灵仍在四处游荡，"三从四德"仍是民国初年女子须得信守的清规戒律，刚刚解开的缠足布又重新捆上女子的脚，"女子无才便是德"的古训，仍将千千万万渴求知识的女子拒之于教育之外。遂与唐群英发起创办《女权日报》，成为掌握舆论阵地、鼓吹女子参政的先声。后又回乡多方奔走游说，大力倡导女子教育。她因陋就简，自筹资金，在醴陵西山挂牌成立了醴陵有史以来的第一所女子学堂，她自任校长兼教员。在课堂上，张汉英除传授数、理、化等专业知识外，还提倡男女平等，鼓励学生起来打倒"三从四德"，反对包办婚姻、买卖婚姻、收童养媳及婿妇不嫁的陈规陋习，致使一班腐儒顽绅摇头惊叹，视其为离经叛道的异端邪说，纷纷

以维护封建圣教之名，要求取缔女子学堂，并诽谤张汉英是不安墉居，不守妇道，极尽诬蔑咒骂之能事。张氏对此一笑置之，继续为倡导女权、争取男女平等而尽心肆力。

❷ "孑然"句：1904 年，湖南巡抚端方令各县遴选女生赴日留学，张氏乘此良机，与丈夫李发群携手东渡日本留学。1906 年冬，同盟会成立后国内第一场大规模的武装反清起义在张汉英的家乡萍（乡）、浏（阳）、醴（陵）一带爆发，受黄兴之命，张汉英丈夫李发群从日本东归准备接应起义。李发群行至上海，恰遇早先奉命归来的同邑同学杨卓霖，时杨正在上海联络会党，制造炸弹，谋炸两江总督端方。李发群闻知后，欣然允与杨卓霖同行。由于叛徒告密，杨、李二人行抵金陵（今南京）时被捕。当得悉丈夫被囚于狱且患重病的消息后，张氏随即孑然一身急速从日本赶回金陵，多方营救，皆未见效。遂毅然以门生之礼晋谒端方。端方假装礼贤下士，以午餐款待。张氏起初大谈留日学习见闻而不涉其他，待入席举箸之时忽痛哭失声，无法进食。端方如坠云雾，乃问其故，张氏答道：发群蒙冤入狱，病剧有瘐毙狱中之危，今杨卓霖已正法，督帅因发群于狱中者欲穷杨卓霖余党耳，但发群一旦瘐死，则仍无所得，于事无益，汉英愿入狱，换发群出狱就医，再行发落。端方见张氏言辞恳切，加之惩办李发群之证据不足，若继续囚人势必引起留日学生的公愤，乃谕吏解除李之桎梏，移进他狱就医，并假惺惺地督促张氏迅速返日，完成学业。从此张氏在日本节衣缩食接济丈夫，并数度往返于中日间探视丈夫，备历艰苦，宣统元年，照例大赦天下，而革命党人都不在大赦之列。张氏再次从日本返回金陵，据理为丈夫辩诉，经有力者相助，李发群终于在 1910 年 8 月得以出狱。

张志让

才稀未觉九州广^❶，验取丹忱^❷在鬶霜。

史迹推排俱往矣，斯贤述德^❸岂能忘。

简 传

    张志让（1893—1978），号季龙（幼年号季隆）。江苏常州（武进）人。幼入家塾读书。早岁倾心革命，17岁即参加南社于虎丘举行的第一次雅集（当时尚未正式入社），系柳亚子所说的"十九条好汉"之一。1912年在北京大学预科理科肄业。因学潮停课，即回沪入大同学院，于1914年毕业。1915年冬，赴美国留学，入加利福尼亚大学文科学院二年级第二学期。读完三年级后，于1917年秋改入纽约哥伦比亚大学法律系（该校法律系以先在他系读完三年级为入学资格）。1920年法律系毕业后，又赴德国就读于柏林大学法律系，1921年夏学成回国，应时任修订法律馆总裁马德润之敦请，出任该馆总纂，负责一部分民法典的起草工作。张氏认为，以某一外国民法典为范本，参酌他国，拼凑而成的中国的民法典，无甚意义，辞谢未就。乃应大理院院长余棐昌之聘，任大理院推事，办民事案件，并为《法律周刊》撰文。旋应"法权讨论委员会"总裁张耀曾的邀请，为该会将当时的法律、司法规章译成英、法文。同时，他应北京大学法律系主任王世杰之请，在北京大学法律系兼课。又应北京政法学校校长江庸之聘，任该校兼任教授，达五年之久。后由堂弟张太雷之介，入武汉政府的最高法院，担任审判员，办民事案件。但不久国共分裂，最高法院结束，遂返沪，谢绝南京政府最高法院的任职，在东吴法学院任教。1932年起，担任复旦大学法律系主任，后又兼任复旦大学法学院院长，并执行律师事务，义务为进步人士、革命者和一般群众伸张正义，不愿为达官贵人辩护。曾先后为前司法部副部长郑绍文、著名文化出版家黄洛峰、著名学者吴亮平、潘梓年和英籍进步人士牛兰等辩护，并设法营救和接济。九一八事变后，坚决反对南京国民党政府的反动统治，积极参加抗日救亡运动。著名爱国民主人士沈钧儒、邹韬奋等"七君子"被捕入狱，张氏毅然挺身而出为其辩护，系为"七君子"辩护的20人律师团的首席律师。其著名的长篇辩护词"爱国无罪"，义正辞严，传颂一时。

1940年夏，张氏应邀重返复旦大学任法学院院长，兼任《文摘》杂志总编

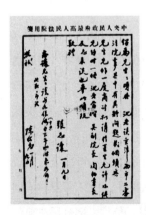

张志让手迹

辑，大力支持和维护进步学生的活动，并积极参加民主宪政运动。与黄炎培共同创办大型的政论性刊物《宪政》月刊，担任主编，进一步推动了波澜壮阔的民主运动。抗战胜利后，坚决反对国民党独裁、内战的政策，拥护中国共产党建立民主联合政府的主张，并按照周恩来的指示，发起组织并领导大学教授联谊会（简称"大教联"），热情支持国民党统治区的学生运动，积极营救被国民党迫害的进步人士和中共地下工作人员。在他的诚恳劝告下，复旦大学校长终于拒不迁校去台湾。1948年冬，张氏应

中共中央之邀请北上，次年参加新政治协商会议，并在北京大学任教，旋被任命为复旦大学校务委员会主任委员。中华人民共和国成立后，任最高人民法院副院长、中国人民政治协商会议全国委员会常务委员、全国人大法律委员会委员、中国政治法律学会副会长等职。1978 年在北京病逝，终年 84 岁。（入社号不详）

注 释

❶ "才稀"句：谓张氏英才卓荦，殊为难得。按，张志让学识渊博，不惟对社会科学、法学、历史、教育等皆有极高之修养，对自然科学根柢亦深。精通英文、德文、法文，对俄文亦能纯熟运用。同时，兼擅诗文，对旧诗词造诣尤深，但每有所作，从不轻易示人。张氏还通达英文诗格律，常把一些佳作译成英文。在南社诸子中，可谓卓荦不群，故曰"才稀"；惟其"稀"，故曰"不觉九州广"。

❷ 丹忱：赤诚。语出宋赵令畤《侯鲭录》卷五："则当骨化形销，丹忱不泯，因风委露，犹托清尘。"明人海瑞《倭犯钟司徒墓雷震遁去》诗："丹忱贯石莹俱古，赤电明心山亦苍。"《三元里人民抗英斗争史料·全粤义士义民公檄》："结同雠以明大节，鉴此丹忱，伸天讨而快人心，赖兹义士！"按，七七事变后，张氏应钱俊瑞之邀，在武汉参加由周恩来、郭沫若领导的政治部第三厅工作，担任三厅宣传处第一科科长。以张氏的资历与声望，受任此职，甚不相称。但张氏不以为意，欣然就职，为第三厅起草各种文件，忘我地工作。长沙大火后不久，第三厅被改组，张氏遂辞职赴桂林，担任《国民公论》杂志主编，兼任广西大学教授。

❸ 述德：著述、德操。按，作为我国著名的法学家、教育家、坚定的民主战士，张氏一生追求光明，追求真理，追求进步。他操守极严，嫉恶如仇，刚正不阿。他为人谦逊，温文尔雅，平易近人。自奉十分俭朴，敝衣菲食，可待人却极慷慨，有求必应，一掷千金而绝无吝色。

张相文

大辂椎轮❶气自道，千山万寺梦中收❷。
于今舆志❸辨讹处，犹赖芸编❹作校雠。

简 传

  张相文（1866—1933），字蔚西，号南园。江苏桃源（今泗阳）县人。出身贫寒，但性颖悟，入私塾后便颇露圭角。21 岁参加岁试，补博士弟子员，名列第二。后执教于淮滨书院，赴南京乡试，中式第四名，在此期间，偶阅《时务报》与江南制造局所刊的各种科学书，眼界大开，顿觉此前所学八股制义，一无实用，徒损精力，遂立定科学救国之志。此时，恰逢苏州长洲县知县汪瑶庭邀其参赞莲幕，张氏于汪瑶庭处得见一幅世界地图，自此对地理之学大感兴趣，以为此乃一门关乎政治、民族、历史与文化沿革之大学问。不久，张氏出任上海南洋公学，地理教习，遂刻苦学习日文，两年后即着手从事翻译工作。后结识章太炎、蔡元培、邹容等人，加入同盟会，倾心革命，不断在章太炎主办的《苏报》与蔡元培主办的《警钟报》发表文章，鼓吹新潮。不久，苏报案发，张氏与蔡元培等人四处奔走营救，终于将章太炎救出。此外，还曾撰文歌颂徐锡麟、秋瑾、宋教仁、陈其美等人，10 万余字，成为研究国民时期革命历史的重要史料。1909 年在天津发起成立中国最早的地理学术团体中国地学会，并当选为会长，次年创办中国最早的地理刊物《地学杂志》。1911 年，出任天津北洋女子高等学校校长，与同盟会其他会友秘密

《地文学》书影

组织"天津共和会"，共商滦州起义大事，并亲自赴宁上书黄兴元帅，请其早日"挥师北上"，1913 年被选为众议院议员，国会解散后响应号召，秘密南下广州，参加护法运动。袁世凯当政期间，张氏作为国会议员，峻拒袁氏政权的极力拉拢。后任北京大学国史馆编译、江苏通志局编纂。1916 年加入南社。1933 年初病逝。其子女将其遗著裒为《南园丛稿》，共 24 卷，分别为《文存》《诗存》《游记》《沌谷笔谈》《大梁访碑记》《耶律楚材西游录今释》《万法精理》《韩边外志》等。（入社号不详）

注 释

❶ 大辂椎轮：辂，绑在车辕上用来牵引车子的横木，借代为车。椎轮，原始的无辐条的车轮，此指古代最简陋的车子。此句语出南朝梁萧统《文选序》："若夫椎轮为大辂之始，大辂宁有椎轮之质？"此处借喻张氏在地文学上的开创之功。按，张氏在其所著《沌谷笔谈》中尝谓："教科书之名称，今已誉行于学界，然其出现于中国，则自余之《本国中等地理教科书》始。此书编于光绪庚子（1900），出

《万法精理》书影

版于光绪辛丑（1901），他日有所编著，应以此本为最先之教科书矣。"

❷ "千山"句：张氏耽情于地理，尝与章太炎讨论各地山脉，书信往来频繁，各有见解，最终章太炎还是服膺于张氏的学术观点。又，张氏不惟邃于地理，对于佛学亦深有心得，尝拜高僧谛闲为师，一度与廉南湖同受戒于北京拈花寺。著有《佛学地理学》《五台山参佛日记》等。其所作之诗亦颇具禅意，如："挥麈谈玄秋树晚，联床话旧夜灯昏""朔风送雨残年尽，腊酒留宾古道存""白板桥通街十字，红墙寺压路三叉"，闲适淡定，皆极可诵。

❸ 舆志指《中华舆图志》。该书为我国第一部古地图专业志书。分天下寰宇图、疆域政区图、河渠水利图、风景名胜图、交通通信图、城市图等七个方面，对中国古地图所承载的历史、文化、地理等丰富内涵进行了研究与挖掘。

❹ 芸编即书籍。芸，香草，古人多将其置诸书中以辟蠹，故称书籍为"芸编"，书签为"芸签"。陆游《夏日杂题》之五云："天随手不去朱黄，辟蠹芸编细细香。"此处特指张相文的自然地理学著作《地文学》。按，早在1901年，张氏便出版中国最早的地理教本《初等地理教科书》《中等本国地理教科书》。1908年又出版中国最早的自然地理学著作《地文学》。

张维城

天教磋砑❶试冰雪，鹑首盲云痛醉秦❷。
辟易❸千人捍公理，折冲樽俎❹国威振。

简 传

　　张维城（1895—1941），又名维仁，字廷珍。青浦县（今属上海）人。自幼失怙，承蒙亲友资助就读于泗泾秀才张望厚、七宝秀才唐文鳌的家馆。自幼发愤好学，志向高远。14岁时求学于上海龙门师范，后入吴淞中国公学商科，兼攻新闻学，深得学校创办人于右任之器重。继又考入北京大学法科深造，获学士学位。后在北京、青岛等地从事新闻工作，又赴日本考察政治经济。归国后任华北大学教务长。1925年南返，先后任教于母校中国公学、上海法学院、爱国女校大学部。1926年，在于右任、邵力子的支持下，出任北京正谊通讯社社长。1928年济南惨案发生，被外交部委为负责督办山东事件的宣传工作。后又协助

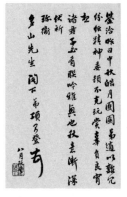

张维城手迹　　　　　　　　　《群贤毕至》书影

王正廷筹组外交部情报司，任司长。1929年起，任公使衔驻朝鲜汉城总领事，被领事团推选为首席总领事。九一八事变后，被调任驻芬兰公使，坚辞不就，去职返沪。1932年以后，在上海执行律师业务。在此期间，着手以中、英文字编写《朝鲜排华惨案》一书，旨在将此案内幕公诸于世，以维护祖国的尊严，保护华侨利益，取得国际舆论的支持。张氏一贯注重地方公益事业，为推动家乡七宝镇的建设，尝与松江李余生等发起疏通七宝蒲汇塘，总揽开河事宜。又与青浦地方人士合办青沪交通公司，促进了七宝、青浦一带的经济繁荣。

1936年春，应监察院院长于右任之聘，出任国民政府审计部审计。不久，又应邵力子之邀，赴西安任审计部驻外审计兼陕西省审计处处长。在此期间，与杨虎城将军为邻居，来往密切，并积极支持其政治主张。西安事变后，决意退出政界，从事教育工作。1938年，随着战时形势的发展，来到四川成都，在华西大学任教，并参与《国际与中国》杂志的编辑工作，发表《改进外交行政之刍见》一文，对抗战中的中国外交行政提出建设性的意见，又根据自己多年外交工作的经验和对国际形势、海外侨胞状况的认识，建议增设使、领馆，特别要加强东南亚、北欧的驻外机构，建议增设驻外商务官、财务官，设领事巡按官，开办外交人员训练所，清理使馆历任欠费，以图革故鼎新，重振国威。惜乎这类宝贵意见，限于当时的历史条件，均无从实现。1940年，应交通部部长张嘉傲之邀，兼任顾问，对战时交通建设建树颇多。汪精卫在南京建立汪伪政府前夕，曾托人带信要张氏出任外交部高官，张氏不仅峻拒之，且责以大义，表示愿为抗日救亡献身。同时告诫家中子女"不要做官"，"要踏实做学问"。在重庆期间，虽生活清苦，疾病缠身，仍为抗战尽心馨力，终因操劳过度，不幸于1941年11月15日突发心脏病去世，年仅46岁。（入社号679）

注　释

❶ 礌砢：亦作磊砢，形容仪态豪放洒脱。清顾炎武《李克用墓》诗："旁有黄衣人，年少神磊砢。"清张惣《万夫雄打虎传》："亦曾亲见其人，短小精悍，与之语，意气慷慨，须眉状貌，殊磊砢不凡。"

❷ "鹑首"句：鹑首：古人视为秦之分野，指秦地。《汉书·地理志下》："自井十度至柳三度，谓之鹑首之次，秦之分也。"唐人李白《明堂赋》："巡陵于鹑首之野，讲武于骊山之旁。"醉秦：钱仲联笺注引张衡《西京赋》："昔者大帝悦秦穆公而觐之，飨以钧天广乐，帝有醉焉，乃为金策，锡用此土，而剪诸鹑首。"清人黄遵宪《立秋日访易实甫》诗："鹑首赐人天亦醉，龙泉伴我世谁知？"

❸ 辟易：原指屏退、击退或惊退。《北史·序传·李晓》："行至成皋，为荥阳令天水阎信所疑，辟易左右，谓晓曰：'观君仪貌，岂是常伦？'"清人魏源《圣武记》卷十一："闻有贼，奋臂前驱，十数人辄辟易千人。"意谓不用武力而在酒宴谈判中制敌取胜。按，1931年7月初，国内发生"万宝山事件"。日本警察在长春杀伤中国农民多人，反捏造消息，电告朝鲜各报馆，谎称万宝山韩（朝鲜）农被华人杀害，并造谣说中国东北当局将于8月1日前下令驱逐朝鲜侨民，借此挑起全朝鲜的排华风潮。一周间，旅韩华侨109人被杀，160人被伤。消息传出，举世震惊。当排华风潮初起，作为中国的总领事，张维城即致函日、韩当局，提出应防范事态扩大。7月4日，高潮掀起后，他又在中国驻仁川领事蒋文鹤的陪同下，

约见韩方外事课长和殖民当局政务总监，进行紧急交涉，表示严正立场，强烈要求日、韩当局干涉制止。同时，他即亲临现场，作出应变措施，指示中国驻韩各地领事馆全力保护华侨，仅汉城总领事馆即收容侨商、难胞有千余人。又通知中华商会护送难胞回国者达万余人。他一方面急电国内政府请求汇款接济难侨，并又急电国内亲友告贷集款以应急。日、韩当局为欺骗舆论，派外事课长送来救济金以表示"慰问"。张维城识破其阴谋，坚拒不收，并提交强烈抗议，要求惩凶、赔偿、道歉。由于张维城的严正交涉和中国政府再三抗议，加上国际舆论的强大压力，日、韩当局才不得不出面干预。历时半月，排华风潮始平息。此后，张维城又协助中国驻日本公使汪荣宝写成《朝鲜排华惨案调查报告》，报外交部，于8月27日公布。《民国日报》于8月28日发表了中国政府与日、韩交涉的有关文件，使这次排华惨案真相大白于天下。

❹ 折冲樽俎：语本《战国策·齐策五》："此臣之所谓比之堂上，禽将户内，拔城于尊俎之间，折冲席上者也。"晋张协《杂诗》之七："何必操干戈，堂上有奇兵，折冲樽俎间，制胜在两楹。"

张默君

雕龙炙輠❶几红颜？秉铎❷频年走九寰。

更辟骚坛新境界，黄花掉臂大刀环❸。

简 传

　　张默君（1884—1965），名昭汉，又名莎非亚，笔名大雄。湖南湘乡人。早年肄业于上海务本女校师范科。受父亲张伯纯影响，倾心革命。1905 年加入中国同盟会。1911 年入上海圣约翰女子书院文科。武昌起义后，赴苏州谋响应，并策动江苏巡抚程德全独立，又创江苏《大汉报》，任社长兼总编辑。1912 年倡女子北伐队，发起成立神州女界协济社，发刊《神州女报》，鼓吹五族共和，提倡女权，又创立神州女校，任校长。孙中山率军北伐时，饷糈缺乏，乃赶赴上海组织女界协赞会，四处劝募，并将为数可观之捐款悉数输送南京临时政府；又组织红十字会女子救护队，深得孙中山赞许。1908 年赴欧美考察教育，旋入哥伦比亚大学专攻教育学。1920 年，环游英、法、意、瑞诸国后回国，任江苏省立第一女子师范学校校长，并发起中国平民教育运动，又任上海《时报》的妇女周刊编辑。1924 年与邵元冲结婚。1927 年任中国国民党中央政治会议上海政治分会教育委员；此后，历任杭州市教育局局长、国民政府考试院委员、立法院立法委员、国民党第五届候补中央监察委员。1945 年 5 月，当选为国民党第六届中央监察委员。1947 年 3 月当选为中央监察委员会常务委员，同年任考试院第一届考试委员。中华人民共和国成立前去台湾。1950 年 5 月，任国民党中央评议委员、国民党党史编纂委员会和"国史馆"名誉编辑等职，1965 年 1 月 30 日在台湾病逝。工诗词，兼擅书法，作行书苍劲浑厚，一扫女子纤弱习气。著有《白华草堂诗》《玉尺楼诗》《正气呼天集》《扬灵集》《红树白云山馆词》《战后之欧美女子教育》《尸光记》等。译著有《盗面》（与张鸿璧合译）、《裴洒杰奇案之一》（与张鸿璧合译）等。（入社号 200）

注 释

❶ 雕龙炙輠：雕龙：战国时，齐人驺衍"言天事"，善闳辩，驺奭"采驺衍之术以记文"，齐人因称驺衍为"谈天衍"，驺奭为"雕龙奭"，见《史记·孟子荀卿列传》。裴骃《集解》引刘向《别录》："驺奭修衍之文，饰若雕镂龙文，故曰'雕龙'。"《后汉书·崔骃传赞》："崔为文宗，世禅雕龙。"炙輠：车之盛膏器也。輠经热则油流出，喻善辩而滔滔不绝者也。《晋书·儒林传赞》："炙輠流誉，解颐飞辩。"《史记·孟子荀卿列传》："谈天衍，雕龙奭，炙輠过髡。"裴骃《集解》："言淳于髡智不尽如炙輠也。"——此处以"雕龙""炙輠"喻张默君既擅文章又辩才无碍。

❷ 铎：古代掌管文教的官。《周礼·天官·小宰》："徇以木铎。"郑玄注："木铎，木舌也。文事奋木铎，武事奋金铎。"又，《地官·乡师》云："凡四时之征令有常者，以木铎徇于市朝。"徇，进行宣令。顾炎武《日知录》："金铎所以令军中，木铎所

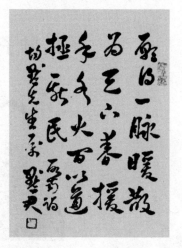

以令国中。"又,孔子《论语·八佾》:"天下之无道也久矣,天将以夫子为木铎。"后多以"秉铎"喻宣扬教化之人。走九寰:张氏为振兴教育,曾环游英、法、意、瑞诸国;并撰有专著,详尽记述第一次世界大战结束后欧美女子教育之状况。

❸"黄花"句:极言张氏诗词气势豪壮,文采华赡,一洗女子纤弱习气。又,张氏所为诗词,综为《大凝堂集》,共约 50 万言,具证大家气象。黄花:指南宋女词人李清照的名句:"莫道不消魂,帘卷西风,人比黄花瘦。"大刀环:"环"乃"还"之谐音。《汉书·李陵传》:汉使至匈奴招陵,"单于置酒赐汉使者,李陵、卫律等皆侍坐。立政(即汉使)等见陵,未得私语,即日视陵而数数自循其刀环,据其足,阴谕之,言可还归汉也。"

陆子美

颊毫了了目盈盈❶，新剧当年享盛名❷。

依旧红氍❸人不见，一江春水碧无情！

简 传

　　陆子美（1893—1915），名遵熹，字焕甫，号子美。江苏吴县人。南社著名戏剧家。陆氏原为清门通德之胄，早年为江苏师范高才生，感激风潮，投身新剧，艺名大震。平生有身世之感，经常悒郁寡欢，哀感伤神。柳亚子惜其聪明过人，然性格懦弱，不宜在类似江湖走码头的新剧团中打滚，便劝其弃艺，折节读书。陆氏慨然承诺，但停顿一个时期后，为生计问题，又复现身歌坛舞榭间，终因积劳成疾，于1915年4月8日殁于海上旅邸。子美除演剧外，还善水彩画，曾为柳亚子绘"分湖归隐图"。所演剧目，以《血泪碑》《恨海》《红鸾禧》《家庭革命》最擅胜场。（入社号415）

注 释

❶ 首句：颊毫：《晋书·顾恺之传》："恺之尝图裴楷像，颊上加三毛，观者觉神明殊胜。"
盈盈：仪态美好貌。陆子美"风度朗秀，濯濯如春日柳，演悲剧体贴入微，观者
无不为之雪涕"。故云。

❷ "新剧"句：陆氏善演新剧，尤以《血泪碑》最为著名。1914 年，由柳亚子所编的《子
美集》出版，该书辑录了新剧演员陆子美的诗文作品，陈布雷在《〈子美集〉后序》
中云："予曩怪西方文学，何以重视悲剧，比诸神圣？既更忧患，始信此义之无
可易。人唯能悲，斯称灵长。彼夫快意当前，弩张剑拔，曾无幽思艳感，陶育其
心魂，此世法之所以日非，而民彝之所以愈下也。亚子每睹春航、子美演《血泪碑》，
辄哀抑不可为怀。斯集之作，殆可谓穿涕成珠，将愁织绪，倾泪海枯源为大地山河，
净扫氛浊。文字收功之日，即群生证果之时。走虽不敏，企予望之矣！"（《南社》
第十集）

❸ 红氍：喻舞台。

《子美集》书影

陆子美《汾湖旧隐图》

陆丹林

狂奴❶漫道醉颜酡，大块沉沦社鼠多❷。

一片骚愁谁可被❸？行吟❹犹自泣青莎！

简 传

　　陆丹林（1896—1972），字自在，号非素。广东三水人。幼时就读粤中达立学堂，孔子诞辰，学校举行祭孔典礼，派他充当陪祭，因反对向偶像行礼，被学校记大过。后入广州培英学校，朱执信主该校政。因受革命思想熏陶，于黄花岗之役前夕，加入中国同盟会。曾学西医一年余。初来上海，赁居中国环球学生会宿舍，始识学生会主干朱少屏，经其介绍加入南社。又曾参加金松岑主持的中国国学会，后因发现《国学会月刊》上披露的一篇替曾国藩张目、诋毁洪秀全的文章，驰函责金松岑，并声言退出中国国学会。20世纪30年代，主编《逸经》半月刊，刘成禺的《洪宪纪事诗本事簿注》、冯自由的《革命逸史》、

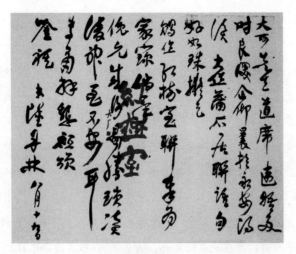

陆丹林手迹

瞿秋白的《多余的话》，均在该刊连载，深受读者欢迎。供稿者如柳亚子、胡寄尘、周作人、郁达夫、林语堂、俞平伯、陈子展等，均一时名家。1931年与黄宾虹、钱瘦铁等创立第一个全国性的中国画家学术团体"中国画会"。1934年11月出任《国画月刊》编辑，与张大千、郑午昌、谢玉岑等被称为"画中九友"。抗战后，《逸经》停刊，乃赴香港，主编具有《逸经》风格的《大风》，刊载郁达夫的《毁家诗记》，颇有影响。此外，又主编过《人之初》《中国晚报》《大光报》《国画月刊》《蜜蜂画刊》《广东文物》《文化界两周刊》《宇宙风西风逸经合刊》《道路月刊》等多种刊物。新中国成立后，先后任上海中国艺专、重庆国立艺专教授，中国画会理事、文艺作家协会委员等职。平生善收藏，生前将其所藏书画文物悉数捐献广东三水图书馆。又擅长文史掌故，著述颇多，主要有《革命史谭》《革命史活》《当代人物志》《从兴中会组织到国共合作史料》《枫园琐谈》等。性情狷介刚直，"文革"中屡遭冲击。1972年3月5日预写遗嘱，7月3日逝世。（入社号750）

注 释

❶ 狂奴：藐视权势，狂放不羁之人。《后汉书·逸民传·严光》："司徒侯霸与光素旧，遣使奉书。使人因谓光曰：'公闻先生至，区区欲即诣造，追予典司，是以不获。愿因日暮，自屈语言。'光不答，乃投札与之，口授曰：'君房足下；位至鼎足，甚善。怀仁辅义天下悦，阿谀须旨要领绝。'霸得书，封奏之。帝笑曰：'狂奴故态也。'"按，陆氏愤世嫉俗，狂狷自傲，行径亦每每使时人感到怪异，如逢到约会，必准时不爽，一旦客人迟到数分钟，便拂袖而去。到丧家，例不向遗容行敬礼，人诘问则答道："生存时我没有向他行敬礼，为什么死了要行敬礼呢？"又如他阅翁同龢日记，谓："翁在北京做官时，函呈常有：叩头跪拜字样，十足奴才态度。罢官返乡，看风水、修坟墓、祀祖宗，简直与鬼为邻。"又如在上海的一次宴会上，主管爱俪园的姬觉弥持杯来到陆丹林席前敬酒，陆氏不但不起立为酬，反斥姬氏："我不认识你，干什么杯！"又，陆氏平生率性尚真，笃于友情，李叔同尝致函与他，云："昨午雨霁，与同学数人泛舟湖上。山色如娥，花光如烟，温风如酒，波纹如绫。才一举首，不觉目醒神醉。山容水态，何异当年袁石公游湖风味？惜从者栖迟岭海，未能共挹西湖清芬为怅耳。薄暮归寓，乘兴奏刀，连治七印，古朴浑厚，自审尚有是处。从者属作两钮，寄请法政。或可在红树室中与端州旧砚、曼生泥壶，结为清供良伴乎？著述之余，盼复数行，藉慰遐思！春寒，惟为道自爱，不宣。"陆氏读罢，大为叹赏，遂批曰："是真语者，实语者，如语者，不诳语者，不异语者。"最令时人骇异的是，陆氏在死前曾预立遗嘱，他写道："我离世后，遗体送殡仪馆，不要再穿衣服，也不要整容，这是愚蠢人所做的笨事，切勿盲从，否则是糟掉物料，对死者无补，对生者有损。遗体送到殡仪馆，自行结账，定于何时火葬，不必管它。这样做得洒脱，省却许多无聊琐事。"特立直行，迥异流俗，陆氏之行事多类于此。

❷ "大块"句：大块：犹言天地。社鼠：社庙中的鼠，比喻有所倚恃的小人。《晏子春秋·问上之九》："夫社，束木而涂之，鼠因往托焉。熏之则恐烧其木，灌之则

恐败其涂。此鼠所以不可得杀者，以社故也。夫国亦有社鼠，人主左右是也。"

❸ 袯：除。

❹ 行吟：《楚辞·渔父》："屈原既放，游于江潭，行吟泽畔。"

陆丹林常用印

陆曾沂

文酒流连讵作仙❶，长持教铎❷育群贤。

蝉痴❸更奋生花笔，域外华章域内传。

简 传

    陆曾沂（1883—1927），字冠春，号秋心。江苏海门人。幼承家学，清末考取秀才。1903 年，入蔡元培、黄宗仰等在上海中国教育会创办的"爱国学社"，与柳亚子同学。1905 年，入马相伯在上海创建的复旦公学研求新知，毕业后，先后受母校及务本女中、神文女塾等校之聘，担任国文教员。1909—1910 年，出任于右任创办的《民呼报》《民吁报》《民立报》主笔，利用报纸进行反清革命宣传。又与邵力子、徐血儿、杨千里、李浩然、叶楚伧、谈善吾等，发起合作《斗镜楼小说》，为点将小说的滥觞。一时沪上各报纷纷效法，成为风尚。1917 年，复旦公学改为复旦大学，陆氏应校长李登辉之邀，担任复旦大学教授。

在课余和工作之暇，他经常撰写小说，填词赋诗，并翻译介绍国外的文学名著和进步作品。1927年，国民政府奠都南京。当时，由邵力子、于右任、叶楚伧等人推荐，被国民政府任命为参军处参军，同时兼任国民革命军总司令部上校秘书，协助邵力子工作。由于北伐革命军的迅速推进，节节胜利，陆氏与南社同人群情振奋，相聚于南京的玄武湖畔，极文酒之乐。不幸因此身染风寒，速回上海马当路普庆里寓所医治，怎奈药石无灵，于1927年夏遽尔辞世，年仅45岁。其遗梓葬海门故乡，邵力子撰联挽曰："七月秋风，燕子不归文士老；重阳旧雨，鸿泥怅话故人非。"于右任为其撰写《陆秋心先生墓志铭》，中有"不可招兮秋心之魂，不忍过兮秋心之寝门，潺潺不干兮秋心之泪痕"之句，足觇其尚友之情。著有《双泪碑》《墨沼疑云灵》《秋心说集》，以小说《葡萄劫》最为著名。（入社号102）

注　释

❶"文酒"句：陆氏在南社成立后不久，即由柳亚子介绍加入南社，曾三次参加南社雅集，与柳亚子尤为投契，极吟觞之乐。如《寄柳亚子吴江》："小别着卿忽数年，江鳞云雁两茫然。文章君擅松陵秀，子性吾渐甫里贤。忆昔交情分浦雨，至今魂梦绕湖烟。芳馨远道凭谁寄，秋日芙蓉愿共搴。"再如《梦中遇亚子道及朱屏子》："西风吹梦落江南，淡月梨花拥小庵。俗世翩翩逢柳七，劳人草草话朱三。频年离绪浑难罄，一霎惊回最不堪。同是滩头垂钓客，何当抵足竟宵谈。"（录自《南社丛刻》）陆氏之诗，亦有轻灵隽永之作，如"炉香细细篆生烟，清簟疏帘称小眠。一卷南华随手落，梦扶蝴蝶过花前。""艾荷香远晚风凉，手把琅玕坐石梁。笑问掠波双燕子，差池南北为谁忙？"（录自《南社丛刻》）在陆氏的诗中，亦不乏忧时愤世之作，如："狂飙无端起洞庭，乱飞落木下寒汀。京尘卷浪归三海，野火连天误一星。黄叶黄花香岛路，秋风秋雨鉴湖亭。南中听遍行人说，彻夜啾啾鬼火青。""灵

秀东南古大州，只今山水忽蒙羞。天贪异日争人狗，夜见妖星掩女牛。龟圻也夸医国手，龙文未断佞臣头。西风瑟瑟隋堤路，蔓草如何不刈刘？"（《乙卯秋日感事》五首录二，见《南社丛刻》）又，在袁世凯密谋称帝前夕，陆氏尝致函柳亚子，询以筹安会事，内云："筹安会事目下如何？弟处报纸断续，故不能得其近状。嗟吾中华民国，其将又为根本上之动摇乎。古诺德非我族类，夫何足怪！杨、孙诸人，乃竟甘冒不韪，大肆狂悖，譬诸儿生数岁，犹欲变其女男，直咄咄怪事矣。秋间雅集定在何地？倘卜春申，或可叨陪末座。"（《南社》第十七集）——故曰"讵作仙"。

❷ 教铎：即木铎，语出《论语》："天将以夫子为木铎。"按，1917年，陆氏应复旦大学校长李登辉之邀，担任复旦大学中国文学系教授，先后近10年。（据《复旦大学志》）1925年，因复旦附中第一任主任辞职，李登辉荐举秋心兼任复旦附中主任。当时的主任相当于一校之长，要主持全部校务工作。陆氏一向爱护人才，恪尽职守，努力秉承马相伯、李登辉两先生的办学方针，延聘上海著名学者担任教学工作，对学生的德、智、体各方面都主张严格要求；以故，当时复旦附中学风纯正，人才辈出，驰誉申江。

❸ 蝉痴：语见《盐铁论》："以所不睹不信人，若蝉之不知雪。"原指见识不广，此处借指国人对西方文化尚缺乏了解。为此，陆氏择译土耳其民主革命领袖凯末尔的著作，向国人介绍国外资产阶级民主革命的思想。其所翻译的德国19世纪中叶著名小说家、抒情诗人台奥多·斯托谟的著名中篇抒情小说《茵梦湖》，由商务印书馆印行，在青年读者中流传甚广，影响深远。又，陆氏不仅治学严谨，而且醉心民主，倾心革命。早在执教复旦大学、复旦附中时，便在课堂上积极地向学生传播介绍五四运动的新思想、新文化；在邵力子主编的《民国日报》担任编辑期间，陆氏经常夜以继日撰稿写文，宣传反帝反封建的进步思想，提倡民主革命和新文化运动。同时又主编《新妇女杂志》，鼓吹提高女权，反对男尊女卑的封建意识。

陆澹安

为戒空疏著述艰❶，青灯有味独能娴❷。

风怀淡定清溪水，投老声华❸词曲间。

简 传

　　陆澹安（1894—1980），原名陆衍文，字澹庵。江苏吴县人。陆氏早年师从孙警僧，于新学之外兼修诗词古文，能为桐城派文，国学根底深厚。1909 年考入大南门外民立中学，与周瘦鹃同学，常至豫园听书，去新舞台观剧。1914 年，由孙警僧介绍，加入南社。1915 年入上海江南学院法科学习，为广益书局编《上海》杂志。1922 年，入世界书局编《侦探世界》杂志，并为《金刚钻报》大量撰稿。1939 年与严独鹤、朱大可等人合办大经中学，任教导主任，又赴哈瓦斯通信社任中文主笔。新中国成立后，任四联出版社编写委员，多与顾佛影、陆丹林、文怀沙通函往来。平生于民俗民间文化颇多着意，曾致力小说、戏剧、弹词、电影剧本的创作，亲任导演编排京剧和电影，并倾心于文化实业，曾创办报刊杂志、影业公司、学校等，涉猎国学、书法、小说、戏曲曲艺、报界、电影、教育等多个领域，于古典戏曲及小说研究、书法、金石考证、碑版研究之造诣尤为深厚。涉猎领域之多，在南社成员中鲜有其俦。代表作有《小说词语汇释》《戏曲词语汇释》《说部卮言》《汉碑考》《群经诂异》《诸子末议》《水浒研究》《杨家将演义》及弹词《啼笑因缘》等。（入社号 499）

陆澹安画迹

注 释

❶ "为戒"句：按，抗战军兴后，陆氏的学术兴趣转入金石考证与经史子集的研究。在对浩繁文献精心考证的基础上，穷数年之力，终于完成《小说词语汇释》《戏曲词语汇释》《说部卮言》《汉碑考》《群经诂异》《诸子末议》等学术专著，享誉学林。其中《小说词语汇释》《戏曲词语汇释》以其精审的立论、严整的体例与丰赡完备的资料，至今仍被学术界推尊为小说戏曲研究必备的工具书。

❷ 娴：熟习。语出《史记·屈原列传》："博闻强志，明于治乱，娴于辞令。"

❸ 声华：美好的名声。语本白居易《坐闲吟》："昔为京洛声华客，今作江湖潦倒翁。"